THÉATRE FRANÇAIS.

LA NOUE, POISSON, DE CAUX, SAINTFOIX, DU VAURE.

XXVIII.

LA NOUE.

THÉATRE FRANÇAIS.

RÉPERTOIRE COMPLET.

LA NOUE, POISSON,
DE CAUX,
SAINTFOIX, DU VAURE.

Edition=Touquet.

PARIS.

IMPRIMERIE DE A. BELIN.

1821.

THÉATRE

DE

LA NOUE.

Edition-Touquet.

PARIS.

Chez L'ÉDITEUR, rue de la Hachette, n°. 18.

1821.

MAHOMET SECOND ;

TRAGÉDIE

DE

LA NOUE ;

Représentée, pour la première fois, en 1739.

PERSONNAGES.

MAHOMET SECOND, empereur des Turcs.
IRÈNE.
THÉODORE, prince grec, père d'Irène.
LE GRAND-VISIR.
LE MUFTI.
L'AGA DES JANISSAIRES.
TADIL, confident de Mahomet.
ACHMET, confident du grand-visir.
NASSI, Grec, confident de Théodore.
ZAMIS, Grecque, confidente d'Irène.
Pachas.
Officiers du palais.
Gardes.
Grecs.

La scène est à Byzance.

MAHOMET SECOND,

TRAGÉDIE.

ACTE PREMIER.

SCÈNE Iʳᵉ.

LE VISIR, ACHMET.

LE VISIR.

Enfin, selon mes vœux, guidé par sa captive,
Ami ; c'est en ce jour que Mahomet arrive :
D'un triomphe pompeux l'appareil imposant
Hors de ces murs encor le retient dans son camp ;
Ministre sans éclat d'une odieuse fête,
Il veut qu'ici par moi son triomphe s'apprête...
Ah ! loin d'y préparer un trône à son orgueil,
Cher Achmet, que ne puis-je y creuser son cercueil !
Que ne puis-je flétrir ses lauriers et sa gloire !
Mais il faut à pas lents marcher vers la victoire.
Du voile de la feinte entourons nos projets :
La prudence peut seule assurer leurs succès.

ACHMET.

De quels succès encor se flatte votre haine ?
Mahomet sait gagner les peuples qu'il enchaîne ;
Les bienfaits dans ces lieux annoncent son retour :
Il y sema l'horreur, il recueille l'amour.
Il saccagea Byzance en vainqueur implacable ;
Il revient y régner en monarque équitable ;
Il a parlé ; les Grecs ont vu tomber leurs fers :
De ses graces sur eux les trésors sont ouverts.
Vous l'avez vu cruel, vous voyez sa clémence :
Imitez-le, visir ; bannissez la vengeance.

LE VISIR.

Ainsi donc un tyran; dans ses brûlans accès,
Osera se livrer aux plus cruels excès;
Entre les mains du crime il mettra son tonnerre;
De larmes, de douleurs il couvrira la terre,
Et d'un regard plus doux s'il veut les honorer,
Les vils mortels seront contraints à l'adorer?
Rien ne peut de mon cœur renfermer la blessure,
Le cruel m'a forcé d'outrager la nature!...
Ah! souvenir affreux dont encor je frémis!
Ses ordres m'ont contraint à massacrer mon fils...
Il voulut son trépas, injuste ou légitime;
Mais mon bras ne dut point immoler la victime:
Je frappai... C'en est fait, ami, laissons les pleurs,
Soulagement obscur des vulgaires douleurs.
Mahomet, je le sais, n'est point toujours barbare,
De vices, de vertus, assemblage bizarre
Entraîné par l'essor où son cœur s'est livré,
Il porte l'un ou l'autre au suprême degré;
Monstre de cruauté, prodige de clémence,
Héros dans ses bienfaits, tyran dans sa vengeance,
A ses transports fougueux rien ne peut s'opposer;
Et dans le seul excès il sait se reposer.
Je ne me flatte point, je le connais ce maître
Que ma haine menace, et qu'elle craint peut-être.
Tranquille maintenant, l'amour qui le séduit
Suspend son caractère, et ne l'a point détruit,
Mais plus pour la vertu son cœur a de constance,
Et bientôt plus le crime obtiendra de puissance.
De moment en moment il peut se réveiller,
Et tandis qu'il sommeille il le faut accabler.
Dès long-temps mes complots préparent sa ruine:
J'ai banni de son camp l'austère discipline,
Des chefs et des soldats j'ai corrompu les cœurs,
Sur les plus factieux j'ai versé les faveurs,
A la fidélité réservant la disgrace,
Mon adroite indulgence a caressé l'audace:
Aux bruits semés par moi de ses lâches amours
Le murmure a passé dans leurs libres discours,
Et saisissant enfin l'espoir que j'ai vu luire,

Du murmure au mépris je les ai su conduire.
C'est ainsi que, semant la feinte et les détours,
J'attaque sa puissance et j'assiége ses jours ;
J'allume le tonnerre, et j'empêche qu'il gronde.
Sans savoir mes projets, le mufti les seconde.
Je ne crains que l'aga, janissaire indompté,
Rien ne peut altérer sa fière intégrité,
Imprudent, mais zélé, son audace hautaine
Obtient, brave l'estime, et subjugue la haine :
Son devoir est sa loi ; son maître est tout pour lui,
Et je m'efforce en vain d'ébranler cet appui.
Espérons toutefois : c'est mon frère, et peut-être,
Saisissant les moyens que le temps fera naître,
Son zèle par mes soins se verra refroidi,
Ou je le tournerai contre mon ennemi.
Est-il quelque rempart construit par la puissance,
Que ne détruise enfin l'audace et la prudence ?
Toi, qui depuis long-temps des malheureux chrétiens
Par mes ordres secrets adoucis les liens,
De mes conseils prudens as-tu su faire usage ?
Tes soins ont-ils des Grecs relevé le courage ?
Et vers la liberté, que je viens leur offrir,
Osent-ils en secret pousser quelque soupir ?

ACHMET.

Couchés dans la poussière, abandonnés aux larmes,
J'ai long-temps, mais en vain, combattu leurs alarmes,
Le succès leur paraît trop voisin du danger ;
Leurs yeux tremblans encor n'osent l'envisager.
Il en est cependant de qui la noble audace
A bravé devant moi la mort et la menace :
Je leur fais espérer votre solide appui.
Il leur manquait un chef, et le ciel aujourd'hui
Flatte l'heureux succès où votre cœur aspire :
Le plus vaillant des Grecs, Théodore, respire.

LE VISIR.

Théodore ?

ACHMET.

   Oui, seigneur. Du sang de Constantin,
C'est lui qui du vainqueur troubla l'heureux destin,
Qui dans ces mêmes murs retarda sa victoire,

Et de son propre sang lui fit payer sa gloire.

Ce héros, dans les fers, gémissait inconnu :

Aujourd'hui seulement à la clarté rendu,

De vos desseins secrets j'ai promis de l'instruire;

Et bientôt devant vous on le doit introduire.

LE VISIR.

Théodore, dis-tu, va paraître à mes yeux ?

Ami, je le connais ; je l'ai vu dans ces lieux

Quand l'heureux Amurat m'envoya dans Byzance

Du Grec et du Persan rompre l'intelligence :

Mais un autre intérêt le rend cher à mon cœur,

Et lui seul du sultan va troubler le bonheur ;

Oui, pour en concevoir l'espérance certaine,

Apprends que cet esclave est le père d'Irène.

ACHMET.

Quoi! de cette captive ?

LE VISIR.

Ami, n'en doute pas :

Il la vit jeune encor arracher de ses bras;

L'esclavage la mit dans les mains de mon frère :

Je le pressai long-temps de la rendre à son père;

Au sérail du sultan il destina ses jours,

Et ses yeux du sultan ont fixé les amours.

Maintenant, cher Achmet, je veux que Théodore

L'arrache pas mes soins à l'amant qui l'adore ;

Je veux, si je ne puis détruire son pouvoir,

Dans son cœur déchiré porter le désespoir.

ACHMET.

Eh ! ne craignez-vous point que le père lui-même.

N'aspire par sa fille à la faveur suprême?

Il est chez les chrétiens des cœurs ambitieux :

L'éclat et la grandeur peuvent éblouir ses yeux :

Le plaisir et l'orgueil de se voir près du trône...

LE VISIR.

Calme le vain soupçon où ton cœur s'abandonne.

As-tu donc oublié cette invincible horreur

Qu'un chrétien contre nous suce avec son erreur?

L'hymen est le seul nœud que connaît leur tendresse :

Tout autre engagement n'est que crime ou faiblesse.

Je connais Théodore ; et tout autre lien

Ne saurait éblouir un cœur tel que le sien.
Que ne peut le sultan par un hymen sinistre
De ses propres malheurs se rendre le ministre !
Je ne sais, mais peut-être il ne vient en ces lieux
Que pour en allumer les flambeaux odieux.
Ah ! s'il était ainsi, ma haine triomphante
Lui ravirait le sceptre, éloignerait l'amante :
Bientôt en zèle ardent mon courroux déguisé
Frapperait sans obstacle un sultan méprisé.
S'il l'épouse, te dis-je, il se perdra lui-même :
S'il n'ose l'épouser il perdra ce qu'il aime :
Ou, si jusqu'à l'offense il enhardit ses feux,
J'armerai le dépit d'un père malheureux :
Et moi-même guidant le bras de Théodore,
Je saurai le plonger dans un sang que j'abhorre.
Sachons à nous servir si son cœur se résout.
S'il se perd, ce n'est rien : s'il s'immole, c'est tout.

ACHMET.

On vient... C'est lui, seigneur.

LE VISIR.

Cher ami, va m'attendre ;
Et que personne ici ne puisse nous surprendre...
Il entre : laisse-nous.

(*Achmet sort.*)

SCÈNE II.

LE VISIR, THÉODORE.

LE VISIR.

Ciel ! quelle injuste loi
Fait gémir dans l'opprobre un héros tel que toi !
Généreux Théodore, ah ! malgré ta disgrace,
Partage les transports d'un ami qui t'embrasse !

THÉODORE.

O toi qui, seul des tiens sensible à la pitié,
Sais dans un malheureux respecter l'amitié !
Si mon cœur au plaisir pouvait s'ouvrir encore,
Je le devrais aux soins dont un ami m'honore :
Il n'est plus temps : rends-moi ma prison et mes fers,
Vos succès et nos maux me les ont rendus chers...

(*à part.*)

Murs, trop mal défendus par mes fragiles armes,
Murs, baignés de mon sang, soyez-le de mes larmes !..
De quel faste étranger me vois-je environné ?
L'autel était ici... là, mon roi prosterné...
Malheureux Constantin !... Malheureuse Byzance...
Le ciel en son courroux a brisé ta puissance !
Ton effroyable Chûte écrasa trente rois,
Et l'univers tremblant en a senti le poids !.

LE VISIR.

Si le fier Mahomet eût suivi sa conquête,
Sa main sur trente rois étendait la tempête,
Il est vrai, mais l'amour a sauvé l'univers :
Au vainqueur de la terre il a donné des fers.
Apprends que dans ces murs s'est éteint l'incendie
Dont les feux menaçaient et l'Europe et l'Asie ;
Et de ces murs encor on pourrait repousser
L'usurpateur... Mais non, il n'y faut plus penser.
Les Grecs, si fiers jadis, aujourd'hui vils esclaves,
Ont appris sans murmure à porter leurs entraves :
La liberté les cherche, ils n'osent la saisir ;
Et Théodore enfin ne sait plus que gémir.

THÉODORE.

Que dis-tu ? Notre sort peut-il changer de face ?
Ah ! si je le croyais !...

LE VISIR.

            Rappelle ton audace :
Avant la fin du jour tu seras éclairci
D'un secret important que je te cache ici.
Il t'en souvient ; tandis qu'on assiégeait Byzance
Par de secrets avis j'éclairai ta prudence :
Mes efforts ni les tiens n'ont pu la conserver
Mais des mains du tyran on la peut enlever.
Sais-tu jusqu'à quel point il mérite ta haine,
Ce cruel qu'en ces lieux un nouveau crime amène ?
Sais-tu que, pour plonger le poignard dans son sein,
La vengeance et l'honneur ont réservé ta main ?
Sans doute on t'aura dit qu'une captive aimable
Arrive sur les pas de ce prince coupable ?...
Frémis : mais venge-toi ; ce fier usurpateur

ient, pour t'offenser, un lâche séducteur :
e beauté qu'il trompe, et qui peut-être l'aime ;
objet malheureux... C'est ta fille elle-même.

THÉODORE.

fille !... Ah ! juste ciel ! ma fille entre les bras !...
; elle est innocente, ou ne respire pas.

LE VISIR.

se de te flatter : c'est elle, c'est Irène,
loin de tout danger ta prévoyance vaine
g-temps avant la guerre envoyait à Lesbos,
que la servitude atteignit sur les flots.

THÉODORE.

! rompons, s'il se peut, sa chaîne criminelle !
ir, de ton pouvoir daigne appuyer mon zèle ;
e je l'arrache !...

LE VISIR.

Espère un facile succès.
homet la confie aux murs de ce palais,
s gardes, presque libre, à soi-même rendue ;
prétexte pourra te procurer sa vue :
t pour flatter ta fille enfin, ou la fléchir,
s rigueurs du sérail on vient de l'affranchir.

THÉODORE.

ir, sur son destin je ne suis point tranquille.

LE VISIR.

n vient.

SCÈNE III.

LE VISIR, THÉODORE, ACHMET.

LE VISIR, *à Achmet.*

RENDS, cher Achmet, sa retraite facile.
(*à Théodore.*)
u connais ce palais ; évite tous les yeux,
t bientôt nous pourrons nous voir en d'autres lieux.
(*Théodore et Achmet sortent.*)

SCÈNE IV.

MAHOMET, LE MUPHTI, LE VISIR, TADIL,
PACHAS, OFFICIERS DU PALAIS, GARDES.

MAHOMET.

Dans ces murs qu'a soumis ma valeur intrépide,
Que du trône ottoman la majesté réside :
Ne changeons point leur sort. Ils commandaient jadis.
Qu'ils commandent encor aux peuples asservis ;
Que l'Europe et l'Afrique, au rang de nos provinces,
Esclaves comme vous y contemplent leurs princes.
Puissent mes descendans, de cet heureux séjour,
A l'univers entier donner des lois un jour !
Les chemins sont ouverts ; c'est assez pour ma gloire :
Il est temps de cueillir les fruits de la victoire.
Ce n'est pas sans effort que mon cœur combattu
Fait céder la grandeur aux lois de la vertu :
Dans ce cœur inconstant l'orgueil et la vengeance,
Je ne le sens que trop, ont laissé leur semence.
Je n'ose vous promettre un bonheur éternel ;
Avant d'être clément vous m'avez vu cruel :
Tremblez... Mais écartons un funeste présage ;
D'une solide paix que ce jour soit le gage.
Peuples, long-temps courbés sous le poids des malheurs
Respirez ; votre maître est sensible à vos pleurs ;
Votre maître est fléchi : l'humanité sacrée,
La mère des vertus, dans son ame est entrée.
En vain l'ambition veut étouffer sa voix,
Elle crie à mon cœur que mon peuple a ses droits :
C'est elle qui m'apprend qu'un pouvoir sans mesure
Devient, pour l'univers, une commune injure :
C'est elle qui m'apprend que des nœuds mutuels
Unissent le monarque au reste des mortels,
Et qu'un roi qui conserve est égal en puissance
A l'être bienfaisant qui donne la naissance.
J'ai vaincu, j'ai conquis, je gouverne à présent.
        (au mufti et au visir.)
Vous, que ma voix tira de la nuit du néant,
Esclaves de mon trône, ombre de ma puissance,

...ez à l'univers annoncer ma clémence :
...es rois consternés annoncez qu'aujourd'hui
...homet peut les vaincre ; et devient leur appui ;
...il ne permettra plus au souffle de la guerre
... renverser leur trône, et d'infecter la terre ;
...e sa gloire est contente, et qu'il n'aspire plus
...'à rendre heureux son peuple, et les vaincre en vertus.
...n'est pas tout : mon cœur, lassé du bruit des armes,
...goûter les douceurs d'un hymen plein de charmes.
...ne esclave chrétienne il couronne la foi :
...'est point m'abaisser, c'est l'élever à moi.
...méprise ces rois dont la tendresse avide.
...sait former des nœuds qu'où l'intérêt préside ;
...mmerce trop suivi, dont j'abhorre la loi :
...tu, naissance, amour, c'est assez pour un roi.

LE VISIR.

...gneur, de tes soldats, je crains la résistance ;
...rs nombreux bataillons trop proches de Byzance...

MAHOMET.

...nte mes projets : cours les exécuter.
...e m'abaisse pas jusqu'à vous consulter :
... ordres sont dictés ; et si quelque rebelle
...ve dans mon camp une voix criminelle,
...n murmure indiscret que la mort soit le prix.

LE MUFTI.

...e chrétienne ! ciel, sur le trône !

MAHOMET.

Obéis.

(...sort avec Tadil, les pachas, les officiers du pa-
lais et les gardes.)

SCÈNE V.

LE MUFTI, LE VISIR.

LE MUFTI.

...prévu les desseins que ce jour nous révèle ;
...es ai dès long-temps confiés à ton zèle,
...ir ; et dès ce temps tu juras devant moi
...ne jamais souffrir l'opprobre de ton roi.

Il fait plus aujourd'hui, ce prince téméraire ;
Il ose des chrétiens se déclarer le père :
Tu le vois, tu l'entends ; et ses injustes lois
Ainsi que ton audace ont étouffé ta voix ;

LE VISIR.

Mufti, je l'avoûrai, j'ai trop cru cette audace ;
Eloigné du danger je bravais sa menace :
Mille moyens s'offraient, j'osais les embrasser ;
L'approche du péril les fait tous éclipser.
Il en est un pourtant, triste, voisin du crime ;
Mais qu'un mufti l'approuve, il devient légitime :
Oui, contre les décrets d'un absolu pouvoir,
Tes décrets peuvent seuls armer notre devoir.
Que la religion par toi se fasse entendre ;
Au prix de notre sang nous irons la défendre ;
Sur tes pas, entraînés par une sainte ardeur,
De ses droits en péril nous soutiendrons l'honneur ;
Et jusque dans les bras du monarque profane,
Nous frapperons l'erreur que le mufti condamne :
Mais sans toi nos efforts, sacrilèges et vains,
Nous exposent sans fruit à des tourmens certains...
Tu balances, mufti !... C'en est fait, et je cède.
Le danger de l'état exige un prompt remède ;
La religion sainte élève en vain sa voix,
Son timide interprète abandonne ses droits.
Un visir, après lui le premier de l'empire,
Fait briller, mais en vain, le zèle qui l'inspire :
En vain le janissaire offre un puissant secours,
Au milieu d'une armée il tremble pour ses jours ;
Il ignore, ou plutôt il cède sa puissance ;
D'un monarque infidèle il craint la concurrence ;
Il dévore un affront, et cesse d'être instruit
Qu'un prince qu'il condamne est un prince détruit.
Eh bien ! va donc subir le joug d'une chrétienne ;
A son culte, à sa loi cours immoler la tienne ;
D'un hymen odieux ministre criminel,
On t'attend ; va serrer ce lien solennel.
Aux musulmans trahis ma voix fera connaître
Qu'un roi qui s'avilit est indigne de l'être ;
Et qu'un mufti craintif, à la faveur vendu,

Dégrade un rang que doit occuper la vertu.
LE MUFTI.
Visir, de tes transports calme la violence :
Je m'abandonne à toi ; je cède à ta prudence.
Avertissons les chefs du danger de l'état :
Avant d'autoriser un nécessaire éclat,
Agissons ; et tâchons, par force ou par adresse,
D'arracher de son cœur une lâche tendresse.

FIN DU PREMIER ACTE.

ACTE II.

SCÈNE Ire.

IRENE, ZAMIS.

ZAMIS.
ENFIN, loin du sérail, Irène désormais
Va seule, et sans rivale, habiter ce palais :
Prête à verser sur vous les biens qu'elle moissonne,
L'aimable liberté déjà vous environne.
Oubliez dans ces murs mille objets odieux
Qui rendaient le sérail effrayant à vos yeux ;
Oubliez à jamais une retraite impure,
De notre sexe ici le tourment et l'injure,
Tombeau de la vertu, méprisable jour,
Où règne la mollesse, où n'entre point l'amour.
Eh ! qui peut, sans rougir, voir dans ce lieu profane
A quels honteux égards la beauté se condamne ?
Ces femmes dont le front ignore la pudeur,
Et dont l'ambition ne tend qu'au déshonneur ?
IRÈNE.
Je ne le cèle point, ce changement me flatte :
Toutefois est-il temps qu'un doux espoir éclate ?
En quel lieu sommes-nous, et qui nous y conduit ?

Quel trône est élevé sur ce trône détruit?...
(à part.)
Je te revois enfin, malheureuse Byzance,
Monument éternel de céleste vengeance!
En entrant dans tes murs j'ai senti tes douleurs,
Et mon premier tribut est un tribut de pleurs :
Je viens te secourir... Affermis ma faiblesse,
O ciel! fais triompher le zèle qui me presse!
Esther sut désarmer le fier Assuérus ;
A mes faibles appas joins les mêmes vertus.

ZAMIS.

J'approuve avec transport ce dessein magnanime :
Détournez loin des Grecs le joug qui les opprime;
Qui le peut mieux que vous ? D'un sultan orgueilleux
Le ciel à vos attraits a soumis tous les vœux.
Non, non ; ils ne sont plus ces temps remplis de craintes,
Quand le fier Mahomet repoussait les atteintes
D'un feu qui, malgré lui, pénétrait dans son cœur;
L'indomptable lion, frappé d'un trait vainqueur,
Avec moins de courroux mord le fer qui le blesse.
Quels coups ont annoncé sa superbe faiblesse!
Son amour, effrayé de ses propres effets,
Se plongeait dans le sang, prodiguait les bienfaits,
Du meurtre au repentir conduisait sa victime;
Guidé par la vertu, conseillé par le crime,
Rappelant des transports à l'instant oubliés,
Prêt à vous immoler, il tombait à vos pieds.

IRÈNE.

Zamis, qui sait mourir sait braver la menace.
Je ne sais quel espoir soutenait mon audace;
Cet espoir, que je n'ose encor interroger,
Versait sur moi la force et l'oubli du danger.
Toutefois... le dirai-je ? au sein de la victoire,
D'un œil triste et douteux j'envisage ma gloire.
Trop prompte à soulager les maux de nos chrétiens,
Mon cœur se serait-il trompé sur les moyens?
Si la seule vertu m'a pu servir de guide,
D'où vient que dans ses bras le remords m'intimide?

ZAMIS.

Quelle frayeur saisit votre esprit éperdu ?

Que peut vous reprocher la plus pure vertu?
Combien ai-je admiré votre innocente audace !
Mépriser les bienfaits, confondre la menace !...
A travers les dangers et l'horreur du trépas,
Quelle main jusqu'au trône a pu guider vos pas?
Car enfin, terrassé par un pouvoir suprême,
Ce n'est plus un tyran qui malgré lui vous aime ;
C'est un héros soumis, tendre, respectueux,
Et rival des vertus d'un objet vertueux.

IRÈNE.

N'offre point à mes yeux la trop flatteuse image
D'un prince dont mon cœur doit détester l'hommage ;
N'égare point, Zamis, un reste de raison
Trop faible à repousser un dangereux poison ;
Ses vertus, son amour, mon cœur, tout m'intimide ;
Tremblante à chaque pas, sans conseil et sans guide,
Dans un triste avenir je n'ose pénétrer,
Et jusqu'à mon bonheur tout me fait soupirer.
J'ai cru trouver la paix dans ce nouvel asile ;
Je l'habite, et mon cœur y devient moins tranquille.
C'est ici que mon sort a commencé son cours ;
C'est ici que mon père a vu trancher ses jours ;

(à part.)

Et moi-même... Ah ! Zamis !... Ciel ! qui me vois trem-
    blante,
Je mourrai sans regret si je meurs innocente...

    (à Zamis.)

Mais que nous veut Tadil ?

SCÈNE II.

IRENE, TADIL, ZAMIS.

TADIL.

       LES chrétiens empressés,
Reconnaissans des biens que sur eux vous versez,
Viennent à vos genoux apporter leur hommage.
Adoncissez les maux de leur triste esclavage :
Mahomet l'a permis ; son ordre toutefois
Veut ici que d'un seul ils empruntent la voix.

La Noue.   2

IRÈNE.

Qu'il vienne.

(*Tadil sort.*)

SCÈNE III.

IRENE, ZAMIS.

IRÈNE, *à part.*
Juste ciel ! une joie inconnue
S'empare malgré moi de mon ame éperdue !
Rois, maîtres des mortels, ah ! quelle est votre erreur
Quand, la foudre à la main, votre immense grandeur
D'éclats tumultueux épouvante la terre !
Prenez, prenez le sceptre, et quittez le tonnerre ;
Soulagez les douleurs d'un peuple gémissant ;
Des bras de l'injustice arrachez l'innocent ;
Du faible, du proscrit relevez le courage :
Du pouvoir absolu c'est là le vrai partage...

SCÈNE IV.

THÉODORE, IRÈNE, ZAMIS.

IRÈNE, *à part.*
Mais, hélas ! quel vieillard se présente à mes yeux ?
Il s'arrête, il gémit à l'aspect de ces lieux.
THÉODORE, *à part.*
C'est ma fille, c'est elle... Ah ! père déplorable !...
O ciel ! ne me sois point à demi favorable ;
Epure les bienfaits que tu veux m'accorder !
IRÈNE, *à Théodore.*
Respectable chrétien, vous n'osez m'aborder ;
Dans ce jour fortuné pourquoi verser des larmes ?
Rassurez-vous, je viens dissiper vos alarmes ;
Chrétienne comme vous, vos malheurs sont les miens.
THÉODORE.
Madame, recevez l'hommage des chrétiens ;
Par vous seule arrachés à des maux innombrables,
Nous bénissons les fruits de vos soins secourables :
Notre culte, long-temps insulté par l'erreur,

Par vous seule a repris son antique splendeur ;
Que Dieu, pour tant de biens répandus sur Byzance,
Affermisse à jamais vos pas dans l'innocence !
Lorsque de tant de maux vous sauvez les chrétiens,
Un père infortuné peut-il gémir des siens ?
Oserai-je, à vos yeux exposant ma tristesse,
Outrager par mes pleurs la commune allégresse ?
Madame, ayez pitié d'un père malheureux !
Échappé des horreurs d'un cachot ténébreux,
D'aujourd'hui seulement je revois la lumière ;
Et je retrouve, hélas, une fille trop chère,
Une fille pour qui je donnerais mon sang,
Exposée ou livrée au crime le plus grand.
Un superbe ennemi la tient sous son empire...
Un musulman cruel... je tremble... je soupire...
Il l'aime... il est puissant... Je ne puis achever !

IRÈNE, à part.

Quel trouble ce chrétien me fait-il éprouver ?
Quel discours ! quel rapport !... à peine je respire.
La pitié sur un cœur a-t-elle tant d'empire ?

(à Théodore.)

Pour soulager vos maux ardente à tout oser,
De mon faible pouvoir vous pouvez disposer.
Peut-être votre fille est encor innocente ;
Déployez à ses yeux cette douleur touchante
Que vous communiquez à mon cœur abattu.
Ah ! bientôt près de vous renaîtra sa vertu :
Si, comme à votre fille, un destin favorable
Redonnait à mes pleurs un père respectable,
Prompte à sacrifier amour, sceptre, grandeur,
Aux dépens de mes jours je ferais son bonheur...
Mais, loin de vous calmer, j'irrite vos alarmes !
Moi-même en vous parlant je sens couler mes larmes :
Vous arrêtez sur moi vos regards attendris !
Vous pleurez !... ah ! j'ai peine à retenir mes cris ;
Peu s'en faut qu'à vos pieds je ne tombe éperdue :
Oh ! qui que vous soyez, votre douleur me tue.

THÉODORE.

Ô Irène !...

IRÈNE.

Eh bien! seigneur, pourquoi me nommez-vous?

THÉODORE.

Chère Irène !...

IRÈNE.

Seigneur...

THÉODORE.

Ah! mouvement trop doux!
Je pleure... je t'appelle... et tu doutes encore?

IRÈNE.

Ah! mon père !... ah! grand dieu !... c'est lui, c'est
    Théodore !
Vous soupirez !... hélas ! Irène a-t-elle pu,
En blessant vos regards, attrister la vertu ?
Ah! mon père, chassez un doute qui m'offense :
Oui, j'ose à vos regards m'offrir en assurance ;
Je mérite l'amour d'un père tel que vous.

THÉODORE.

Et je me livre donc aux transports les plus doux !
Ma fille, embrassez-moi... Vous dissipez la crainte
Dont en vous retrouvant j'ai ressenti l'atteinte.
Qu'un sultan orgueilleux subisse votre loi :
Vous êtes innocente, et c'est assez pour moi ;
Mais achevez, calmez mes craintes inquiètes ;
Ouvrez les yeux, Irène, et voyez où vous êtes.
Paré de mille attraits à la pudeur mortels,
Dans ces lieux infectés le crime a des autels ;
Par l'avilissement la faveur s'y dispense ;
A côté du forfait marche la récompense :
Mille voiles brillans couvrent le déshonneur,
Et toujours la bassesse y mène à la grandeur.
Ma fille, grace au ciel, l'erreur ni la faiblesse
N'ont point dans cet abyme entraîné ta jeunesse ;
Mais crains, fuis le danger, il te presse, il te suit :
L'orgueil l'attend, succombe, et la vertu le fuit.

IRÈNE.

Mon père, digne auteur de ma triste famille,
Mon père, dans vos bras recevez votre fille.
La vérité terrible a dessillé mes yeux :
Fuyons ; arrachez-moi de ces funestes lieux.

Parmi tant de dangers ma jeunesse imprudente
S'égarait et marchait aveuglée et contente :
Vous m'éclairez ; malgré le trouble de mon cœur,
Vous me verrez fidèle au devoir , à l'honneur,
            (à part,)
A ma foi... Oui, mon Dieu , brise mon esclavage !
Tu parles ; j'obéis : achève ton ouvrage !
                    THÉODORE.
Oui, ma fille , sans doute il brisera vos fers ;
Oui, sur votre péril ses yeux se sont ouverts ;
Et son bras jusqu'à nous aujourd'hui ne me guide
Que pour encourager votre vertu timide.
De ce vaste palais je connais les détours ;
J'ai de puissans amis : mes soins et leur secours
M'ouvriront les chemins d'une fuite facile :
Vous , flattez le sultan par une feinte utile ,
Menagez-le ; et bientôt Irène en liberté
Bravera son amour et son autorité.
Je vous laisse.
                        (il veut sortir.)
            IRÈNE, l'arrêtant.
    Ah ! grand dieu ! vous me laissez !... mon père !...
Et pourquoi différer un secours nécessaire?
Vous savez de ces lieux les plus obscurs détours :
Je les quitte ; il y va de plus que de mes jours.
Dans l'abyme des flots, dans le sein de la terre
Cachez-moi , sauvez-moi : tout ici m'est contraire!
        (elle se jette aux genoux de Théodore.)
Oui, plutôt que sans vous elle ose demeurer,
Irène à vos genoux aime mieux expirer.

SCÈNE V.

MAHOMET , THÉODORE, IRÈNE, TADIL, ZAMIS.

            MAHOMET, à part.
Que vois-je ? Irène en pleurs ! Irène suppliante !
Quel mouvement confus m'attendrit, m'épouvante ?
    (à Théodore.)
Quel es-tu ? réponds-moi... Tu te tais vainement,

Perfide ! tu trahis ou le prince , ou l'amant :
Réponds-moi ; n'attends pas que l'horreur du supplice
D'un secret odieux me découvre l'indice.

THÉODORE.

La mort ni les tourmens ne pourraient m'arracher
Un secret, tel qu'il soit, que je voudrais cacher ;
Mais je veux bien ici te révéler mes crimes.
Sultan , contre des feux honteux , illégitimes ,
J'excitais ses mépris ; je rassurais son cœur :
Je voulais la ravir à ta funeste ardeur ;
De ces murs dangereux je voulais la soustraire.
Tu sais tout ; venge-toi, sultan : je suis son père.

MAHOMET.

Son père !

THÉODORE.

              Oui, connais-moi ; je suis ce Grec enfin
Qui, dans ces mêmes murs , balança ton destin ,
Quand le courroux du ciel , secondant ton courage ,
Permit aux musulmans d'y porter le ravage.
Trop heureux si ton bras eût terminé mes jours ,
Puisque des tiens mon bras ne put trancher le cours !
Depuis ce jour fatal, esclave misérable,
J'ai langui dans les fers : le destin qui m'accable
Ne les brise aujourd'hui que pour me faire voir
Mon dernier bien , hélas ! ma fille en ton pouvoir
Mais je puis me venger : sa vertu m'est connue ;
Et si je lui défends de paraître à ta vue,
Ardente à m'obéir , le plus affreux trépas,
Ni le plus tendre amour , ne l'ébranleront pas.

MAHOMET.

Chrétien , ta fermeté ne me fait point injure.
Tu me blessas, bien loin que ma gloire en murmure ,
J'étais ton ennemi , tu défendais ton roi ;
J'estime ton courage et respecte ta foi.
Tu pourrais te venger ; ta fille obéissante
Fuirait de mon amour la poursuite éclatante.
Crois-tu que mes efforts prétendent la ravir ?
Crois-tu que par la force on veuille l'asservir ?
Ah ! mon cœur n'eut jamais , pour engager Irène ,

Que mon amour pour nœuds, et mes bienfaits pour
    chaîne.
Ne connais-tu de moi que ma seule fureur ?
Tu m'as vu dans la guerre, armé de la terreur,
Tonner sur tes remparts, et, vainqueur trop sévère,
Du sang de tes chrétiens faire fumer la terre ;
Mais tu ne m'as point vu, plus doux, plus généreux,
Adoucir des chrétiens le destin rigoureux,
Et dans les cœurs de tous laver, par ma clémence,
Les titres odieux acquis dans ma vengeance.
Ne me reproche plus une juste rigueur,
Crime de la victoire et non pas du vainqueur.
Tu voulais enlever Irène à ma tendresse ?
Imprudent ! si le sort des chrétiens t'intéresse,
Garde-toi de nourrir le dangereux espoir
D'arracher de mes mains l'appui de leur pouvoir ;
Si tu ne veux hâter leur ruine certaine,
Garde-toi d'éveiller un courroux qu'elle enchaîne.
Tu veux m'ôter Irène ? ah ! connais Mahomet ;
Si c'est là ton dessein, j'en vais presser l'effet.
Je suis maître de vous : esclave l'un et l'autre,
Je dispose à mon gré de son sort et du vôtre ;
Vos personnes, vos biens, vos jours, tout m'est soumis ;
Je vous rends tous les droits que le ciel m'a transmis :
Soyez libres tous deux. Maître de ta famille,
Tu peux ou m'enlever ou me donner ta fille ;
Et j'atteste le ciel, que, respectant ta loi,
Mon cœur n'y prétend plus, s'il ne l'obtient de toi.

THÉODORE, à part.

Je demeure immobile ; ô grandeur qui m'étonne !.
    (à Mahomet.)
Prince, digne en effet de plus d'une couronne,
Pourquoi me forces-tu moi-même à me trahir ?
Esclave, je pouvais librement te haïr ;
Libre, les tendres nœuds de la reconnaissance
M'enchaînent malgré moi sous ton obéissance.
L'intérêt de Byzance et des peuples chrétiens
Veut qu'ici je consente à ces fatals liens.
Une illustre princesse à ton père asservie
Par un semblable hymen a sauvé la Servie :

Triste exemple! mais quoi! la sagesse est sans choix
Quand la nécessité fait entendre sa voix.

MAHOMET, *à Irène.*

Le suffrage d'un père est peu pour ma tendresse,
Irène; c'est à vous que Mahomet s'adresse :
Votre sort est fixé; reste à remplir le mien.
Formez-vous sans murmure un auguste lien ?
Sans crainte, sans égard, que votre voix prononce:
M'aimez-vous ? Que le cœur dicte seul la réponse ;
Vous êtes libre enfin.

IRÈNE.

Je l'ai toujours été :
Garant de ma pudeur et de ma liberté,
(elle tire un poignard.)
Regarde ce poignard... De moi-même maîtresse,
J'ai vu d'un œil égal ta fureur, ta tendresse ;
Et si sur moi le crime eût tenté son effort,
Ma vertu se sauvait dans les bras de la mort...
(à Théodore.) (à Mahomet.) (à tous deux.)
Mon père... et toi, sultan... connaissez dans Irène
Ce que peut le devoir sur une ame chrétienne.
(à Mahomet.)
De ce fer à tes yeux j'eusse percé mon cœur,
Et ta tendresse à peine égale mon ardeur.
Les rois pour effrayer, ont la toute-puissance ;
Mais pour gagner les cœurs ils n'ont que la clémence.
Mon amour est le prix de tes hautes vertus ;
Et je t'estime assez pour ne te craindre plus :
Cette preuve suffit.

(elle jette le poignard.)
MAHOMET, *à part.*
Je frémis et j'admire.
La voilà cette gloire où mon orgueil aspire!
A ces nobles discours, à tout ce que je voi,
J'ai trouvé, grace au ciel, un cœur digne de moi!...
(à Irène.)
Ah! pour me l'attacher plus fortement encore,
Ce cœur, qu'avec amour je chéris et j'honore,
Ce cœur dans qui le mien va lire son devoir,
Irène, partagez mon trône et mon pouvoir.

(*à Théodore.*)
Chrétien, soyons amis : c'est moi qui t'en conjure :
Je respecte et j'ignore une union si pure.
Instruis-moi, soutiens moi : tu liras dans mon cœur :
Tes soins en banniront le crime et la fureur...
    (*à part.*)
Plaisirs nouveaux pour moi, mouvemens pleins de charmes,
Vous me faites sentir que la joie a ses larmes !
Le pouvoir, les grandeurs n'ont pu remplir mes vœux :
Un instant de vertus vient de me rendre heureux...
    (*à Théodore.*)
Agissons, il est temps : va rassurer tes frères :
Qu'ils respirent enfin sous des lois moins sévères.
Des fureurs du mufti j'ai su les affranchir :
Sous toi, sous ton pouvoir, je veux les voir fléchir.
Ordonne, agis, guéris leurs blessures cruelles :
Soumis à toi, sans doute ils me seront fidèles.
Tes prêtres ne pourront refuser mes bienfaits :
Et je brave des miens les murmures secrets.
Oui, dussé-je à mes pieds voir tomber ma couronne,
Je cours exécuter ce que l'honneur m'ordonne !
    (*à part.*)
O plaisir, pour un roi, rare et voluptueux !
Je règne sur deux cœurs libres et vertueux.
                        (*il sort avec Tadil.*)

SCÈNE VI.

THÉODORE, IRENE, ZAMIS.

THÉODORE.
Ma fille, que l'espoir n'aveugle point votre ame ?
Plus d'un obstacle encor peut traverser sa flamme.
Demeurez dans ces lieux : attendez que du ciel
S'accomplisse sur vous le décret éternel.
Préparez-vous à tout, quoi que Dieu vous ordonne :
Recevez du même œil la mort ou la couronne.
Il est doux de régner pour protéger sa loi :
Il est beau de mourir pour conserver sa foi !

FIN DU SECOND ACTE.

La Noue.   3

ACTE III.

SCÈNE Ire.

IRENE, ZAMIS.

ZAMIS.

OSERAIS-JE blâmer la douleur imprévue
Que vous tâchez en vain de cacher à ma vue ?
Vous soupirez ! eh quoi ! si, pour quelques momens,
Un père se dérobe à vos embrassemens,
Devez-vous donc pleurer l'instant qui vous sépare ?
Songez à tous les biens que l'hymen vous prépare.
Mêler vos tendres pleurs à des momens si doux,
C'est honorer le père en affligeant l'époux.

IRÈNE.

Moi l'affliger, Zamis ! ah ! ma vive tendresse
Lui soumet pleinement ma joie et ma tristesse.
Mon cœur est agité : pour lui rendre la paix
Parlons de ce héros, parlons de ses bienfaits.
Enfin autour de moi je lève un œil tranquille,
Ce palais de nos Grecs est devenu l'asile.
L'impiété, long-temps attachée à mes pas,
S'éloigne et désormais ne m'approchera pas.
Prémices de ma joie ainsi que de la tienne,
Déjà tout est chrétien auprès d'une chrétienne.
Ciel ! qu'il va redoubler mon zèle et mon ardeur
Cet heureux changement qui remplit tout mon cœur !....
    (à part.)
Ton Dieu s'apaise enfin, malheureuse Byzance !
Que pouvait contre lui ta fragile puissance ?
Sur tes remparts fumans l'esclavage et la mort
Ont triomphé sans peine et régné sans effort.
Pour porter dans ton sein des coups trop légitimes,
Tes ennemis n'étaient armés que de tes crimes :
Il frappa ton orgueil : il couronne ta foi.
La pitié secourable ouvre ses yeux sur toi :
Loin de tes chers enfans, écartant les alarmes,
Mes soins sauront tarir la source de tes larmes.

Ah! si d'un doux hymen mon cœur se sent flatté,
C'est qu'il devient le sceau de ta félicité!...

SCÈNE II.

IRÈNE, NASSI, ZAMIS.

IRÈNE, *à Nassi.*
Nassi, que voulez-vous?

NASSI.
Votre père, madame,
Le trouble sur le front, et la douleur dans l'ame,
M'a confié pour vous ce billet important :
Il doit près du visir se rendre en cet instant.

(*il sort.*)

SCÈNE III.

IRENE, ZAMIS.

IRÈNE, *à part, après avoir lu.*
Qu'ai-je lu? Que devient mon bonheur et ma joie?
Je m'y livrais entière, et le ciel la foudroie.
Si l'espoir dans un cœur s'introduit lentement,
Qu'avec rapidité la douleur s'y répand!

ZAMIS.
Le sultan vient.

SCÈNE IV.

MAHOMET, IRENE, ZAMIS.

IRÈNE, *à Mahomet.*
Seigneur, vous me voyez tremblante :
Connaissez un forfait dont l'horreur m'épouvante.

MAHOMET, *lisant.*
« En vain à votre hymen nos prêtres ont souscrit :
» Des musulmans jaloux la colère s'aigrit :
» Sans lui communiquer l'avis de votre père,
» Ménagez le sultan, obtenez qu'il diffère.
» On nous menace; on dit qu'un rebelle sujet

» Prétexte votre hymen pour perdre Mahomet. »
IRÈNE.
Seigneur, vous vous taisez ! une fureur tranquille
Arrête sur ces mots votre vue immobile !
Frémissant du péril où j'allais vous plonger...
MAHOMET.
Je frémis de l'affront, et non pas du danger.
C'est Mahomet, c'est moi qu'un esclave menace !...
Vous gémissez, Irène ! épargnez-moi de grace ;
Vous m'outragez : trembler ou pour vous ou pour moi,
N'est-ce pas m'accuser de faiblesse ou d'effroi ?
Ah ! loin d'aigrir mon cœur par ce nouvel outrage,
Songez que le calmer fut toujours votre ouvrage :
Méprisez, comme moi, des esclaves jaloux,
Et n'armez point contre eux l'amour et le courroux.
IRÈNE.
Moi, seigneur ! moi, contre eux armer votre colère !
Epouse de leur roi, ne suis-je pas leur mère ?
Que ne peut mon hymen, ce lieu si flatteur,
De l'univers entier assurer le bonheur !
Je ne crains point pour vous leur téméraire audace,
Je ne crains point pour moi leur frivole menace ;
Je ne crains que pour eux ces foudroyans éclats
Que votre cœur enfante et ne maîtrise pas.
Moi, contre eux élever mes plaintes dangereuses !
Périssent à jamais ces beautés malheureuses
Qui, loin de tempérer les rigueurs du pouvoir,
Des peuples supplians osent trahir l'espoir ;
Qui, pouvant au pardon déterminer un maître,
Aiment mieux par ses coups le faire reconnaître !
Non, seigneur, non jamais ne daignez m'écouter,
Si jamais à punir j'ose vous exciter.
MAHOMET.
Irène, de mon cœur soyez toujours maîtresse ;
Mais ne le portez point jusques à la faiblesse :
Souffrez que quoi qu'ici vous m'osiez demander,
J'apprenne à pardonner, et non pas à céder.
Je confirme à jamais les dons que sur Byzance,
Que sur tous vos chrétiens à versés ma clémence ;
Et quant à notre hymen, c'est aux yeux du soldat,

C'est dans mon camp qu'il faut en transporter l'éclat.
Oui, je veux pour témoins d'une union si belle,
Mes peuples, mon armée, et les yeux du rebelle.
Tant qu'aux regards d'un maître il craindra de s'offrir,
Je le puis ignorer, mais non pas le souffrir ;
S'il paraît, à la mort rien ne peut le soustraire.
Qu'il fléchisse, il vivra. Ce n'est point la colère,
C'est la seule équité qui dicte cet arrêt,
Et l'amour lui veut bien céder son intérêt ;
Mais après le serment qui nous joint l'un à l'autre,
Pour le rompre il n'est plus que ma mort ou la vôtre.

IRÈNE.

C'en est fait ; mon amour perd sa timidité :
Je brave les clameurs du soldat irrité.
De ses emportemens j'ai pénétré la cause ;
Et le remède est sûr, puisque Irène en dispose.
Pour apaiser enfin vos peuples offensés,
Je puis mourir pour vous, seigneur, et c'est assez...
Mais mon père est absent. Je ne suis point tranquille :
Ce palais, dans mes bras, lui présente un asile :
Il tarde trop long-temps : je cours le rappeler :
Près de vous, près de lui, qui pourra me troubler ?
En cessant de trembler pour deux têtes si chères,
Ma joie et mes plaisirs deviendront plus sincères :
Du plus cruel destin je braverai les coups,
Si je puis conserver mon père et mon époux.
					(*elle sort.*)

SCÈNE V.

MAHOMET, TADIL.

TADIL.

Le frère du visir, l'aga des janissaires,
Vient à vos pieds...

MAHOMET.
(*à part.*)
Qu'il entre... Ah ! tremblez, téméraires !
(*Tadil sort.*)

SCÈNE VI.

MAHOMET, L'AGA.

L'AGA, *prosterné aux pieds de Mahomet.*
Ton esclave à genoux, pénétré de douleur,
Osera-t-il parler ?

MAHOMET.
Parle.

L'AGA, *se relevant.*
                              Frémis d'horreur.
Tes soldats révoltés menacent ta puissance :
Je suis leur chef, je viens m'offrir à ta vengeance.
Frappe, mais n'étend point ta colère sur eux :
Ils veulent t'arracher à des liens honteux.
Pleins de respect pour toi, ton amour les irrite :
Satisfais le courroux que ma franchise excite ;
Punis-moi : je ne puis survivre à ton honneur.

MAHOMET.
Malheureux ! que prétend ton zèle et ta fureur ?
Ne me connais-tu plus ? Tu formas ma jeunesse :
Tu m'es bien cher ; mais si tu combats ma tendresse,
Ton trépas est certain.

L'AGA.
                              Je mourrai ; mais du moins,
Seigneur, avant ma mort daigne accepter mes soins.
Qu'un souple courtisan te trompe et te caresse,
Ton ami meurt content s'il bannit ta faiblesse.
J'ose t'interroger. Que fais-tu dans ces murs ?
N'est-il pas dans ta vie assez de jours obscurs ?
Jouet d'un vil amour dont le feu te surmonte,
Par un plus vil hymen tu veux combler ta honte.
Te dirai-je comment tes ordres rejetés...
Ah ! que n'as-tu pu voir tes soldats irrités
S'amasser, s'écrier, se plaindre avec colère !
« Eh quoi donc ! répétait le brave janissaire,
» Quoi ! nous l'avons perdu ce sultan redouté
» Dont l'exemple échauffait notre intrépidité ?
» Quoi ! sans pleurer sa mort, faut-il pleurer sa gloire ?
» Lui qui du monde entier méditait la victoire,

» Qui, dans Rome captive, arborant le croissant,
» Devait voir à ses pieds l'univers fléchissant ;
» Ce même Mahomet, plein d'une obscure flamme,
» Languit depuis deux ans aux genoux d'une femme ;
» Et pour elle rompant les lois de ses aïeux,
» Quoique esclave et chrétienne, il l'épouse à nos yeux ! »
Ah ! seigneur, tu connais ce que peut l'insolence
D'une armée une fois livrée à la licence !
Arme, non point contre eux, mais contre ton amour,
Arme les sentimens d'un généreux retour ;
Vole à ton camp : ton œil redoutable et sévère
Confondra d'un regard l'orgueilleux janissaire ;
Ou plutôt, rappelant les projets oubliés ,
Souhaite une couronne, elle tombe à tes pieds.

MAHOMET, *à part.*

Oui, je la confondrai cette armée insolente
Qui réveille en mon cœur une valeur sanglante ;
Oui, je le leur rendrai ce sévère empereur :
Ils me veulent cruel ; qu'ils craignent ma fureur.
L'amour ne me rend point insensible à l'injure :
Mon bras va dans leur sang étouffer le murmure...
(*à l'aga.*)
Et toi, sors, malheureux !

L'AGA.

Tu m'as promis la mort,
Je vais la mériter par un dernier effort,
Dans les bras de l'amour je méconnais mon maître :
Puissé-je à sa vengeance enfin le reconnaître !
Que fais-tu dans ces murs ? Pourquoi laisser flétrir
Ces palmes, ces lauriers, que tu voulais cueillir ?
Bysance est sous tes lois : entre dans la carrière,
Ouvre les bras, l'Europe y vole tout entière :
Son empire est à toi. Les imprudens chrétiens
S'empressent à briguer l'honneur de tes liens.
Sur le triste Occident daigne jeter la vue ;
Vois régner sur ses rois la discorde absolue ,
Vois ces faibles tyrans détruire avec fureur
Les remparts qui pourraient arrêter ta valeur :
Chrétiens contre chrétiens, quel démon les anime ?
Ardens à s'entraîner dans un commun abyme ,

Le vaincu, le vainqueur, l'un par l'autre pressé,
Sous leurs coups mutuels y tombe renversé.
Aveuglés par la haine, aucun d'eux n'examine
Qu'en perdant son rival il hâte sa ruine;
Que chaque combattant qu'il ose terrasser
Sont autant d'ennemis qu'il te faudrait percer,
Et que, de quelque part que penche la victoire,
Tout est perte pour eux, tout conspire à ta gloire.
Du poids de ta puissance étouffe leurs discords;
Enchaîne au même joug les faibles et les forts:
Tout autre bruit se tait lorsque la foudre gronde:
Tonne sur ces cruels, et rends la paix au monde.
Ce sont là les projets nobles et glorieux
Qui flattaient, mais en vain, nos cœurs ambitieux:
Ce sont là les projets qu'une funeste flamme
Interrompt, ou plutôt efface de ton ame.
Ainsi donc l'amour seul arma tes combattans!
Là se terminent donc tant d'exploits éclatans!
Ainsi donc à travers le fer, le sang, la flamme,
Tes vœux impatiens n'ont cherché qu'une femme!
          (*il se jette aux genoux de Mahomet.*)
Tu rongis!... Ah! rends-moi mon auguste empereur!
Que la gloire t'éveille! elle parle à ton cœur,
Elle parle à ton cœur, cette gloire immortelle:
Tu résistes en vain, ton cœur est fait pour elle.
Oui, malgré ton amour, malgré ses vains transports,
Elle y jette à mes yeux la honte et les remords.
Vainement à ses cris ton ame se refuse;
Tu l'entends, Mahomet, et ton trouble t'accuse.
Sous tes coups maintenant puissé-je être immolé!
J'ai le prix de ma mort, la gloire t'a parlé.
          MAHOMET, *à part.*
Je l'avoûrai, malgré la fureur qui m'anime,
En déchirant mon cœur il force mon estime.
          (*à l'Aga.*)
Je te laisse le jour: cesse de condamner
Un amour dont la voix m'enseigne à pardonner.
Apprends par cet effort qu'il est une autre gloire
Que celle que la guerre attache à la victoire;
Apprends que si l'amour n'était une vertu,

Mahomet par l'amour n'eût point été vaincu.
Toutefois, je le sens, ma bonté déjà lasse
S'épuise en pardonnant à ta coupable audace.
Retourne dans mon camp; fais trembler mes soldats;
Qu'ils craignent de pousser plus loin leurs attentats!
Rien ne peut différer mon hymen qui s'apprête:
A leurs yeux dès ce jour j'en célèbre la fête.
Tout rebelle insolent tombera sous mes coups,
Ou les traîtres sur moi, signalant leur courroux,
Préviendront par ma mort l'arrêt que je prononce.
Ils me verront. Adieu: porte-leur ma réponse.
(il sort.)

SCÈNE VII.

L'AGA, *seul.*

Il menace, il me fuit: le trouble de son cœur
Semble ici m'annoncer que mon zèle est vainqueur.
Achevons, s'il se peut, et soyons-lui fidèle...
Je n'en saurais douter; quelque puissant rebelle
D'un venin de discorde infecte le soldat:
Quel qu'il soit, détruisons le traître et l'attentat;
Rendons l'armée au prince, et le prince à l'empire.
(il va pour sortir et en est empêché par le visir qui
survient.)

SCÈNE VIII.

LE VISIR, L'AGA.

LE VISIR.

Arrête! Où t'a conduit le zèle qui t'inspire?
Tu quittes le sultan, qu'as-tu fait?
L'AGA.

Mon devoir.

LE VISIR.

Pourquoi donc seul ici te cacher pour le voir?
Sais-tu bien qu'indignés de ta lâche conduite,
Nos chefs à ton salut n'ont laissé que la fuite?
Sais-tu bien qu'accusé des plus noirs attentats,

L'armée entre mes mains a juré ton trépas?
On dit, vil délateur! qu'aux maux les plus sinistres
Tes conseils ont livré de fidèles ministres;
On dit que, de ses feux timide approbateur,
Tu nourris du sultan la criminelle ardeur :
Si tes jours te sont chers, garde-toi de produire
Cet ordre humiliant dont tu n'oses m'instruire;
Aux yeux de nos soldats crains de te présenter,
Sans savoir nos projets, sans les exécuter.

L'AGA.

J'ignore vos projets ; j'ignore quels ministres
Mes discours ont livrés aux maux les plus sinistres,
J'ignore que l'armée en tes mains m'ait proscrit :
Mais je n'ignore plus le traître qui l'aigrit.

LE VISIR.

Et quel est-il?

L'AGA.

C'est toi.

LE VISIR.

Pourquoi m'appeler traître?
Je soutiens mieux que toi la gloire de mon maître :
Aux conseils de l'amour l'empêcher d'obéir,
Le rendre à sa grandeur, est-ce là le trahir?

L'AGA.

Quel es-tu pour vouloir dans le cœur de ton maître
Forcer les passions à naître, à disparaître;
Quel es-tu pour oser de sa gloire à ton gré
Déterminer l'objet et marquer le degré?

LE VISIR.

Quel je suis? Apprends donc, puisqu'il faut t'en ins-
    truire,
Qu'un visir est l'appui, le salut d'un empire,
L'oracle de l'état, l'instrument de la loi,
L'œil, la voix, le génie et le bras de son roi.
Cette part du pouvoir, où l'on nous associe,
N'est plus au souverain dès qu'il nous la confie;
Et souvent au besoin ce serait le trahir
Que même contre lui ne nous en pas servir.
Elle est entre nos mains, afin que la prudence,
A l'abri du respect, subjugue la puissance;

Et nous devons enfin forcer les souverains
A vouloir leur bonheur et celui des humains.

L'AGA.

Je ne suis qu'un soldat, et de mon ignorance
Un visir voudra bien me pardonner l'offense :
J'avais cru qu'un ministre, appelé par son roi,
Lui devait plus qu'un autre et son zèle et sa foi ;
Que plus il approchait du sacré diadême,
Plus sa soumission en devait être extrême ;
Et qu'un trait réfléchi du suprême pouvoir
En effrayant son cœur y fixait le devoir.
J'ai cru que tout sujet, dont l'insolente audace
A côté de son prince osait marquer sa place,
N'était plus qu'un rebelle, un perfide, un ingrat,
La honte de son maître ; et l'effroi d'un état,
J'ai cru que sans respect regarder la couronne
C'était anéantir l'éclat qui l'environne,
Et qu'à quelque degré qu'on en puisse approcher,
C'était la profaner que d'oser y toucher.
Ah ! ne te couvre plus d'un zèle qui m'irrite :
J'entrevois les projets que ta fureur médite.
Trop sûr qu'à tes complots j'opposerais mon bras,
Tu m'as rendu suspect aux yeux de nos soldats ;
Tu crains que Mahomet, par mon soin magnanime,
Ne renonce à l'hymen dont tu lui fais un crime :
Des armes qu'il te donne, avant de le percer,
Par les mains du soldat tu veux me renverser.
Esclave révolté, songe à te mieux connaître :
Loin d'attenter sur lui, tremble aux pieds de ton maître.
Souviens-toi qu'un sultan, par le ciel couronné,
Peut-être condamnable, et non pas condamné.
Si sur toi, sur les tiens tombe son injustice,
S'il entraîne l'état au bord du précipice,
S'il immole sa gloire à de lâches amours,
S'il ternit en un jour l'éclat de tant de jours,
Pleure ; mais obéis : c'est là ton seul partage.

LE VISIR.

Cesse de me tenir ce timide langage :
Où règne l'injustice il n'est plus de pouvoir,
Où manque la puissance il n'est plus de devoir.

Peux-tu donc me blâmer ? L'époux d'une chrétienne
Est digne de ta haine ainsi que de la mienne,
Je méconnais un roi digne de mes mépris :
Qu'il soit ce qu'il doit être, et nous serons soumis.
Peux-tu voir, fier aga, les chrétiens dans Byzance
Usurper sans obstacle une injuste puissance ?
Veux-tu que Mahomet, achevant ses projets,
A leur infâme joug enchaîne ses sujets ?
De tous les coins du monde Irène les appelle :
Tout seconde l'espoir dont leur cœur étincelle,
A l'ombre de son nom leur culte rétabli
Insulte insolemment aux décrets du mufti.
Bientôt, n'en doute point, leur troupe mutinée,
De l'empire ottoman changeant la destinée,
Après avoir chassé Mahomet de ces lieux,
Répandra dans l'Asie un feu séditieux,
Secourus du Germain, aidés de Trébizonde,
C'en est fait, les chrétiens sont les maîtres du monde.
Tu chéris le sultan, tu prévois tous ces maux,
Et tu peux t'endormir dans un lâche repos ?

L'AGA.

Non, je ne puis souffrir que mon roi s'avilisse :
Borne là tes desseins, et je suis ton complice.
Il oubliera bientôt de dangereux appas,
Si nos pleurs, si nos cris arrachent de ses bras
L'orgueilleuse chrétienne à qui son cœur se livre.
A ces conditions je suis prêt à te suivre :
Si tu pousses plus loin tes odieux projets,
Je te perce le cœur, et je m'immole après.

(il sort.)

SCÈNE IX.

LE VISIR, seul

VA, je te conduirai plus loin que tu ne penses...
De la révolte en lui j'ai jeté les semences :
Achevons... ou s'il ose encor me traverser,
Le soldat veut son sang : je le laisse verser.

FIN DU TROISIÈME ACTE.

ACTE IV.

SCÈNE Ire.

MAHOMET, TADIL.

TADIL.

SEIGNEUR, de vos transports calmez la violence ;
Ces regards, ces soupirs et ce profond silence,
D'une vive douleur témoignages certains...

MAHOMET.

Ami, d'un trouble affreux mes esprits sont atteints...
         (à part.)
Voile aimable, long-temps étendu sur ma vue,
Douce sécurité, qu'êtes-vous devenue ?...
Cruel aga ! pourquoi dessillais-tu mes yeux ?...
Pourquoi dans les replis d'un cœur ambitieux,
Avec des traits de flamme aiguillonnant la gloire,
A l'amour triomphant arracher la victoire ?...
Je crois l'entendre encor ; sa redoutable voix
Me frappe, me réveille, et m'accable à la fois :
En lisant mon devoir à sa clarté brillante,
J'abhorre le flambeau que sa main me présente.
Tandis qu'il me parlait l'amour le condamna :
Le courroux l'immolait ; l'orgueil lui pardonna
Content de fuir, content d'essayer la menace,
Je n'ai pu ni souffrir ni punir son audace.

TADIL.

Ah ! reprenez, seigneur, des soins dignes de vous ;
Laissez gémir l'amour : son frivole courroux
A déja trop long-temps balancé la victoire ;
Méprisez ses conseils, n'écoutez que la gloire ;
Achevez, triomphez d'un dangereux objet,
Et reprenez des soins dignes de Mahomet.

MAHOMET.

Tadil, à mon amour cesse de faire injure :
Loin d'en rougir, apprends qu'une flamme si pure,
A tous mes sentimens imprimant sa grandeur,
Aux plus hautes vertus sut élever mon cœur.

A peine je l'aimai , cet objet magnanime ,
Qu'un pouvoir inconnu me sépara du crime ;
Pour lui plaire , abjurant de tyranniques lois,
De l'exacte équité j'interrogeai la voix.
Le glaive du pouvoir dans ma main redoutable
Apprit à distinguer l'innocent du coupable ;
Sur mon trône, long-temps théâtre de forfaits ,
Je plaçai la pitié , la clémence, et la paix :
Déjà mon cœur changé goûtait sa récompense ,
Et mettait sa grandeur dans la seule innocence.
Non, à tant de vertus je ne puis renoncer ;
Non , vainement la gloire ose ici m'en presser ;
Vainement à l'amour elle oppose ses charmes :
La cruelle se plaît dans le sang, dans les larmes.
Le tumulte, l'horreur , l'accompagne toujours ;
Et je puis être heureux sans son fatal secours.

TADIL.

Du vainqueur de Byzance est-ce là le langage ?
Faut-il, de vos exploits vous retraçant l'image...

MAHOMET.

Non, Tadil; de mon cœur tu connais la fierté :
Laisse, laisse gémir un amour révolté ;
Laisse dans ses éclats mourir sa violence.
L'ambition sur moi n'a que trop de puissance :
Crains que, portant trop loin d'impétueux transports,
Je ne prépare ici matière à mes remords.
D'un triomphe commun je méprise la gloire ,
Et j'aime par le sang à payer la victoire.
L'horreur a pénétré mon cœur et mon esprit :
Le dépit destructeur m'agite et me saisit.
L'amour, plus que jamais tyrannisant mon ame,
Attise de ses feux la dévorante flamme ;
Mais il n'est plus mêlé de ses ravissemens ,
De ses tendres langueurs , de ses doux mouvemens;
Il jette dans mon cœur le désespoir , la rage ,
Il ne respire en moi que le sang, le carnage :
Mon ame , abandonnée aux plus cruels transports,
Pour sortir de son trouble a soif de mille morts,
Ah ! si de mes soldats la révolte coupable
Achève d'enflammer mon courroux implacable...

Juste ciel ! je frémis... témoin de mes fureurs,
Non, jamais l'univers n'aura vu tant d'horreurs...
Le visir m'est suspect... que la mort l'environne :
Sa vie est criminelle, et je te l'abandonne.
Mon pouvoir absolu dépose le mufti,
Qu'au même instant que l'autre il soit anéanti.
Va, je mets en tes mains ma foudre, ma vengeance.
Laisse-moi seul.

(Tadil sort.)

SCÈNE II.

MAHOMET, seul.

Enfin j'évite ta présence,
Irène, et l'ascendant d'un funeste devoir
Pour la première fois balance ton pouvoir.
Ah ! puisqu'il le balance, il le vaincra sans doute !
Si le triomphe est beau d'autant plus qu'il nous coûte,
Quel plus noble laurier pourrait me couronner
Que celui qu'en ce jour je prétends moissonner ?
Sors de mon cœur, amour, et fais place à la gloire...
Tes murmures sont vains : je ne te veux plus croire.

SCÈNE III.

MAHOMET, THÉODORE.

THÉODORE.
Sultan, de tes bontés permets-nous de jouir.
Le bonheur de ma fille a trop su m'éblouir :
Le péril qui la suit, le danger qui te presse,
Rompent l'auguste nœud que formait ta tendresse.
Libre par tes bienfaits, permets que sur mes pas
Irène aille cacher de funestes appas :
Son repos, ton honneur, sa sûreté, ta vie,
Son père, tout enfin ordonne qu'elle fuie.

MAHOMET.
Tout l'ordonne ? dis-tu... mais l'ai-je commandé ?
Par qui son sort doit-il être ici décidé ?

Quel empire , quels droits te restent-ils sur elle ?
Qui te les a rendus ?

THÉODORE.

Ton armée infidèle.

MAHOMET.

Mon armée !... Ainsi donc tu m'oses apporter
L'ordre que mes soldats prétendent me dicter ?
Sais-tu que cette audace , en toi seul impunie ,
A tout autre mortel aurait coûté la vie ?
Tu n'es plus sous ces rois tremblans , subordonnés ,
D'un peuple impérieux esclaves couronnés ,
Monarques dépendans , asservis sur le trône ,
Que sous le nom de loi l'impuissance environne ;
Fantôme du pouvoir , dont le bras impuissant
Courbe au gré de l'audace un sceptre obéissant.
Ah ! si le despotisme a choisi quelque siége ,
C'est celui que j'occupe , et qu'en vain on assiége ,
Et si dans son entier je ne l'avais reçu ,
Par moi seul à son comble il serait parvenu.
Capable d'immoler mon amour à ma gloire ,
Déja je méditais cette grande victoire ,
J'osais défigurer dans mon cœur alarmé
L'image d'un objet si tendrement aimé :
Mais n'attends plus de moi ce cruel sacrifice ,
Peuple ingrat ! à tes yeux je veux qu'il s'accomplisse
Cet hymen dont en vain ton orgueil est blessé.
En faveur de l'amour l'honneur intéressé
M'offre l'appât flatteur d'une double victoire :
En couronnant mes feux je conserve ma gloire.

THÉODORE.

Eh ! pourquoi refuser de remettre en mes bras
L'objet de tant de trouble et de tant de combats ?
Epargne à mes regards la douloureuse image
De ces murs désolés par un second ravage ,
Epargne à ma douleur le spectacle cruel
De ma fille à mes pieds tombant du coup mortel ,
Et , s'il faut dire tout , de toi-même peut-être ,
Malgré tout ton pouvoir , abattu par un traître.

MAHOMET.

Plus tu peins le péril prêt à nous accabler ,

Plus je sens mon courage à ta voix redoubler.

THÉODORE.

Peux-tu livrer ma fille à la fureur cruelle ?....

MAHOMET.

Je respire, je l'aime, et tu trembles pour elle !

THÉODORE.

Un peuple tout entier a conjuré sa mort.

MAHOMET.

Un amant souverain te répond de son sort.

THÉODORE.

La trahison, la force ont tonné sur sa tête.

MAHOMET.

La puissance et l'amour chasseront la tempête.

THÉODORE.

Tu périras toi-même.

MAHOMET.

      Eh bien donc ! sans pâlir,
Sous les éclats du trône il faut m'ensevelir ;
Il faut, si l'on m'arrache à ce degré sublime,
Que l'autel en tombant écrase la victime.
Reprends auprès de moi ta noble fermeté :
Opposons au péril une mâle fierté ;
Frappons les premiers coups, cherchons qui nous offense,
Détruisons...

SCÈNE IV.

MAHOMET, THÉODORE, TADIL.

TADIL, à *Mahomet*.
    Pardonnez à mon impatience,
Seigneur ; je crains encor d'être venu trop tard.
Le mufti, déployant le terrible étendard,
Soulève à son aspect un peuple téméraire ;
Tout le suit : le spahy, l'orgueilleux janissaire,
Courant sous un saint voile aux derniers attentats,
Y dresse en même temps et sa vue et ses pas.
Tout s'apprête au carnage ; et déjà dans la ville...

MAHOMET.

(à part.)   (à *Théodore*.)
Traîtres, vous le voulez !... Demeure en cet asile ;

Rassemble les chrétiens admis dans ce palais :
Je te laisse ma garde, et je te la soumets...
         (*à Tadil.*)
Tadil, qu'on obéisse aux lois de Théodore.

SCÈNE V.

MAHOMET, THÉODORE, IRENE, TADIL.

IRÈNE, *à Mahomet.*
QUEL attentat, seigneur ! quel crime vient d'éclore !
Quel péril !...

MAHOMET.
            Ce n'est rien ; un peu de sang versé,
Un chef anéanti, le péril est passé.

IRÈNE.
Ah ! seigneur, étouffez une funeste flamme ;
Laissez, laissez-moi fuir.

MAHOMET.
            Vous, me quitter, madame ?
Juste ciel !... demeurez, et ne présumez pas
Que j'aime ou je haïsse au gré de mes soldats.
Rassurez-vous, calmez d'inutiles alarmes :
Il est temps de verser du sang et non des larmes.

TADIL.
Ah ! seigneur, permettez...

MAHOMET.
            Malheureux ! laisse-moi ;
Ton roi contre un esclave a-t-il besoin de toi ?
            (*il sort, et Tadil le suit.*)

SCÈNE VI.

THÉODORE, IRENE.

THÉODORE.
MA fille, à la pitié je porte un cœur sensible ;
Vous pleurez Mahomet : sa perte est infaillible.
Le visir, dès long-temps son secret ennemi,
N'attendait qu'un prétexte, et l'amour l'a fourni.
A peine à votre hymen je venais de souscrire,

Que d'un complot fatal on a trop su m'instruire :
J'ai voulu, mais en vain, détruire ce projet;
J'ai couru vers ces murs; j'ai pressé Mahomet
De rompre des liens formés pour sa ruine :
Au mépris du danger l'amour le détermine;
Il se perd. Suivez-moi; les mutins en courroux
Bientôt se seront fait un chemin jusqu'à vous.

IRÈNE.

Ah! mon père, en quel temps voulez-vous que je fuie ?
Cause de tant de maux, pourrais-je aimer la vie?
Je n'en saurais douter, Mahomet va périr :
Il meurt; et vous m'avez permis de le chérir!
Ah! vous m'avez perdue; et mon ame tremblante
Succombe sous le nom et de fille et d'amante !

THÉODORE.

Chère Irène, cessez d'échauffer dans mon cœur
Une triste amitié qui parle en sa faveur;
Pensez-vous qu'insensible au coup qui le menace.
L'honneur n'ait pas déjà conseillé mon audace ?
Mais...

IRÉNE.

            Ah! je vous entends; votre cœur inquiet
Craint de commettre un crime en sauvant Mahomet :
Dans votre ame, à jamais exempte d'artifice,
Le scrupule, le doute assiégent la justice.
Osez interroger votre cœur combattu;
Le préjugé lui parle, et non pas la vertu.
Depuis quand, au mépris, du sang qui l'a fait naître,
Un roi, s'il n'est chrétien, n'est-il plus votre maître ?
Et ce sceptre, et ce glaive, en ses mains, dons du ciel,
Qui lui peut arracher sans être criminel ?
Est-il quelque pouvoir au-dessus de Dieu même
Qui puisse anéantir les droits du diadême ?
Le dogme le plus saint, l'ordre le plus parfait,
Sauver son souverain, peut-il être un forfait ?
                            (à part.)
Quel exemple aux chrétiens!... Ah! dans leurs mains
      perfides,
Grand Dieu! brise à jamais ces poignards parricides
Que fabrique l'enfer, dont s'arme la fureur,

Et qu'au sein de ses rois plonge une aveugle erreur.
THÉODORE.
Pour aimer le sultan, pour lui rester fidèle,
Irène, je n'ai pas besoin de votre zèle;
Sans discuter ici les droits de Mahomet.
Ses bienfaits, ses vertus, m'ont rendu son sujet.
Des biens que j'ai reçus il faut que je m'acquitte :
Oui, j'en croirai l'amour qui pour lui sollicite;
Et s'il m'est défendu de lui servir d'appui,
Il m'est permis du moins de mourir avec lui.
J'y cours... Adieu, ma fille !
IRÈNE.
Arrêtez, ô mon père !
(à part.)
Arrêtez, ou je meurs... Ciel ! quelle est ma misère !
Il faut, lorsque pour moi mon amant va périr,
Que j'enchaîne le bras qui le peut secourir...
(à Théodore.)
Vivez, seigneur, vivez ; dans mon ame affligée
J'entends déjà gémir la nature outragée ;
Vivez, épargnez-moi le reproche éternel
D'avoir porté le fer dans le sein paternel...
(à part.)
Quel état ! quel tourment... épreuve rigoureuse !
Peut-on être innocente ensemble et malheureuse ?...
(à Théodore.)
Oui, ma vertu triomphe ; et la faveur du ciel
M'instruit à terminer un embarras cruel.
Sa voix a retenti : le sort veut qu'on l'entende.
Ce n'est point votre sang, c'est le mien qu'il demande :
Mourir pour un sultan en vous c'est désespoir ;
Mourir pour mon époux, seigneur, c'est mon devoir.
THÉODORE.
Non, ne m'arrêtez plus... Une douleur si tendre
Ne peut... Nassi paraît : que va-t-il nous apprendre ?

SCÈNE VII.

THÉODORE, IRÈNE, NASSI.

IRÈNE.

AH ! que fait Mahomet ?

NASSI.

Le soldat en fureur
Répandait dans Byzance et le trouble et l'horreur.
Divisés d'intérêts, réunis par la haine,
L'un menace les Grecs et veut le sang d'Irène ;
L'autre, dont le visir échauffe le courroux,
Brûle sur Mahomet de signaler ses coups.
Mais à peine il paraît, tout fuit, tout se disperse ;
Son chemin est comblé des mutins qu'il renverse ;
La terreur, la vengeance éclatent dans ses yeux :
Chaque coup, chaque trait perce un séditieux.
Déjà jusqu'au visir il s'est fait un passage ;
Le visir frémissant voit approcher l'orage.
« Sultan, je puis te perdre, ou mourir : c'est assez, »
Dit-il ; et sur son maître il fond à coups pressés.
Mahomet furieux lève une main sanglante,
Et du sein du perfide il la tire fumante.
Cependant les soldats, dans ces murs répandus,
Poursuivent à grands cris les chrétiens éperdus.
Le sultan veut en vain détourner la tempête :
Il menace, il immole, et rien ne les arrête.
Enfin de leur prophète il saisit l'étendard,
Rappelle les mutins fuyant de toute part ;
Et ce signe, pour nous une fois salutaire,
Dompte et suspend les coups du cruel janissaire.
Mais le trouble, seigneur, n'est point encor calmé ;
D'un sinistre avenir mon cœur est alarmé :
Ils demandent le sang d'une tendre victime...
Je crains en la nommant de partager leur crime.

IRÈNE, *à part.*

Enfin, c'est donc sur moi que le ciel en courroux
D'un orage effrayant a rassemblé les coups !
Voilà donc tout le fruit de mon amour funeste !
De tant de biens promis la mort seule me reste !...

(à Théodore.)

Seigneur, vous le voyez, il n'est plus temps de fuir,
L'arrêt est prononcé, c'est à moi d'obéir ;
Et je vais...

THÉODORE.

Ah ! ma fille, où fuis-tu sans ton père ?
Sauve-toi dans mes bras, ô fille encor trop chère !

IRÈNE.

Oui, seigneur, de vos bras j'accepte le secours ;
Mais c'est pour ma vertu bien plus que pour mes jours.
Pour la dernière fois ouvrez le sein d'un père
Aux larmes que m'arrache une douleur sincère :
Pour fléchir l'être à qui j'ose les adresser,
Sur quel autel plus saint pourrais-je les verser ?...

(à part)

Que fais-je ?... Surmontons ces indignes alarmes :
L'innocence expirante est au-dessus des larmes ;
Ne laissons point le peuple arbitre de mon sort,
Et du moins en chrétienne offrons-nous à la mort.

FIN DU QUATRIÈME ACTE.

ACTE V.

SCÈNE Ire.

MAHOMET, GARDES.

MAHOMET, *aux gardes.*

Qu'on me laisse.

SCÈNE II.

MAHOMET, *seul.*

Ah ! grand Dieu ! par qui sera calmée
Cette horrible fureur en mes sens allumée ?

Dans des ruisseaux de sang mon cœur vient de nager ;
Et ce cœur plus ardent brûle de s'y plonger...
Impétueux effort qui déchire mon ame,
Qui des deux te produit, ou ma gloire, ou ma flamme ?...
Ma flamme !... Quoi ! parmi tant de transports affreux
J'entends encor les cris d'un amour malheureux ?...
Qu'il gémisse ! qu'il meure !... Ah! sa langueur funeste
A déjà trop flétri des jours que je déteste !
Rhodes, Rhodes subsiste ; et, malgré mes sermens,
Ce rempart des chrétiens brave les Ottomans.
Scanderberg, triomphant dans un coin de l'Epire,
Du creux de ses rochers insulte à mon empire :
Vainqueur infatigable, il remplit l'univers...
Et Mahomet vieillit dans la honte et les fers !...
De tant de lâchetés il est temps de t'absoudre :
Tonne, éclate, détruis, arme toi de la foudre ;
Sous les remparts de Rome ensevelis tes feux,
Remplis tes hauts projets, ou péris glorieux.
Saisissons le moment d'un dépit magnanime ;
Immolons à ma gloire une grande victime ;
Effrayons l'univers ; et, digne potentat,
Par un exemple affreux confondons le soldat...
Il est digne de moi, cet exemple terrible :
Vaincre ma passion, c'est me rendre invincible...
Que dis-je ? Ah ! malheureux, quel horrible forfait !
O mort, viens dévorer le cœur et le projet !...

SCÈNE III.

MAHOMET, L'AGA.

MAHOMET.

Barbare, viens jouir du trouble où tu me jettes ;
Viens : tes fureurs encor ne sont pas satisfaites ;
L'amour, le tendre amour parle encor à mon cœur :
Inspire-moi ta rage, et comble mon malheur.
Que dis-je ? Il est comblé. Frémis, connais ton maître
Dans toute sa grandeur il s'apprête à paraître ;
Ou la gloire, ou la rage, ont jeté dans mon sein
        (à part.)
Un projet... Non, cruels ! vous l'espérez en vain ;

Non , ma fureur s'attache à de moindres victimes ,
Et j'irai par degrés jusqu'au dernier des crimes :
Oui, vous périrez tous ; et de ce crime au moins
Ceux qui l'auront causé ne seront pas témoins.

L'AGA.

J'ai prévu les combats que te livre la gloire ,
Ton cœur, trop faible encor, balance la victoire :
Je viens t'aider. Pour rompre un lien plein d'appas ,
Ce que peut ton esclave est de t'offrir son bras.

MAHOMET , à part.

Quels sujets, juste ciel , m'a soumis ta colère.
Tel est des musulmans l'effrayant caractère ,
Dans le sang le plus pur ardens à se plonger ,
Montrez leur la victime , ils courent l'égorger :
Admirateurs outrés d'une faveur farouche ,
La vertu , la pitié , l'amour , rien ne les touche ,
S'ils ne craignent leur maître ils le feront trembler ;
Et pour les commander il faut leur ressembler...
Eh bien ! cruels ! eh bien ! il faut vous satisfaire ,
Il faut être parjure, impie et sanguinaire ,
Détester l'innocence, abjurer la vertu...
Ah ! le ciel t'a donné le prince qui t'est dû :
Peuple ingrat ! J'ai voulu régner en juste maître ,
Il te faut un tyran : sois content . je vais l'être.

L'AGA.

Quoi donc ! à l'amour seul borner tous ses désirs ,
Quoi ! dormir sur un trône entouré de plaisirs :
Parer ses mains d'un sceptre , et, méprisable idole ,
D'un peuple désarmé boire l'encens frivole ;
Quoi ! c'est donc là régner ? ah ! qu'est-ce que j'entends ?
Ce n'est point pour régner que naissent les sultans.
Depuis que tes aïeux du fond de la Scythie ,
Fiers enfans de la guerre ont inondé l'Asie ,
Aucun d'eux n'a régné; tous ils ont triomphé.
Vois par eux des soudans le pouvoir étouffé ,
Par eux l'Assyrien chassé de Babylone ,
L'efféminé Persan renversé de son trône ,
Le Caraman vaincu , le Bulgare asservi ,
Le Hongrois abaissé, le Thrace anéanti.
Ils régnaient tous ces rois que leur valeur écrase ;

De leur trône abattu l'équité fut la base :
L'amour ainsi qu'au tien siégeant à leur côté,
Leur mollesse usurpait le nom de majesté.
Ah ! lorsque dans ces murs, théâtre de ta gloire,
Ton intrépidité conduisit la victoire,
Lorsque ton bras puissant, foudroyant ces remparts,
Abattit et saisit le sceptre des Césars,
Ah ! tu régnais alors ; et, si j'ose le dire,
Plus que tous tes aïeux tu méritais l'empire :
L'univers consterné, présageant ta grandeur,
Déjà tendait les mains aux fers de son vainqueur.
Quel changement, ô ciel !... J'en appelle à toi-même :
Mahomet peut tout vaincre, et que fait-il ? il aime...
Je me tais : mon audace a mérité la mort ;
Mais puisqu'on me pardonne, on cède à mon transport.

MAHOMET.

Cesse, et n'ajoute rien à ma douleur profonde.
Tu me formas, cruel ! pour le malheur du monde :
La cruauté perfide et l'aveugle fureur
Par les barbares soins ont germé dans mon cœur.
Par un chemin plus noble, et plus rude peut-être,
Au-dessus des grandeurs on m'aurait vu paraître ;
J'eusse été de la terre et l'amour et l'honneur :
On m'y force, il le faut, j'en vais être l'horreur.
Par des torrens de sang, chemin de la victoire ;
Je jure de poursuivre une inhumaine gloire :
Jouets de mon orgueil, les mortels gémiront ;
Jusque dans mes plaisirs leurs cris retentiront...
Tu triomphes !... Va : cours, éloigne de ma vue
La beauté qui régna sur mon ame éperdue :
Furieux, et flottant sur mon sort, sur le sien,
Si je la vois encor, je ne réponds de rien.
Sauve-moi de ses pleurs, sauve-la de ma rage,
Un instant peut la perdre, ou vaincre mon courage...
La voici... Juste ciel ! je ne me connais plus...
          (à l'aga,)
Laisse-moi ; tes conseils sont ici superflus.

L'AGA, à part en sortant.

Quelle entrevue ; ô ciel ! que je crains sa tendresse !
Sauvons-le malgré lui de sa propre faiblesse.

La Noue.   5

SCÈNE IV.

MAHOMET, IRENE.

IRÈNE.

Mon abord vous surprend ? Soigneux de m'éviter,
Votre exemple à vous fuir aurait dû m'exciter.
Avouez-le, seigneur, vous n'aimez plus Irène ?
Vous craignez ses regards, sa présence vous gêne ?
Rassurez-vous, chassez le trouble où je vous vois :
Elle vous parle ici pour la dernière fois...
Sultan, je ne t'ai point déguisé que mon ame
A fait tout son bonheur de partager ta flamme.
Ardente à te prouver l'amour le plus parfait ;
Tout ce que la vertu m'a permis, je l'ai fait.
Cette même vertu veut que ma flamme expire ;
En cédant à ses lois, je tremble, je soupire :
Je sens bien que mon cœur n'y résistera pas,
Mais qui dompte l'amour ne craint point le trépas.
Je dégage ta foi, je te rends ta promesse,
Je renonce à l'hymen qui flattait ma tendresse :
L'effort est rigoureux : il est digne de moi...
Vous, seigneur, de la gloire, allez, suivez la loi.
J'ose pourtant vous faire encor une prière ;
Ne la rejetez point, seigneur, c'est la dernière :
Soulagez les chrétiens ; vous me l'avez promis.
Que votre cœur jamais ne se ferme à leurs cris,
Aimez-les, Mahomet : afin qu'il vous souvienne
Qu'Irène vous fut chère, et qu'elle fut chrétienne.
Je lis dans vos regards de sincères douleurs :
C'en est assez, ô ciel ! j'accepte mes malheurs.

MAHOMET, *à part.*

Je n'avais pas prévu de si vives alarmes...

(*à Irène.*

Irène, triomphez ; voyez couler mes larmes.
Objet de mes désirs, doux charme de mes yeux,
Hélas ! vous méritiez un destin plus heureux !
Irène, chère Irène, il en est temps encore ;
Fuyez, éloignez-vous : le feu qui me dévore
Peut dans son âpreté consumer son objet...

Ah! si vous connaissiez le cœur de Mahomet,
Ses transports, sa fureur; sa noire barbarie!...
L'amour d'un musulman est un amour impie;
Toujours prêt dans sa rage à détruire l'autel
Où son respect brûlait un encens solennel...
Jamais à mes désirs vous ne fûtes plus chère,
Et cependant jamais l'implacable colère
Ne menaça vos jours d'un si pressant danger...
        (*il lève son poignard sur Irène.*)
Ce poignard dans ton sein est prêt à se plonger.
Irène, crains la mort; son horreur t'environne;
Ma fureur te l'annonce, et mon bras te la donne.
                    IRÈNE.
Ton bras est suspendu! qui t'arrête?... ose tout;
Dans un cœur tout à toi laisse tomber le coup :
Frappe, finis mes maux; Irène te pardonne.
            MAHOMET, *laissant tomber son bras.*
Tu me pardonnes... Ciel! je frémis, je frissonne :
Mon cœur sous ta constance est contraint à plier;
Le crime est imparfait; le remords est entier...
Tu pleures! tu gémis!... Ah! trop puissante Irène,
Je sens qu'à tes genoux ma faiblesse m'entraîne?
Ce fer, ce même fer qui t'a pu menacer,
Dans mon perfide sein est prêt à s'enfoncer.
        (*il veut se percer, Irène l'en empêche.*)
Tu m'arrêtes! Ah! Dieu, que d'amour!... que de
    charmes!...
        (*il laisse tomber le poignard.*)
Eh quoi tant de fureur se termine à des larmes!...
Irène, décidons : veux-tu vivre et régner?
Aux yeux de mes soldats je vais te couronner :
J'en jure par le ciel; tes attraits, ma puissance,
Les supplices, la mort, vaincront leur résistance...
Que dis-je? ah! fuis plutôt, fuis dangereux objet!
Mon amour, ma vertu, mes pleurs sont ton forfait :
Laisse-moi tout entier m'abandonner au crime;
Et du moins ne sois pas ma première victime!
                    IRÈNE.
Oui, je vais terminer tant de combats affreux :
Je vous quitte. Oubliez un objet malheureux;

Ne vous reprochez plus votre amour pour Irène :
Cet instant pour jamais va briser votre chaîne...
Pour jamais!... Ah ! seigneur... Mais dans ce triste jour
Je pleure vos vertus bien plus que votre amour...
Adieu. Souvenez-vous pour qui je vous implore.

(elle sort.)

SCÈNE V.

MAHOMET, seul.

Je te laisse partir, Irène, et je t'adore !...
Quel horrible triomphe!... il accable mon cœur ;
Tout s'y tait , tout y meurt, tout, jusqu'à la fureur !...
Ce calme toutefois n'est qu'un calme perfide...
Oui, de tous mes instans ce seul instant décide.
Les vertus dans mon ame avaient suivi l'amour ;
L'amour cède, et j'y sens le crime de retour...
Quel bruit se fait entendre ?

SCÈNE VI.

MAHOMET, THÉODORE, GRECS.

THÉODORE , désarmé , blessé , et soutenu par les
Grecs.

Ah ! seigneur, ta présence
Peut seule des mutins désarmer l'insolence,
Je combattais... Irène accourt avec transport ;
Elle me voit sanglant ; elle cherche la mort :
Par le fer des soldats son sang va se répandre...
Je me meurs, et mon bras ne peut plus la défendre.

MAHOMET.

S'il faut que dans son sang mes soldats aient osé!...
(à part.)
Ah ! courons : trop long-temps c'est être méprisé...
Traîtres ! vous fléchirez, ou cette même Irène,
J'en jure, ne mourra que votre souveraine !...
Non , la nécessité ne peut rien sur les rois ;
Et mon cœur n'est point fait pour recevoir des lois.
(il sort.)

SCÈNE VII.

THÉODORE, GRECS.

THÉODORE.

Dieu ! de tant de périls garantissez Irène !

SCÈNE VIII.

THÉODORE, ZAMIS, GRECS.

ZAMIS.

Quel triomphe !... Ah ! seigneur, je ne le crois qu'à
   peine.

THÉODORE.

Irène ?...

ZAMIS.
       Tout lui cède. Aux portes du palais
Les mutins poursuivaient leurs criminels projets ;
Leurs coups portaient partout la mort inévitable ;
Irène... j'en frémis ! Irène, inébranlable,
Porte à travers le fer ses pas précipités ;
Et méprisant la mort : « Perfides ! arrêtez,
» Dit-elle, des chrétiens épargnez l'innocence ;
» Tournez contre moi seule une juste vengeance :
» C'est moi qui vous ravis un vainqueur glorieux ;
» Frappez ! trempez vos mains dans un sang odieux ! »
A peine elle a parlé, son aimable présence
Met la discorde aux fers, et bannit la licence ;
Eperdus, consternés, tremblans à ses genoux,
Ils cèdent en silence à des charmes si doux.

THÉODORE, *à part.*
Ciel ! je t'offre ma mort ; mon cœur n'a plus d'alarmes...
Je vois Nassi... Grand Dieu ! que m'annoncent ses
   larmes ?

SCÈNE IX.

THÉODORE, NASSI, ZAMIS, GRECS.

NASSI, *à Théodore.*

VENEZ, seigneur, venez ; sortons de ce palais.

THÉODORE.

Je tremble...

NASSI.

Epargnez-vous d'inutiles regrets.

THÉODORE.

Irène ?...

NASSI.

Hélas !

THÉODORE.

Nassi ?...

NASSI.

Malheureuse victime !...
Elle n'est plus.

THÉODORE.

Grand Dieu !

NASSI.

Mes yeux ont vu le crime.

THÉODORE.

Et quelle main barbare, instrument du forfait ?...

NASSI.

Frémissez : c'est la main du cruel Mahomet !

ZAMIS.

Juste ciel !

THÉODORE.

Je me meurs.

NASSI.

Irène triomphante
Contemplait à ses pieds l'armée obéissante :
Mahomet a paru ; les chefs et les soldats
D'Irène par leurs cris célèbrent les appas.
Il s'arrête, il admire, il soupire, il s'avance :
Aux cris tumultueux succède un long silence ;
Il marche... dans ses yeux sont la rage et les pleurs :

» Le voilà cet objet proscrit par vos fureurs,
» A-t-il dit , cet objet à qui la vertu même
» Aurait du monde entier cédé le diadême !
» Vous étiez trop heureux sous un règne si doux ;
» Je vous vois maintenant trembler à ses genoux,
» Traîtres ! il n'est plus temps... Pleurez sur sa mé-
»   moire ;
» Vous la perdez, cruels ! je l'immole à ma gloire. »
Ah ! seigneur , furieux, il saisit un poignard ;
Il jette sur Irène un funeste regard ,
La frappe... Pardonnez à ma douleur mortelle,
Le sang coule : déjà la victime chancelle ;
Elle tombe, ses yeux se tournent vers le ciel ,
Et son cœur expirant pardonne au criminel.

THÉODORE.

Grand Dieu ! dont le courroux éclate sur Byzance,
Que sa mort et la mienne apaisent ta vengeance !

FIN DE MAHOMET SECOND.

LA

COQUETTE CORRIGÉE,

COMÉDIE

EN CINQ ACTES ET EN VERS,

DE

LA NOUE;

Représentée, pour la première fois, en 1756,

PERSONNAGES.

JULIE, jeune veuve, coquette.
ORPHISE, tante de Julie.
CLITANDRE.
LE VIEUX COMTE LISIMON.
LE MARQUIS, neveu de Lisimon.
ÉRASTE.
LA PRÉSIDENTE.
ROSETTE, suivante de Julie.
UN LAQUAIS.

La scène est à Paris, dans un salon commun aux appartemens d'Orphise et de Julie.

LA
COQUETTE CORRIGÉE,
COMÉDIE.

ACTE PREMIER.

SCÈNE Ire.

ORPHISE, CLITANDRE.

ORPHISE.

Aн ! Clitandre, c'est vous ? ma joie en est extrême.
Je devais envoyer chez vous ce matin même :
Je voulais vous parler.

CLITANDRE.

         Je me tiendrais heureux
De pouvoir deviner et remplir tous vos vœux.
Mais, madame, avant tout, dites-moi, je vous prie,
Quel est le but, l'objet de la plaisanterie
Que l'on me fait, et dont vous êtes de moitié ?

ORPHISE.

De moitié ! moi, Clitandre ?

CLITANDRE.

         Oui, vous. Notre amitié
Exige que de tout vos bontés m'éclaircissent ;
Lisez.

        (il donne un billet à Orphise.)

ORPHISE, *regardant la signature.*
      (à part.)

Julie !... Enfin mes projets réussissent.
      (lisant.)

« Vous ignorez sans doute que c'est à moi à répondre

» de la conduite de mon aimable tante : peu s'en faut
» qu'elle ne m'ait fait confidence des sentimens qu'elle
» a pour vous, et je prétends juger par moi-même si
» vous les méritez. Ainsi, monsieur, préparez-vous à
» subir l'examen le plus sévère ; et surtout faites provi-
» sion de bonnes raisons pour justifier, à votre âge, et
» votre éloignement pour les nièces, et votre goût déter-
» miné pour les tantes.   JULIE. »
          (à *Clitandre.*)
Quel éclaircissement exigez-vous de moi ?
Ce billet est très-clair.

CLITANDRE.
          Vous riez, je le voi.

ORPHISE.
Pourquoi donc ? Je n'osais avouer ma défaite,
Et de mes sentimens ma nièce est l'interprète :
Je la remercîrai.

CLITANDRE.
          Cessez de plaisanter.

ORPHISE.
Mon amitié pour vous ne saurait s'augmenter,
Clitandre : j'aime en vous cet heureux caractère
Qui vous rend à la fois agréable et sincère ;
Cet esprit dont le ton plaît à tous les états,
Que la science éclaire et ne surcharge pas,
Dont l'essor libre et pur, parcourant chaque espace,
Badine avec justesse et raisonne avec grace...
          (*voyant qu'il veut parler.*)
Ne m'interrompez pas.

CLITANDRE.
          Madame, ce portrait
Me ressemble si peu...

ORPHISE.
          La vérité l'a fait.
Mais je sais que votre ame est bien plus belle encore.

CLITANDRE
Avec profusion votre main me décore ;
Mais quittez ces pinceaux que l'amitié conduit :
C'est assez me flatter, je voudrais être instruit.
Cette lettre...

ORPHISE.

           Est l'effet de mon heureuse adresse.
Il faut que vous m'aidiez à corriger ma nièce.

CLITANDRE.

Quoi ! ce projet encor occupe votre esprit ?
Votre nièce l'ignore, ou sans doute elle en rit.
Mais pour l'exécuter quel rare stratagème ?...

ORPHISE.

Il faut que vous l'aimiez.

CLITANDRE.

                    Moi ! Julie ?

ORPHISE.

                              Oui, vous-même.
Bien plus, je vous réponds du plus tendre retour.

CLITANDRE.

Le cœur de votre nièce est-il fait pour l'amour ?

ORPHISE.

Je connais comme vous cette ardeur vagabonde
Qui l'entraîne sans choix dans les flots du grand monde.
Je sais qu'elle est coquette, et qu'à tout l'univers
Sa vanité voudrait faire porter ses fers,
Envahir tous les cœurs, briller sans concurrence,
Déifier enfin sa beauté qu'on encense :
Si je l'accuse ici ce n'est point par humeur ;
Je l'aime, et je voudrais assurer son bonheur.
Quand son époux mourut, victime de mon zèle.
Retraite, amis, maison, j'ai tout quitté pour elle :
Je n'ai point revêtu l'air farouche et grondeur,
Ni d'une surveillante affecté la rigueur ;
Elle m'aurait trompée, elle m'aurait haïe :
Elle ne voit en moi que sa plus tendre amie.
Sous ce titre en tous lieux j'accompagne ses pas ;
J'écarte les dangers, je préviens les éclats ;
Ne pouvant l'arrêter, je la suis : ma prudence
Préside à sa conduite, en bannit l'indécence ;
Et, toujours occupée à régler ses désirs,
Je parais seulement partager ses plaisirs.

CLITANDRE.

Je sais jusqu'à quel point vous êtes estimable.
Mais Julie après tout n'est pas si condamnable :

Tout la porte au plaisir , sa fortune , son rang.
De ses brillans défauts son âge est le plus grand;
Et , quoique du devoir elle étende la chaîne ,
Elle résiste encor au torrent qui l'entraîne.
Mais pesez vos desseins. Qui? moi, la réformer !
Je ne connais en moi rien qu'elle puisse aimer :
Je le sens à regret, mais j'ose vous le dire,
Le moindre petit-maître obtiendra plus d'empire.

ORPHISE.

Non : tous nos merveilleux près d'elle ont échoué,
Et de tous leurs assauts son orgueil s'est joué.
Contente d'entasser conquêtes sur conquêtes,
Elle a pour tous les cœurs des chaînes toujours prêtes;
Mais en les soumettant elle échappe à leurs traits,
Et du sien jusqu'ici rien n'a troublé la paix.

CLITANDRE.

L'avis est excellent; mais songez donc, madame,
Qu'en voulant allumer une imprudente flamme,
Je pourrais le premier en être consumé.
Pour braver tant d'attraits suis-je assez bien armé?
Veuve, et très-jeune encor , riche, spirituelle,
Fière de vingt talens, aimable autant que belle,
Mes yeux long-temps fixés sur tant d'appas divers,
Pourraient faire à mon cœur oublier ses travers;
Je n'ose le risquer.

ORPHISE.

Je vous connais, Clitandre :
Lorsqu'à tant de beautés vous craignez de vous rendre ,
Ce n'est là qu'une excuse, un honnête détour.
La vertu seule a droit d'allumer votre amour.
Jusqu'à ce jour ma nièce a conservé la sienne;
Mais bientôt il n'est plus de frein qui la retienne :
Vous pensez comme moi sur cet aritcle-là.
D'un danger si pressant, de grace, arrachons-là :
Aidez-moi de vos soins.

CLITANDRE.

Il faut être sincère.
Ce projet qui vous flatte a trop de quoi me plaire,
Déjà plus d'une fois j'ai surpris dans mon cœur
Des désirs inquiets d'obtenir ce bonheur ;

Déjà depuis long-temps ma raison en alarmes
Ne peut qu'avec effort résister à ses charmes :
De toutes ses erreurs peu tranquille témoin,
Je la fuis à regret, et l'admire de loin.
Ainsi, vous le voyez, l'épreuve est dangereuse.
ORPHISE.
Elle vous aimera : son sort est d'être heureuse.
CLITANDRE.
Je ris de vous entendre, et vous me ravissez
Par ce ton décisif dont vous me l'annoncez.
Et sur quoi fondez-vous un espoir qui me passe ?
ORPHISE.
Oh ! je vais vous le dire ; écoutez-moi, de grace.
Depuis près de deux mois, habile à tout saisir,
Je conduis mon projet sans vous en avertir.
J'ai toujours remarqué que la grande folie,
Que le goût dominant de ma chère Julie -
Est moins de captiver ceux qui l'aiment par choix,
Que d'asservir les cœurs soumis à d'autres lois.
Un amant, quel qu'il soit, la trouvera rebelle ;
Mais qu'il en aime une autre, il devient digne d'elle ;
Et pour se l'attacher il n'est feintes, détours,
Ruses dont son orgueil n'emprunte le secours.
Elle attaque, on résiste ; elle presse, on lui cède ;
Mais un est-il soumis, un autre lui succède.
Pour fixer ses regards sur ce que vous valez,
J'ai dit que vous aimiez ; mais que vos feux voilés,
Remplissant tous les vœux d'une amante sincère,
Couvraient votre bonheur des ombres du mystère ;
Que je la défiais de troubler vos plaisirs,
Quoiqu'elle vît souvent l'objet de vos désirs ;
Et que votre conquête à ses yeux interdite
Supposait dans une autre un plus rare mérite.
Son cœur a pris l'essor, et ses émotions
Ont d'abord éclaté par mille questions.
J'ai feint de badiner ; l'atteinte était portée :
Lorsque vous paraissiez je l'ai vue agitée,
Suivre partout vos yeux, peser tous vos discours,
Chercher avidement l'objet de vos amours,
Et toujours cependant employer tous ses charmes

Afin de vous forcer à lui rendre les armes.
D'ordinaire sur moi vos regards se perdaient,
Les siens en même temps sur moi se confondaient :
A cent petits égards votre amitié fidèle
Mille fois m'a donné l'avantage sur elle ;
Ses soupçons balançaient, ils se sont appuyés,
Et produisent enfin l'effet que vous voyez.

CLITANDRE.

Eh bien ! si notre amour eût été véritable,
Le moyen d'excuser ce trait abominable ?

ORPHISE.

Il ne l'est point : pourquoi le prendre au sérieux ?

CLITANDRE.

Elle n'en est pas moins criminelle à mes yeux.
Penserait-elle à moi si sa maligne adresse
N'y trouvait le plaisir d'enlever ma tendresse ?
A qui ?... Fort bien ! Riez...

ORPHISE.

               Je ris de ce courroux.
Son caractère est-il une énigme pour vous ?
Sa fierté vous défie : allons, entrez en lice,
En vous faisant aimer confondez sa malice :
Entraînez, séduisez, humiliez son cœur,
Et forcez son orgueil à connaître un vainqueur...
           (*le voyant hésiter.*)
Quoi donc ? vous balancez ! Quelles sont vos alarmes ?
Vous le savez, Julie étincelle de charmes ;
La nature a versé sur elle avec plaisir.
Cent dons que la fortune a pris soin d'embellir.
L'abus de tant d'appas tous deux nous inquiète ;
Mais qu'elle aime une fois et la voilà parfaite :
Un véritable amour au sein de la vertu
Va fixer pour jamais son cœur trop combattu.
Ces mêmes qualités qui causent notre flamme
Un honnête homme aimé les transmet dans notre ame.
De mille sots amours son cœur s'est garanti ;
Sans le vôtre comment peut-il être assorti ?
Tout ce qui l'environne est-il fait pour lui plaire ?
Son sort est de plier sous un digne adversaire,
Et le mien est de voir heureux et réuni

Ce que j'ai de plus cher , ma nièce et mon ami.

CLITANDRE.

Je cède , et vais tenter cette grande entreprise ;
Mon penchant m'enhardit , votre espoir m'autorise...
Mais , pour me mettre au fait , quel est l'amant du jour ?

ORPHISE.

Lisimon.

CLITANDRE.

Que devient Éraste et son amour ?

ORPHISE.

Le vieux comte le chasse ; et ce choix ridicule
Cache un plus noble feu , qu'elle se dissimule...
Voyez-là , parlez-lui.

CLITANDRE.

Je reste dans ces lieux :
Je veux tout observer d'un regard curieux.

ORPHISE.

La cour va se grossir... On vient , et je vous quitte.
Adieu , mon cher neveu.

(*elle sort.*)

SCÈNE II.

CLITANDRE, *seul.*

C'est aller un peu vite.
Il s'en faut que sa nièce et moi soyons d'accord.
Allons , sans nous flatter , secondons son effort.

SCÈNE III.

ERASTE , CLITANDRE.

CLITANDRE.

Eraste chez Julie ! Est-ce là ta promesse ?
Qu'y viens-tu faire ? dis.

ÉRASTE.

Abjurer ma faiblesse ;
Du plus sanglant reproche accabler à tes yeux
L'objet le plus perfide et le plus odieux.

CLITANDRE.

Tu l'aimes donc bien fort ?

ÉRASTE.

Qui, moi ? Je la déteste.

CLITANDRE.

Je ne m'en doutais pas.

ÉRASTE.

Oh ! je te le proteste .
Ce n'est plus un amour masqué par le dépit ,
Qui s'irrite et s'apaise après un peu de bruit ;
C'est un dessein formé d'éclater, de lui nuire :
Je cours l'exécuter , et je viens l'en instruire.

CLITANDRE.

J'ignore quel sujet cause ton désespoir ;
Mais j'en augure mal , puisque tu veux la voir.
Qui gronde une volage , est encore fidèle :
Il vaut mieux l'imiter que lui faire querelle.
Cours chez Lucile ; un mot va te rendre innocent.
Ton amour pour Julie, éteint presque en naissant ,
Est encore ignoré de cette fille aimable ;
Ce secret révélé te rendrait plus coupable.
Va : je l'ai disposée à te bien recevoir.

ÉRASTE , *tirant de sa poche une lettre.*

Tiens , reconnais Julie et le trait le plus noir.
Hier , détestant Julie et sa flamme inconstante,
Je me fais annoncer chez ta belle parente.
Dans ses yeux , où son ame étalait sa grandeur ,
Je lis en rougissant mon crime et son ardeur :
Je tombe à ses genoux , muet et plein d'alarmes...
Je reçois mon pardon , arrosé de ses larmes.
Attendri , pénétré d'amour et de remords,
Pour me justifier je fais d'heureux efforts ;
Lucile s'y prêtait , et sa bouche timide
Me traitait de volage , et non pas de perfide...
C'est dans ce même instant qu'un démon envieux
M'accable , la détrompe et l'insulte à mes yeux.

(*il donne le billet à Clitandre.*)

CLITANDRE , *lisant.*

« De grace , madame , débarrassez - moi d'Eraste.
» L'hommage qu'il s'avise de me rendre, afflige votre
» amour-propre, sans flatter le mien ; et vous devriez
» prendre un peu plus de soin de conserver vos con-

» quêtes. Il m'a menacée de retourner à vous ; soyez,
» je vous prie, assez généreuse pour ne me le point ren-
» voyer. »   JULIE. »

ÉRASTE.

Eh bien ! que diras-tu ?

CLITANDRE.

Que Julie est sincère ;
Qu'il faut, pour ton honneur, l'oublier et te taire.

ÉRASTE.

Me taire ! Oh ! la coquette apprendra désormais
A respecter l'amour, à le laisser en paix,
A voir d'autres beautés partager son empire,
A ne leur point ravir des cœurs qu'elle déchire ;
Et je veux préserver de ses fers odieux
Cent crédules amans que séduiraient ses yeux...
Je l'attends... Lorsqu'au gré du courroux qui m'amène
Mes discours insultans auront bravé sa haine,
Je cours, dans vingt maisons, des plus vives couleurs
Peindre sa fausseté, ses travers, ses noirceurs ;
Et, livrant au public l'esprit dont elle brille,
J'imprime ses billets, et je les apostille.

CLITANDRE.

Tu lui feras justice, et, pour moi, j'y consens.
Les besoins du courroux sont des besoins pressans ;
Contente-les, mon cher... Quand tu seras tranquille,
Je te demanderai ce qu'en pense Lucile.

ÉRASTE.

Oh ! Lucile est trop bonne : elle m'a défendu
De la voir, d'éclater ; mais...

CLITANDRE.

Je l'avais prévu.
Résiste à ses conseils, va, cours te satisfaire,
Dépêche ; car demain tu n'en voudras rien faire.

ÉRASTE.

Je le voudrai demain, dans dix ans.

CLITANDRE.

Non, crois-moi.
Réfléchis un moment, tu rougiras de toi.
Que t'a donc fait Julie ? et pourquoi ta vengeance
La veut-elle punir de ta propre imprudence ?

Ses regards à Lucile ont arraché tes vœux ?
Ton infidélité n'était pas dans ses yeux ;
Elle était dans ton cœur ; seul il fit l'injustice ,
Et c'est sur lui qu'en doit retomber le supplice.
Ton dépit, ton courroux n'est encor qu'imprudent;
Il devient criminel si tu vas plus avant.
Tu cherchas à lui plaire , et tu plus à Julie:
Ne fût-ce que deux jours , elle fut ton amie ;
Tout ce que ces deux jours Julie a fait pour toi
Sous le sceau le plus saint fut commis à ta foi ;
Regards , billets , discours, signes de toute espèce,
Du plus profond secret supposaient la promesse.
Aux mains d'un honnête homme elle a cru confier
Le pouvoir de la perdre ou de l'humilier.
Des devoirs de l'amant sois quitte ; elle est volage.
Le secret en est un dont rien ne te dégage :
Elle est femme , elle rompt de perfides liens ;
Sois homme, tes sermens doivent survivre aux siens.
Laissons le petit-maître et l'impudent cynique
S'abreuver de scandale et vivre de critique ,
Et , sans frein , sans pudeur , déchirer de leurs traits
Celles dont ils n'ont pu profaner les attraits ;
Laissons cette vermine orgueilleuse et sans ame
Se parer des débris de l'honneur d'une femme :
Le bruit est pour le fat , la plainte est pour le sot ;
L'honnête homme trompé s'éloigne et ne dit mot.

ÉRASTE.

Mais enfin quand Julie...

CLITANDRE.

Eh ! finis. Ta colère
N'a pas le sens commun... Monsieur cherchait à plaire ,
Auprès d'une coquette il n'a pas réussi ;
C'en est fait ; pour jamais son honneur est noirci !

ÉRASTE.

Quoi ! tu n'approuves pas...

CLITANDRE.

J'admire ma bêtise
D'opposer des raisons à semblables sottises !
C'est un rare accident qui t'arrive en ce jour,
Et personne avant toi n'éprouva pareil tour.

Une femme coquette! Ah! bon Dieu! quel prodige!
Tout Paris va pleurer du malheur qui t'afflige ;
Et des belles surtout le scrupuleux troupeau
Va frémir au récit d'un forfait si nouveau !

ÉRASTE.

Mais je prétends , au moins...

CLITANDRE.

Retourne chez Lucile ;
Elle t'aime ; aime-la : la vengeance est facile.
Que tardes-tu ? dis-moi. Bientôt ton successeur...

ÉRASTE.

Quel est-il ?

CLITANDRE.

Lisimon.

ÉRASTE.

Lisimon ?

CLITANDRE.

Oui, d'honneur !
Sa tante me l'a dit.

ÉRASTE.

Qui ? ce vieux militaire ,
Estimable , il est vrai , mais si peu fait pour plaire ;
Que , depuis quatre mois, le marquis son neveu ,
Malgré tant de leçons , a façonné si peu ?

CLITANDRE.

Oui, te dis-je.

ÉRASTE.

Cet homme est-il fait pour Julie ?
C'est d'un mauvais plaisant la mauvaise copie ;
Véridique , borné, par conséquent mutin ,
Qui voudra de l'amour... Oh ! parbleu ! mon chagrin
Ne tient point au récit d'un choix aussi bizarre ,
Et je ris des douceurs que l'amour leur prépare.

CLITANDRE.

Il paraît.

SCÈNE IV.

LE COMTE, ÉRASTE, CLITANDRE.

LE COMTE, *à Eraste, en l'embrassant.*
Eh! bonjour, mon très-cher.
ÉRASTE, *à Clitandre.*
Quel transport !
Il m'étouffe !
CLITANDRE.
Oh ! jadis on embrassait bien fort.
ÉRASTE.
Et surtout son rival ?
LE COMTE.
Moi, ton rival ?
ÉRASTE.
Sans doute.
(à Clitandre.)
Il n'en conviendra pas, il est modeste.
LE COMTE, *à Eraste.*
Ecoute.
Tu railles ; mais, crois-moi, dans mes jours libertins
Je ne haïssais pas ces petits cœurs mutins :
Je savais les réduire ; et plus d'une Julie
De s'être prise à moi s'est souvent repentie.
ÉRASTE.
Bon ! c'est un jeu pour vous que de fixer son cœur.
LE COMTE.
Mais, Eraste, à ton air moitié triste et moqueur,
On dirait qu'un congé... mais de la bonne espèce...
ÉRASTE.
Il est vrai.
LE COMTE, *à part.*
Bon ! Julie a rempli sa promesse...
(à Eraste.)
La perfide ! As-tu fait, dis-moi, bien du fracas ?
Eh bien! conte-moi donc ton pitoyable cas ?
Julie...
ÉRASTE.
Oh ! s'il vous plaît, vous le saurez d'un autre

Et vous même bientôt nous conterez le vôtre.

LE COMTE.

Le mien ?... Pauvre jeune homme ! il est désespéré...
   (à *Eraste.*)
Crois-moi, c'est pour toujours que je suis adoré.

CLITANDRE.

Pour toujours ?

LE COMTE.

          Oui, malgré votre surprise extrême,
C'est une vérité que je tiens d'elle-même.

CLITANDRE.

D'elle-même ?

LE COMTE.

     Oui, vous dis-je.

CLITANDRE, *à Eraste.*

               Oh ! oh ! c'est tout de bon.

Eraste, qu'en dis-tu ?

ÉRASTE.

          Que monsieur a raison.
Sans crime il ne peut plus douter de sa tendresse :
Elle n'a jamais fait qu'à lui cette promesse.

LE COMTE.

Comme on blâme les gens que l'on ne connaît pas !
Savez-vous que Julie, avec tous ses appas,
Ne me semblait d'abord qu'une franche coquette,
Rien qu'une écervelée ?... Oui, je vous le répète,
J'ai connu mon erreur en la voyant de près :
Sa candeur, son bon sens égalent ses attraits.
Je l'entretins hier une heure en confidence ;
Je fus, je l'avoûrai, charmé de sa prudence,
De sa sincérité, là... de sa bonne foi.
Allez lui demander, elle m'estime, moi ! —
     (*Eraste et Clitandre rient ensemble.*)
Vous riez ?... Oh ! parbleu ! messieurs de la jeunesse,
Vous irez faire ailleurs admirer votre espèce !

SCÈNE V.

LE MARQUIS, LE COMTE, ÉRASTE, CLITANDRE.

LE MARQUIS, *au comte.*

Bonjour, mon oncle... Eh bien ! nous avons réussi ;
Vous êtes en faveur ?... Éraste... ah ! te voici.
Tu n'es plus à Julie, et j'ai rompu ta chaîne,
Demain le président te cède Célimène ;
Nous avons d'hier au soir pris nos arrangemens.

ÉRASTE.

Pour d'autres que pour moi conserve tes présens.

LE MARQUIS.

Mais il faut te pourvoir ; mon oncle prend ta place,
Tu lui cèdes Julie ?

ÉRASTE.

Oh ! de fort bonne grace.

LE MARQUIS.

Eh ! oui, mon cher ; eh ! oui ; c'est comme il faut agir.
Regretter une femme ! il en faudrait rongir.
Pourquoi se tourmenter par un dépit frivole ?
Une vous quitte ? Eh bien ! une autre vous console.
On se convient ? Tant mieux ! entière liberté.
On se déplaît ? Bonsoir ! chacun de son côté.

ÉRASTE.

Vos conseils sont fort bons, et j'en vais faire usage...
    (*à Clitandre.*)
Clitandre, je t'attends pour finir ton ouvrage.

CLITANDRE.

Une affaire m'arrête, et je veux l'achever.
Chez Lucile à l'instant je vais te retroûver.
          (*Éraste sort.*)

SCÈNE VI.

LE MARQUIS, LE COMTE, CLITANDRE.

LE MARQUIS.

Ceci pour vous, mon oncle, est un exemple utile ;
Quand votre tour viendra, soyez aussi docile.

LE COMTE.

Mon tour ne viendra point, entendez-vous ?

LE MARQUIS.

Eh ? mais...
Il faut bien que Julie un jour...

LE COMTE.

Eh ! non, jamais :
Elle m'estime trop.

LE MARQUIS.

Si fort qu'elle vous prise,
Encor faut-il qu'un jour...

LE COMTE.

Eh ! non, son ame est prise ;
Son cœur sera constant, le temps le fera voir,
Et j'en crois les sermens que je vais recevoir.

(il entre chez Julie.)

SCÈNE VII.

LE MARQUIS, CLITANDRE.

LE MARQUIS.

Les oncles sont plaisans !

CLITANDRE.

Marquis, je suis sincère ;
A la suite du choix que vous avez fait faire,
Je prévois pour Julie et vous quelque embarras.

LE MARQUIS.

Peut-être un peu de bruit vers la fin, n'est-ce pas ?
Tant mieux ! nous en rirons.

CLITANDRE.

Mais Julie ?...

La Noue.

LE MARQUIS.

                Eh , qu'importe ?
Elle n'a point encor eu de scène un peu forte ;
Il la faut aguerrir

CLITANDRE.

        Son éducation
Vous donne un peu de soin ?

LE MARQUIS.

             Non ; sa vocation
L'emporte : la nature en a fait un chef-d'œuvre.
C'est le meilleur esprit ! qui tracasse , manœuvre ,
Médit , sème le trouble , aime à tout diviser ;
Qui brouillerait l'état , le tout pour s'amuser ;
De révolutions , de conquêtes avide ,
Qui voudrait envahir tout l'empire de Gnide.
Son ame est tout à jour , son cœur est un miroir
D'où l'amour disparaît dès qu'il s'est laissé voir ;
Petit monstre charmant , lutin indéchiffrable ,
Qu'il faudrait étouffer s'il n'était adorable ;
Qui , blâmant , approuvant , raisonnant au hasard ,
Vous étonne , vous force à suivre son écart.
Avant qu'il soit deux mois , et sous ma discipline ,
De nos cercles brillans ce sera l'héroïne.

CLITANDRE.

Oui , c'est un bon sujet : sans doute elle ira loin.
Mais ; dites-moi , quel est l'objet de votre soin ?
De vous en faire aimer ?

LE MARQUIS.

           L'idée est impayable !
Si de m'aimer deux jours je la croyais capable ,
Je l'abandonnerais. J'ai des principes , moi ,
Mais solides , constans. Mon destin , mon emploi ,
C'est d'éteindre en tous lieux ce travers qui me blesse ,
Ce sentiment pervers qu'on appelle tendresse ,
Dont l'abus à l'amant donne en propriété
Un objet qui se doit à la société.
Mon étude d'abord est d'armer une belle
Contre cent préjugés dont on les ensorcelle.
Ces noms tant répétés de décence , de mœurs ,
En moins de deux leçons s'effacent de leurs cœurs ;

Je les livre à la soif de briller et de plaire :
Elles aiment le bruit ; oh! je leur en fais faire.
Une scène bruyante amène un autre éclat;
Tantôt c'est un caprice et tantôt un combat ;
On noircit, on caresse, on brouille, on raccommode ;
Et, livrée aux devoirs d'une femme à la mode,
Toujours dans les plaisirs on se fait une loi
De braver le public et de vivre pour soi.

CLITANDRE.

Vos talens merveilleux égalent vos lumières :
Vos leçons ont germé chez beaucoup d'écolières?

LE MARQUIS.

Il faut en convenir et je suis effrayé
Des rapides succès dont mon zèle est payé.

CLITANDRE.

Vous avez beau vanter votre art, votre système,
Il n'est point infaillible ; et Julie elle-même,
Malgré son naturel et malgré vos talens,
N'est point parfaite encor.

LE MARQUIS.

         Non : ses progrès sont lents.
Depuis un certain temps, certaine retenue
Sur le dernier degré l'arrête suspendue ;
Pour atteindre au sommet il ne lui faut qu'un pas :
Elle a l'entêtement de ne le vouloir pas.
Oh parbleu! nous verrons. Chloé, Célie, Hortense,
Dont je vais l'entourer, vaincront sa résistance.
Je leur prête ce soir ma petite maison ;
Leur exemple mettra Julie à la raison.
Une femme d'une autre aime à presser la course ;
Et c'est pour les former ma dernière ressource...
La voici.

SCÈNE VIII.

LE MARQUIS, CLITANDRE, LE COMTE,
JULIE, *entrant en petite-maîtresse et regardant*
beaucoup Clitandre pendant toute la scène.

JULIE *au comte, qui lui donne la main.*
POURQUOI non ? cela peut s'arranger.

LE COMTE.

Vous m'écrirez ?

JULIE.

Oui, oui, nous y pourrons songer.

LE MARQUIS, *à Julie,*

Vous sortez ?

JULIE.

Oui, vraiment. J'ai hâté ma toilette.
Je ne veux pas du comte épuiser la fleurette :
J'entends mes intérêts.

LE COMTE.

Ah ! madame, les miens
Sont de perpétuer de si chers entretiens.

LE MARQUIS.

Mon oncle, votre amour est d'un babil extrême.

LE COMTE, *à Julie.*

Chacun de vos attraits mérite un diadême...
(*au marquis et à Clitandre.*)
Comme elle est rayonnante !

JULIE.

Il suffit pour un jour...
(*au marquis.*)
Je sais presque à présent comme on faisait l'amour
Au temps de mon aïeule... Adieu : je vais en ville.

LE MARQUIS.

Si matin en visite ?

JULIE.

Oui, chez une imbécille,
Chez la prude Doris, qui vint hier m'ennuyer.
Dans la même monnaie, oh ! je vais la payer ;
Car je choisis exprès l'heure, l'instant propice
Où seule... Enfin je veux que Damon me maudisse.

LE MARQUIS.

Ils sont fort bien, dit-on ?

JULIE.

Eh ! oui ; c'est le meilleur :
Qu'en dites-vous ? je veux lui dérober son cœur.
Je prétends les brouiller à ne se plus entendre.

LE MARQUIS.

Eh ! mais, oui ; ce serait un service à leur rendre.

Damon, en vérité, devrait être confus ;
Depuis près de dix jours ils ne se quittent plus.

LE COMTE.

Mais dix jours... c'est bien peu pourtant.

JULIE.

Pour moi, j'ignore
Ce qu'au bout de dix jours on peut se dire encore.

LE COMTE.

Ah ! madame, on se dit...

JULIE.

Mon cher comte, entre nous,
Je doute que jamais je l'apprenne de vous.
(elle sort en donnant la main au marquis et au comte,
et en faisant une révérence à Clitandre.)

SCÈNE IX.

CLITANDRE, seul.

AVEC quelle finesse elle a tendu le piége !
Vingt regards... pas un mot. Je veux à son manége
Opposer... Mais on vient... C'est Rosette : tant mieux.

SCÈNE X.

CLITANDRE, ROSETTE.

ROSETTE.

MONSIEUR, par un ordre exprès, ne quittez point ces
lieux.

CLITANDRE.

Je n'ai pas le loisir.

ROSETTE.

La réponse est jolie !
Mais je vous parle au moins de la part de Julie.

CLITANDRE.

A la bonne heure ; mais...

ROSETTE.

Elle va revenir.

CLITANDRE, lui montrant un billet.

Rends ce billet.

ROSETTE.
C'est vous qu'on veut entretenir.
Quelque esprit, quelque amour que vous puissiez y
mettre.
Tête-à-tête on dit mieux que ne dit une lettre.

CLITANDRE.
Mais, vraiment, ce billet je ne l'ai point écrit;
Il vient d'elle.

ROSETTE.
Comment ?

CLITANDRE.
Un valet mal instruit
A sans doute oublié sa véritable adresse;
Mais il n'est pas pour moi. Tiens, rends-le à ta maî-
tresse.

ROSETTE.
Il est pour vous, monsieur.

CLITANDRE.
Non.

ROSETTE.
Le fait est constant :
Je le sais bien.

CLITANDRE.
Eh! non.

ROSETTE.
Ciel! quel entêtement ?
Je sais son secret.

CLITANDRE.
Soit; je ne veux pas l'apprendre.
ROSETTE.
Vous savez fort mal vivre au moins, monsieur Clitandre.
CLITANDRE.
Adieu.

ROSETTE.
Demeurez donc : vous me ferez gronder.
CLITANDRE,
Une affaire me presse; et je ne puis tarder.

SCÈNE XI.

ROSETTE, *seule.*

Oui ! c'est donc là le ton de ces gens raisonnables !
De ces gens qu'on estime ? Ah ! qu'ils sont haïssables !
Quel accueil ! par ma foi, les femmes n'ont pas tort,
Quand il s'en rencontre un de le chasser d'abord.
Heureusement l'espèce en est rare, et nos belles
Trouvent à moissonner des cœurs plus dignes d'elles.
Quel caprice à Julie aussi de s'adresser
A ces gens dont la tête est faite pour penser ;
Dont le cœur froidement réfléchit et médite ?
C'est bien fait : elle n'a que ce qu'elle mérite.
Puisse-t-on accueillir de la même façon
Toute femme qui veut tâter de la raison ?

FIN DU PREMIER ACTE.

ACTE II.

SCÈNE Ire.

JULIE, ROSETTE.

JULIE.

Mais je n'y comprends rien. Quoi ! tout de bon, Clitandre,
Malgré mon ordre exprès, n'a pas voulu m'attendre ?

ROSETTE.

Pour la première fois, non sans étonnement,
Madame, j'ai vu fuir à cet ordre charmant.
Je l'ai souvent porté ; ma moindre récompense
Etait de voir briller la joie et l'espérance :
Souvent avec orgueil j'en admirai l'effet ;
Mais sur monsieur Clitandre il a manqué tout net.

Ce n'est pas tout encor.

JULIE.

Quoi donc ?

ROSETTE.

Voici la lettre...

JULIE.

Comment ?

ROSETTE.

Qu'il vous a plu de lui faire remettre.

JULIE.

Il te l'aurait rendue ?

ROSETTE.

Oui.

JULIE.

Mais on n'y tient point.

ROSETTE.

A ce beau procédé l'air, le ton était joint...
Vous rougissez, je crois ?

JULIE.

L'aventure est nouvelle.

ROSETTE.

N'allez pas accuser au moins mon peu de zèle :
J'ai prié, j'ai grondé.

JULIE.

Clitandre a de l'esprit ;
Il a cru me piquer en rendant cet écrit :
Il veut me voir venir... Oui-dà, cet artifice
Peut-être surprendrait un cœur encor novice ;
Mais il devrait me croire assez d'habileté
Pour m'honorer d'un piége un peu moins usité.

ROSETTE.

Je ne vois là-dedans artifice ni piége ;
Il ne vous aime point, voilà tout son manége.

JULIE.

Il ne m'aime point ?

ROSETTE.

Non.

JULIE.

Mais y penses-tu bien ?

ROSETTE.

Vous êtes adorable... Oui ; mais il n'en voit rien.
Ignorez-vous ces goûts bornés et terre-à-terre,
Plongés dans l'épaisseur de leur petite sphère ?
Il leur faut des objets qui soient à leur niveau,
Et qui puissent tenir dans leur petit cerveau :
A ce qui leur ressemble ils portent leur hommage.
Vous êtes pour ces gens d'un trop sublime étage ;
Ils n'ont pas pour vous voir les organes qu'il faut ;
Et Clitandre est peu fait à regarder si haut.

JULIE.

Soit caprice ou raison, sa conquête me tente :
Je veux pour quelques jours l'emprunter à ma tante.

ROSETTE.

Il s'aiment donc ?

JULIE.

Tout juste.

ROSETTE.

Ah ! quelle trahison !
Ils s'aiment sans votre ordre ?

JULIE.

Oh ! j'en aurai raison.

ROSETTE.

Quoi ! tandis qu'au dehors l'ardeur de votre zèle
Persécute en tous lieux, détruit l'amour fidèle,
Qu'au mépris des clameurs de mille objets trahis
Vous divisez au loin les cœurs les mieux unis ;
Quoi ! dans votre maison, et sous vos yeux, madame,
Deux cœurs osent brûler d'une constante flamme ?
Armez-vous, combattez, courez les désunir ;
Oui ; fût-ce votre mère, il faudrait la punir.

JULIE.

Depuis un certain temps, soit orgueil ou franchise,
Le ton avantageux est le seul ton d'Orphise..
Fière de son héros, elle m'a mille fois
Vanté, sans le nommer, le prix de certain choix...
Que je faisais grand bruit, tandis que d'autres charmes
Captivaient certains cœurs au-dessus de mes armes. .
Des bravades enfin, des défis. J'ai tant fait
Que de ses feux si beaux j'ai découvert l'objet ;

C'est ce même Clitandre, ou je suis fort trompée.
Oh! je la punirai de s'être émancipée :
Ce jour même ses tons seront humiliés,
Et je trouve plaisant de la voir à mes pieds.

ROSETTE.

Tout comme il vous plaira ; mais les nièces prudentes
Aiment bien mieux tromper qu'humilier leurs tantes.
Consultez-vous : tromper... C'est un plaisir si doux ;
Mais je n'approuve pas le second, entre nous.
Clitandre est de ces gens (il a su m'en convaincre)
Qu'il n'est ni glorieux, ni facile de vaincre :
Des préjugés, des tons qui vous sont inconnus...
De la raison enfin, n'attendez rien de plus.

JULIE.

De la raison, dis-tu ? Peu de chose t'arrête.
Ces héros de raison ont tous le cœur si bête !
Leur esprit, il est vrai, gendarmé contre nous,
Souvent brille aux dépens de nos airs, de nos goûts ;
Nous dédaigne de loin. Sommes-nous en présence ?
Un seul geste, un coup-d'œil, un mot de préférence,
Notre juge bientôt réforme ses arrêts :
On veut nous décider, on nous voit de plus près,
On nous voit... vainement on résiste à sa chûte,
Le cœur brûle, tandis que la raison dispute.
Clitandre, par exemple, eh bien ! je mets en fait
Qu'il a secrètement lu dix fois mon billet...
Tu n'a pas pénétré dans son ame surprise ?
Un reste de vieux goût y combat pour Orphise,
Y balance l'espoir d'un triomphe plus doux ;
Mais un mot d'entretien le met à mes genoux.

ROSETTE.

Puisque vous le voulez, tenez donc l'entreprise.
Il doit être venu sur les ordres d'Orphise.

JULIE.

Bon! tu m'avertiras. Ma tante... Ah ! la voici.
(Rosette sort.)

SCÈNE II.

JULIE, ORPHISE.

ORPHISE.

MA nièce, comment donc ! vous voilà seule ici ?
Vos sujets rassemblés, et pleins d'impatience,
Murmurent hautement d'une si longue absence.
Julie, allez régner. Un peuple tout entier
Attend, et devant vous se vient humilier,
A son empressement ne soyez point rebelle :
Vénus s'honorerait d'une cour aussi belle.

JULIE.

Mes triomphes sont beaux et nombreux, j'en conviens ;
Mais mon aimable tante aime à cacher les siens :
Contente de régner sur un cœur sans partage,
Ses yeux du monde entier m'abandonnent l'hommage.

ORPHISE.

Comment donc ! sur un cœur, moi, je prétends régner ?

JULIE.

Je voudrais le connaître afin de l'épargner...
Car si j'allais lui plaire ?... Allons, en confidence,
Dites... J'ai mes raisons.

ORPHISE, *à part.*
                    Elle est folle, je pense !

    (*à Julie.*)
Va, remplis l'univers de tes succès brillans,
Etale ton esprit, ton savoir, tes talens.
Si j'aimais, ma fierté te mettrait à pis faire :
Tu ne plairas jamais à qui je pourrai plaire.

JULIE.

Ah ! vous me défiez ! je ne réponds de rien.
Adieu. N'oubliez pas au moins cet entretien.
                    (*elle sort.*)

SCÈNE III.

ORPHISE, *seule.*

Je ris de sa menace ; et son humeur trop vaine
Dans les nœuds qu'on lui tend l'embarrasse et l'entraîne :
J'ose tout espérer.

SCÈNE IV.

CLITANDRE, ORPHISE.

ORPHISE.

Ah ! Clitandre, c'est vous.
Tout semble concourir au succès le plus doux :
Je viens de la piquer presque jusqu'à l'outrage.
On va pour vous gagner mettre tout en usage.
Voyez-la : profitez d'un instant si flatteur ,
Et de sang-froid sondez le chemin de son cœur.
Vous vous êtes conduit à merveille ; Clitandre ;
Le renvoi du billet, le refus de l'attendre ,
Dont vous m'avez instruite , ont par leur nouveauté
Si puissamment surpris son esprit agité
Que , fuyant de sa cour la cohue ordinaire ,
Je viens de la trouver dans ce lieu solitaire,
Tenant avec Rosette un comité secret ;
Et, sur ce que j'ai vu , vous en étiez l'objet

CLITANDRE.

Il n'est pas temps encor d'écouter l'espérance.
De grace affermissez plutôt ma résistance :
Dites-moi que l'objet que j'attaque en ce jour
Est inconstant, perfide, incapable d'amour,
Qui, joignant contre moi les attraits à la ruse ,
Va rire si j'échappe, et me perd s'il m'abuse.
Avec ces sentimens , qu'il me faut inspirer ,
Assez de coups encor me restent à parer.
J'y ferai de mon mieux , et j'ose bien vous dire
Qu'il ne lui sera pas aisé de me séduire.

SCENE V.

CLITANDRE, ORPHISE, ROSETTE.

ORPHISE.

Paix... J'aperçois Rosette.

ROSETTE, *à part.*

Ah ! le voilà venu.

ORPHISE, *à Rosette.*

Veux-tu me parler ?

ROSETTE.

Moi? Non ; mais...

ORPHISE.

Que cherches-tu ?

ROSETTE.

Rien... Mais si vous vouliez, pour soulager Julie,
Madame, en ce moment joindre la compagnie ;
Le cercle est fort nombreux.

ORPHISE.

Il est selon son goût ;
Et sans moi d'ordinaire elle suffit à tout.

ROSETTE.

Oui; mais dans un instant...

ORPHISE.

Que fait-on ?

ROSETTE.

Les parties
Dans les règles de l'art viennent d'être assorties
A l'ombre d'un faux jour, les belles, par nos soins,
De leurs jeunes attraits n'ont que de vieux témoins ;
Les laides, au contraire, en face des croisées,
Aux jeunes étourdis sont toutes opposées.
Les amans dos à dos, aux deux bouts du logis,
Ne peuvent s'entrevoir sans un torticolis.
Pour madame, elle a pris, après mainte épigramme,
Deux seigneurs les mieux faits, et la plus laide femme.
Elle a bien mieux encor signalé son pouvoir ;
Du magique reflet calculant le pouvoir,
Elle a si prudemment distribué les places

Que nul œil féminin n'a l'usage des glaces,
Tandis que, par l'effet du même arrangement,
Elle est vue et se voit dans tout l'appartement.

ORPHISE.

J'entre un moment chez moi, je la rejoins ensuite.

ROSETTE, *à Clitandre.*

Et verra-t-on monsieur?

CLITANDRE, *à Orphise, apercevant venir quelqu'un.*

Voici quelque visite.

ORPHISE.

Tant pis.

ROSETTE.

Elle est pour nous.

SCÈNE VI.

CLITANDRE, LE COMTE, ORPHISE, ROSETTE.

ROSETTE, *au Comte.*

Venez, on vous attend.

LE COMTE, *transporté, à Orphise.*

Excusez, on m'attend ; car dans un autre instant
J'aurais à vous parler d'une affaire importante ;
Mais quand la nièce attend on peut quitter la tante.

ROSETTE.

Venez donc.

LE COMTE, *à Clitandre.*

On m'attend, Clitandre : serviteur.

(*il entre chez Julie avec Rosette.*)

ORPHISE.

Il ne jouira pas long-temps de sa faveur.
Je rentre aussi.

(*elle entre chez Julie.*)

SCÈNE VII.

CLITANDRE, *seul.*

Je tremble, oh ! oui, je suis sincère,
Je connais le danger ; puissé-je m'y soustraire !

SCÈNE VIII.

JULIE, CLITANDRE.

JULIE.

Mais rien n'est si galant que votre procédé.
Ah! qu'en un autre temps je vous aurais grondé!
Passons : pour cette fois ma bonté vous excuse.
Je dépends du moment, et celui-ci m'amuse ;
Car, voulant vous parler, vous sachant en ce lieu,
A l'un de vos rivaux j'ai fait prendre mon jeu.
Il est au désespoir.... Je ris de la grimace
Qu'a fait notre vieux comte en occupant ma place.

CLITANDRE.

Votre vieux comte a tort.

JULIE.

Il est original.

CLITANDRE.

Mais, de grace, pourquoi me nommer son rival ?
Il vous aime, dit-on ?

JULIE.

Sans doute. Et vous ?

CLITANDRE.

Madame...

Jamais...

JULIE, *avec gaîté.*

Ah ! vous voulez déguiser votre flamme ;
Vous voulez m'adorer sans que j'en sache rien ?
Eh ! cessez d'affecter ce modeste maintien.
Vous m'aimez, tout est dit... Eh bien ! mon cher Cli-
   tandre,
D'honneur, c'est un aveu que je brûlais d'entendre.

CLITANDRE, *étonné.*

Tout est dit ? Permettez...

JULIE.

Allons, regardez-moi ;
Je le veux.

CLITANDRE.

Volontiers.

JULIE.

Eh bien donc ?

CLITANDRE.

Je vous vois.

JULIE.

Est-ce tout ?

CLITANDRE.

Les beaux yeux ! la charmante figure !

JULIE.

Fort bien ! continuez.

CLITANDRE, *souriant.*

Tout est dit, je vous jure.

JULIE, *gaiment.*

Non, non, vos yeux à moi m'en disent beaucoup plus.
Vous m'aimerez, monsieur, vos soins sont superflus.

CLITANDRE.

Et votre cœur du mien sera la récompense ?

JULIE, *minaudant.*

Mais... vous pouvez compter...

CLITANDRE.

Oui, sur votre constance ;
Je le sais. Répondez, de grace, à votre tour :
Puis-je vous demander ce que c'est que l'amour

JULIE.

La belle question !

CLITANDRE.

Il est bon que je sache
Quelle idée à ce mot parmi vous on attache :
Car vous le présentez ici sous un aspect,
D'une aisance, d'un ton qui m'est un peu suspect ;
Et je ne voudrais pas, joignant mon cœur au vôtre,
Vous donner un amour, moi, pour en prendre un autre.

JULIE.

Comment ! en est-il deux ? Il est, je crois, partout
Tel que nous le sentons ; consonnance de goût,
Union d'agrément, habitude amusante,
Qu'un caprice détruit et qu'un coup-d'œil enfante ;
Le ressort, le lien de la société,
Qui d'objets en objets voltige en liberté ;
Qui, pour briller au jour, a quitté les ruelles,

Et transporte à grand bruit le plaisir sur ses ailes.

CLITANDRE.

Je meurs si j'entends rien à tout ce jargon-là !

JULIE.

Eh ! mais...

CLITANDRE.

Quoi ! vous croyez que l'amour soit cela ?

JULIE.

Oui vraiment; aujourd'hui l'on n'en connaît point d'autre.
Arrangeons-nous pourtant ; voyons quel est le vôtre ?
Detaillez-moi...

CLITANDRE.

Le mien , toujours mal défini ,
Se dérobe au discours, ne peut qu'être senti ;
Et , sans vous offenser , je présume , madame ,
Qu'il est rare entre vous, car il lui faut une ame.

JULIE.

Ah ! vous m'allez vanter cet être suranné,
De mystères , de pleurs , d'ennuis environné;
Ce tyran des plaisirs de nos antiques belles
Pour qui c'était trop peu d'être dix ans fidèles.
Tout ce vieux protocole est banni sans retour ;
Ce n'est plus qu'en passant qu'on encense l'amour.
Clitandre , croyez-moi , suivez cette méthode ;
Elle est plus usitée et beaucoup plus commode.

CLITANDRE.

Non , cela ne se peut.

JULIE.

Quel air humilié !
Vous-vous rendez enfin ?

CLITANDRE , *voulant s'en aller.*

Vous me faites pitié.

JULIE.

Qui ! moi , faire pitié ?

CLITANDRE.

Oui , d'honneur.

JULIE.

Mais , Clitandre,
A la compassion je vous trouve un peu tendre :
Sans trop d'orgueil j'ai cru, jusques à ce moment.

La Noue.   8

N'inspirer point encor ce triste sentiment.

CLITANDRE.

Et moi, c'est tout de bon que je vous trouve à plaindre ;
Car enfin ce bonheur que vous venez de peindre,
Examinez sa source et pesez sa valeur ;
Il est dans votre tête, et non dans votre cœur.
Dans la foule et le bruit une bouillante ivresse
De l'erreur à l'excès guide votre jeunesse ;
Au milieu des travers, des écars, des éclats,
Vous cherchez les plaisirs, les plaisirs n'y sont pas.
Pourquoi courir si loin ? l'indulgente nature
Les a mis près de vous dans leur juste mesure ;
Mais vous ne rencontrez que leur masque trompeur
Quand vous chargez l'esprit des intérêts du cœur.

JULIE.

    (à part.)   (à Clitandre.)
Mais vraiment, il raisonne ! A merveille, Clitandre !....
A vos discours pourtant je ne saurais me rendre :
Car enfin ces plaisirs à moi me semblent doux ;
Je les sens : j'en jouis.

CLITANDRE.

        Ma foi ! tant pis pour vous.

JULIE.

Ah ! grace pour celui de briller et de plaire :
Tout autant que la vie il nous est nécessaire :
Et j'aimerais autant me passer de beauté
Que de voir sur un seul son pouvoir limité.
Là, descendez un peu dans le cœur d'une femme,
Et jugez quel plaisir doit enivrer son ame,
Quand d'un cercle brillant les vœux et les regards
Sur elle concentrés tombent de toutes parts :
Quand sur mille témoins de sa toute-puissance
Elle verse l'amour, le dépit, l'espérance :
Elle parle, l'éloge aussitôt retentit,
Elle jette un coup-d'œil, on espère, on pâlit,
Autour d'elle à son gré tout s'émeut, tout s'arrête :
Elle forme un orage, ou calme une tempête,
De mille passions elle excite les flots :
Tous les cœurs sont troublés : le sien reste en repos.

CLITANDRE.

Le sien reste en repos? l'aimable perspective
Que vous nous présentez! Quoi! l'ardeur la plus vive...

JULIE.

Oh! vous ne passez rien : allez-vous quereller?
Je dis que c'est pour nous un besoin de briller.

CLITANDRE.

Brillez donc, j'y consens : et laissez-moi, madame,
Chercher d'autres plaisirs inconnus à votre ame :
Moins d'éclat, plus d'amour, un peu de bonne foi,
Des appas, des vertus, c'en est assez pour moi.

JULIE.

Mais on peut parmi nous rencontrer ce modèle.

CLITANDRE.

Parmi vous de l'amour?

JULIE.

Oui, la chose est réelle.

CLITANDRE.

J'entends, de cet amour voltigeant, cavalier,
Dont vous faisiez tantôt l'éloge singulier?
Non, j'ai le goût vulgaire : et cet amour, madame,
Est trop de qualité pour entrer dans mon ame.
De vos doctes leçons je ne puis essayer :
En donnant tout mon cœur j'en veux un tout entier.
Je hais autant que vous la fadeur pastorale :
Mais je hais encor plus le bruit et le scandale :
L'honnête me suffit ; et, dût-on me blâmer,
J'estime ce que j'aime, ou je cesse d'aimer.

JULIE.

Vous voulez me piquer? je ne prends point le change :
J'ai mon projet en tête, et rien ne me dérange.
Voyons-nous plus souvent : vous êtes fait pour nous :
Un peu de liaison rapprochera nos goûts.

SCÈNE IX.

CLITANDRE, LE MARQUIS, LE COMTE, JULIE.

LE COMTE, *à Julie et à Clitandre, les surprenant.*
Parbleu! je m'en doutais.

JULIE, *riant.*

Quoi! tout de bon, cher comte?

LE COMTE.

Cher comte!... Déloyale! Ah! rougissez de honte.

JULIE.

Moi, rougir?

LE MARQUIS, *au comte*

Eh bien donc! mon oncle, qu'avez-vous?

LE COMTE.

Laissez-moi.

LE MARQUIS.

Quoi! déjà de l'aigreur, du courroux!

LE COMTE.

Oui, ventrebleu!

LE MARQUIS.

Mon oncle. .

LE COMTE.

Oh! ne vous en déplaise,
Mon neveu, laissez-moi quereller à mon aise.

LE MARQUIS.

Mais cela n'est pas bien. Eh! que vous a-t-on fait?

LE COMTE.

(*montrant Julie.*)

Le plus damnable tour!... Tantôt sur son billet
J'arrive... en minaudant la perfide m'appelle :
« Cher comte, je reviens ; prenez mon jeu, dit-elle. »
Je le prends comme un sot ; et pendant ce temps-là

(*montrant Clitandre.*)

On vient faire l'amour à monsieur que voilà.

LE MARQUIS, *riant.*

Tout de bon?

LE COMTE.

Oui, morbleu!

LE MARQUIS, *riant plus fort.*

Le tour est impayable!

LE COMTE.

Peste l'impertinent!

LE MARQUIS.

Oui, vous dis-je, admirable,
Charmant, délicieux.

LE COMTE.

Au diable l'étourdi !

LE MARQUIS.

Mon oncle, votre affaire est terminée ici :
Allons, modestement prenez congé.

LE COMTE.

J'enrage !

Et je me vengerai d'un si sanglant outrage...
Toujours en l'air, toujours trahissans et trahis,
Faites un monde à part, et soyez le mépris
De tout le genre humain. Le cœur d'une coquette
N'est pas d'assez haut prix pour que je le regrette.

(*il sort.*)

SCÈNE X.

CLITANDRE, LE MARQUIS, JULIE.

JULIE.

Sa colère est brutale.

LE MARQUIS.

Elle m'a diverti.

D'honneur.

CLITANDRE, *à Julie.*

Madame a dû s'en amuser aussi ?

JULIE.

Beaucoup.

LE MARQUIS.

Vous vous formez, Julie, à me surprendre :
En moins d'un jour Eraste ; et mon oncle, et Clitandre
C'est aller au plus grand... Mais Clitandre, entre nous,
Est trop neuf dans le monde, et peu digne de vous.
Je veux le présenter à notre présidente ;
Après, votre union sera bien plus décente.

JULIE.

(*montrant Clitandre.*)

Laissez là vos projets... Monsieur est occupé ;
Du vieil amour vraiment il n'est pas détrompé :
Il soupire, il adore...

LE MARQUIS.

Et qui donc ?

JULIE.

Une belle
(à *Clitandre*.)
Qui sans doute l'attend... Venez, amant fidèle.

CLITANDRE.

Non, je ne puis...

JULIE, *au marquis*.

Je vais le mettre entre deux feux.

CLITANDRE.

Madame, en ce moment...

JULIE.

Suivez-moi, je le veux.
(*Clitandre lui donne la main.*)

FIN DU SECOND ACTE.

ACTE III.

SCÈNE 1re.

ORPHISE, CLITANDRE.

ORPHISE.
Eh bien! mon cher Clitandre, est-ce en vain que j'espère,
Et ma Julie encor peut-elle vous déplaire?

CLITANDRE.
Madame, trouvez bon que, fuyant à propos,
Je ne m'expose plus à perdre mon repos.
Votre nièce m'attaque avec trop d'avantage;
Et risquer tout pour rien n'est pas d'un homme sage.

ORPHISE.
Clitandre, vous rêvez?

CLITANDRE.
Non, c'est la vérité:
Jamais d'un trouble égal je ne fus agité.

ORPHISE.
Quoi donc! l'aimeriez-vous?

CLITANDRE.

                         Je ne sais ; mais, madame,
Je ne veux plus avoir à disputer mon ame.
Le dangereux objet ! Et quelle habileté
A mesurer l'effort à la difficulté !
Son manége attrayant vous tourne, vous épie,
Applaudit quelquefois, plus souvent contrarie :
Elle vous fuit, vous cherche, et s'apaise, et s'aigrit :
Sans relâche elle occupe et le cœur et l'esprit.
Unissant avec art le dépit, la tendresse,
Sa bouche vous maltraite et son œil vous caresse.
Vous la voyez souvent, par un détour adroit,
Rire dans sa fureur, s'irriter de sang-froid :
Maîtresse du moment, tantôt brillante et vive,
Elle enchante, ravit ; tantôt douce et naïve,
Sa grace au fond du cœur porte le sentiment.
Sa perfidie a l'air d'un tendre épanchement ;
En passant par ses yeux, la noirceur, l'imposture
Prennent l'expression de la simple nature.
Oui, madame, vingt fois j'ai pris pour vérité
Ce qui n'était qu'un jeu, qu'un amour imité ;
Vingt fois j'ai repoussé la triste certitude
Que tout cela n'était qu'un fruit de son étude ;
Mon cœur en sa faveur vingt fois s'est gendarmé,
Et même en ce moment à peine est-il calmé.

ORPHISE.

Oui, pour vous vaincre elle a déployé tous ses charmes :
Elle s'est présentée avec toutes ses armes,
Elle vous a traité comme un digne ennemi ;
Mais ses propres efforts l'ont vaincue à demi.
Où vous avez cru voir de l'art, de l'imposture,
Croyez-moi, vous deviez n'y voir que la nature.
Sa vanité parlait, vous en sentiez les coups ;
Sa fierté succombait, son cœur volait vers vous :
Elle s'en indignait bientôt ; mais sa colère
N'était qu'un repentir d'avoir été sincère.
Ce choc de sentimens, cet art si compliqué,
Supposez-la sensible, et tout est expliqué.

CLITANDRE.

Non, ne supposons rien, madame, je vous prie :

Souffrez que prudemment je quitte la partie.
ORPHISE.
Clitandre, encor un coup, fiez-vous-en à moi.
Son penchant se déclare ; et c'est de bonne foi
Que je la garantie vaincue, humiliée.
Je la connais ; mes soins l'ont tant étudiée !
A-t-elle pu cacher ses mouvemens confus ?
Ne nous a-t-elle pas dix fois interrompus ?
Quand de vos entretiens j'abrégeais l'intervalle ;
N'ai-je pas entrevu l'aigreur d'une rivale ?
Quand, tout à l'heure encor, je vous ai fait sortir,
Son dépit à mes yeux s'est-il pu démentir ?
De notre tête-à-tête à présent inquiète,
Elle hâte son monde ; et presse la retraite ;
Un instant va la voir arriver sur nos pas :
Qu'est-ce que de l'amour, si cela n'en est pas ?
Allons, que mon espoir, Clitandre, vous ranime.
CLITANDRE.
De ce frivole espoir serais-je la victime ?...
La fuir... Il n'est plus temps... Ah ! que n'ai-je évité
Ce cruel embarras où vous m'avez jeté !
Aidez-moi donc du moins.
ORPHISE.
                    C'est à quoi je m'apprête.
Tourmentez bien son cœur, j'attaquerai sa tête.
Servons-nous de son art : en butte à nos complots,
Il ne faut pas qu'elle ait un instant de repos.
Critiquez, exigez, fatiguez sa souplesse ;
De notre hymen prochain effrayons sa tendresse ;
C'est un puissant mobile, et son cœur est à nous,
Si nous venons à bout de le rendre jaloux...
La voici : commençons.

SCÈNE II.

ORPHISE, JULIE, CLITANDRE.

ORPHISE, *à Julie, en feignant beaucoup d'embarras.*

                    COMMENT ! c'est vous, ma nièce ?
J'ai cru que... jusqu'au soir... La foule qui vous presse...

S'est bien vite écoulée.

JULIE, *riant à moitié.*

Ah ! ma tante, en ces lieux
Vous ne m'attendiez pas sitôt ? J'ai de bons yeux.

ORPHISE.

Moi, ma nièce... pourquoi ?... Je parlais à Clitandre.

JULIE.

Eh oui ! vous lui parliez ; vous aimez à l'entendre :
Rien n'est si naturel... Mais quelqu'un m'a conté
Que d'un objet nouveau son cœur était tenté :
Prenez-y garde au moins, et ce sont vos affaires.

ORPHISE.

Bon, bon ! tous ces discours sont des bruits téméraires.
J'estime fort Clitandre, et tu le sais fort bien.
Heureuse qui possède un cœur tel que le sien ?

JULIE.

Vraiment, c'est un trésor !

ORPHISE, *d'un air affectueux.*

Oui, ma chère Julie !
Pour l'amour de ta tante aime-le, je t'en prie.

(*elle sort.*)

SCÈNE III.

JULIE, CLITANDRE.

JULIE.

Pour l'amour de ma tante il faut donc vous aimer ?

CLITANDRE.

Oui, madame.

JULIE.

Il fallait d'abord m'en informer ;
Je vous eusse adoré beaucoup plus tôt, Clitandre.

CLITANDRE.

Il en est temps encor.

JULIE.

Daignerez-vous m'apprendre
A quelle occasion cet ordre m'est donné ?
Il serait trop plaisant que j'eusse deviné.

CLITANDRE.

Deviné !... quoi, madame ?

La Noue.   9

JULIE.

                    Oh ! la divine Orphise,
Ou je me trompe fort, va faire une sottise :
Ses amis devraient bien lui faire envisager
Qu'à son âge il est tard de vouloir s'engager.

CLITANDRE.

Mais elle est jeune encor.

JULIE.

                    Oui, oui, pour une tante;
Mais sous un nouveau joug plier en imprudente !...
Car, vous en conviendrez, chaque jour désormais
Impitoyablement va ternir ses attraits.
Pour moi, je l'avoûrai; je tremble pour Orphise.

CLITANDRE.

Il est peu de beautés que le temps ne détruise :
Je le sais : cependant, en honnête mari,
J'ai mon système, moi; système assez hardi,
J'en conviens : par exemple, Orphise est fort aimable,
Et le sera long-temps; car elle est estimable.
Elle n'a jamais cru que le seul agrément
De l'amour d'un mari dût être l'aliment :
Belle, mais sans orgueil, à d'autres soins livrée,
A cesser d'être jeune elle s'est préparée ;
Aux nobles sentimens elle a formé son cœur,
Et pour son caractère elle a pris la douceur.
Elle a de son esprit étendu les lumières :
Elle a même accueilli des vertus roturières,
L'égalité d'humeur, la modeste bonté.
L'amour de l'ordre enfin, trop rare qualité !
Après un certain temps que l'hymen nous éprouve,
La beauté perd, dit on; tout cela se retrouve.
Les maris aiment mieux, ils m'en sont tous témoins,
Une vertu de plus et deux graces de moins.

JULIE.

Etre jeune !... être belle... oui, c'est un double crime
Dont...

CLITANDRE.

            Non : il ne faut pas trop presser ma maxime.
La beauté de tout temps soumit tout à ses lois,
Et je ne suis point d'âge à contester ses droits;

Mais sans lui disputer son suprême avantage,
A d'autres qualités nous pouvons rendre hommage.

JULIE.

Heureuse qui pourrait toutes les rassembler !
Mais pour vous plaire à qui faut-il donc ressembler ?

CLITANDRE.

A vous, madame.

JULIE.

                    A moi ?... le compliment m'honore
Mais dans un autre temps il eût mieux fait d'éclore.
Je ne suis pas d'humeur à le récompenser.

CLITANDRE.

J'ai cru qu'en aucun temps il ne pouvait blesser ;
Ce ton de dignité m'annonce le contraire ;
Soit.

JULIE.

        Avec ces façons aspirez-vous à plaire ?
Vous auriez très-grand tort. La contradiction,
L'esprit guindé, l'humeur, sont mon aversion ;
Et c'est tout ce qu'en vous, monsieur, j'ai vu paraître.

CLITANDRE.

Nous voilà donc brouillés ?

JULIE.

                    Vous en êtes le maître.

CLITANDRE.

Fort bien ! sur votre cœur je n'avais qu'à compter !

JULIE.

Vous prenez grand plaisir à m'impatienter.

CLITANDRE.

Moi ? vous vous amusez ; j'en prends ma part.

JULIE.

                                        Courage !
Vous m'indignez, au moins !... Votre air, votre langage
Tout conspire, monsieur, je vous le dis tout net,
                    (minaudant.)
A vous faire haïr... en dépit qu'on en ait.

CLITANDRE.

Bon ! ce n'est rien encor ; et si jamais, madame,
Vous aviez le malheur de captiver mon ame,
Vous essuîriez vraiment bien d'autres vérités.

Mon esprit est pétri de contrariétés,
Je vous en avertis. Ce qu'en vous on admire
Serait précisément l'objet de ma satire.
Si votre façon d'être en ce moment vous plaît,
Croyez-moi, but à but, restons sans intérêt.

JULIE.

Eh quoi ! ma façon d'être est donc bien haïssable ?

CLITANDRE, *d'un ton pénétré.*

Non... il ne tient qu'à vous de devenir aimable...
Mais vous le seriez trop en suivant mes avis.
Continuez plutôt ; gâtez cent dons exquis :
Vous-même de nos cœurs armez-la résistance,
Et de vos propres mains bornez votre puissance :
De la nature en vous défigurez les traits,
D'un attirail sans fin surchargez ses attraits ;
Du bon sens, du plaisir conjurez la défaite ;
Sauvez-nous du danger de vous voir trop parfaite :
C'est fort bien fait à vous : je dois le souhaiter,
Et quel cœur sans cela pourrait vous résister ?

JULIE, *embarrassée et sérieuse.*

Quoi ! sérieusement, vous me trouvez à plaindre ?

CLITANDRE.

Très sérieusement. Incapable de feindre,
J'ai regret de vous voir employer tant d'efforts
Pour ne vous préparer au bout que des remords.

JULIE, *plus gaie.*

Pour devenir aimable, eh bien ! que faut-il faire ?

CLITANDRE.

Vous me le demandez ! vous n'êtes pas sincère :
Le cœur vous le dirait si vous l'écoutiez bien ;
Mais dans tous vos discours le cœur n'entre pour rien.

JULIE.

Non, je veux vos avis pour rétablir ma gloire,
C'est vous, oui, désormais vous seul que je veux croire.

SCÈNE IV.

JULIE, CLITANDRE, LE MARQUIS.

(le marquis, dans le fond, les écoute un moment.)

CLITANDRE, *à Julie.*

Moi seul ?

JULIE.

Assurément. Ce que vous m'avez dit
Me frappe, et je prétends en faire mon profit.

CLITANDRE.

Vous ne feriez pas mal... Mais bon ! c'est une adresse.
Pensez-vous tout cela ?

JULIE.

Oui, d'honneur.

CLITANDRE, *avec émotion.*

Ah ! traîtresse !
Vous voilà.

JULIE, *très-tendrement.*

Qu'avez-vous ?

CLITANDRE.

Ce regard enchanteur,
Ce ton...

JULIE.

Que savez-vous s'il ne part pas du cœur ?

CLITANDRE, *hésitant.*

Je sais que contre vous il est bon d'être en garde.
(le marquis éclate de rire.)

JULIE, *étonnée, au marquis.*

Que faites-vous donc là ? marquis,

LE MARQUIS.

Je vous regarde,
(à Clitandre.)
J'écoute et j'applaudis... Eh bien ! tu conviendras
Qu'on ne peut mieux jouer ce que l'on ne sent pas ?
C'est pousser le talent jusques à l'excellence.
Quel air de sentiment, de vérité, d'aisance !
Pour peu que j'eusse encor laissé durer l'erreur,
C'en était fait ; Clitandre, elle emportait ton cœur.

(*à Julie.*)
Parbleu ! vous l'avez mis à deux doigt de sa perte.

JULIE, *à demi-déconcertée, et finissant par rire*
Ne me louez pas tant ; cela me déconcerte..,
J'étais en train d'aimer... Cela se gagne , au moins.

CLITANDRE.
Et vous ne savez plus aimer devant témoins ?

JULIE, *minaudant.*
Je ne dis pas cela.

LE MARQUIS.
Pourquoi ne pas le dire ?

(*à Clitandre.*)
Tiens, de sa fausseté ne sois pas le martyre;
Habitude , et rien plus... et sa bouche et ses yeux
N'ont jamais su que dire : « Aimez-moi; je le veux. »
C'est chez elle un ressort, un jeu dont la détente
S'échappe à volonté.

CLITANDRE.
La remarque est savante.

LE MARQUIS.
Et juste, qui plus est.

JULIE.
Oh ! taisez-vous, marquis :
Convient-il que par vous mes secrets soient trahis?
Quoi ! si j'ai des raisons pour engager Clitandre ,
S'il en a pour m'aimer,..

LE MARQUIS.
J'en ai pour le défendre.
Ecoutez-moi , tous deux... toi, Clitandre , surtout.
Que vas-tu faire? avec de l'esprit et du goût ,
Si mon expérience ici ne te seconde ,
Tu vas tout au plus mal t'annoncer dans le monde.
Posons le fait : Julie, après t'avoir joué ,
Te livrera partout comme un homme échoué ;
Nos belles apprendront ta ridicule histoire;
Et qui voudra , dis-moi, ressusciter ta gloire ?
Quelle femme osera subir ton déshonneur,
Et partager ta honte en recevant ton cœur ?
Tu n'en trouveras point; je te le dis d'avance :
Ceci, comme tu vois , est de grande importance.

Julie est, entre nous, trop habile pour toi ;
Et je te veux ailleurs procurer de l'emploi.

JULIE.

Eh ! ne peut-on savoir à qui monsieur le donne ?

LE MARQUIS.

A la digne Baronne. Oh ! la bonne personne !
Au plus léger discours d'abord elle prend feu,
Et ne vous laisse pas le temps du désaveu.
A la célérité dont sa flamme s'annonce,
Avant que d'y penser vous avez fait réponse.
De toute autre on pourrait détailler les exploits ;
L'œil le plus attentif ne peut saisir son choix.
Un effet malheureux s'attache à son mérite :
Jamais on ne la prend, et toujours on la quitte...

(à Clitandre.)

Voilà du bon, du sûr, où tu n'échoueras pas :
Par degrés à Julie après tu parviendras.

JULIE.

Voilà certainement la plus folle entreprise !...

LE MARQUIS.

N'avons-nous pas encor la divine Céphise,
Et notre Présidente ?... Ah ! j'oubliais, vraiment :
J'ai donné ta parole, ici, dans ce moment.
C'est par elle qu'il faut commencer ta tournée.

CLITANDRE, à Julie.

Pour parvenir à vous la route est détournée ;
Mais, puisqu'elle y conduit, allons, essayons-là.
Pour gagner votre cœur...

JULIE, piquée.

                    Ah ! vous l'avez déjà.

(montrant le marquis.)

Votre docilité pour ses avis m'enchante !...

(riant, au marquis.)

Bon ! il n'en sera rien. Il adore...

(Clitandre jette un coup-d'œil à Julie.)

JULIE, rencontrant le regard de Clitandre, à part.

                              Imprudente !
Taisons-nous.

LE MARQUIS, riant.
    Ah ! parbleu ! j'aime la nouveauté.

De la discrétion ? Qui ? vous, de la bonté !
Fi donc ! point de quartier. Sans gêne , sans scrupule ,
Il faut , dès qu'il paraît , fronder un ridicule.

JULIE.

Et l'amour est celui qu'il faut moins épargner ,
Je le sens,

LE MARQUIS.

Autrement il pourrait vous gagner.

JULIE.

Me gagner ?

LE MARQUIS.

Songez-y.

JULIE.

Moi, moi ? Je l'en défie !

CLITANDRE , *au marquis.*

Eh ! marquis, à quoi bon cette plaisanterie ?
(*à Julie.*)
Rassurez-vous , madame : oui , malgré vos attraits ,
On peut vous désirer ; mais vous aimer ! jamais.
C'est là le résultat , je crois , de vos usages ;
C'est à quoi je saurai borner tous mes hommages ,
C'est ce que je viendrai jurer à vos genoux ,
Dès que j'aurai l'honneur d'être digne de vous.

(*il sort.*)

SCÈNE V.

JULIE, LE MARQUIS.

JULIE.

Ce Clitandre est maussade !

LE MARQUIS.

Eh ! point trop ; il raisonne.

JULIE.

Il plaisante fort mal.

LE MARQUIS.

Comme un autre.

JULIE.

Il jargonne

Le sentiment, le cœur...

LE MARQUIS.

On pourra le former.

JULIE.

Non, je ne le crois pas.

LE MARQUIS.

Eh bien ! laissons-le aimer ;
Que vous importe ?

JULIE.

Oh ! rien.

LE MARQUIS.

Tant mieux... Oh çà, Julie,
Je vous ai pour ce soir mise d'une partie :
Chloé présidera. Nous ôtons à Damis
Son éternelle épouse, et lui donnons Floris.
La délaissée aura beau faire la grimace,
Elle y sera présente ; et nous voulons qu'en face
Ils se disent adieu. Cela sera plaisant !
Qu'en pensez-vous ?

JULIE.

Oui-dà ! le tour est amusant.
Je veux mener Orphise.

LE MARQUIS.

Oh ! non pas : point de tante.
Ne peut-on vous avoir sans votre gouvernante ?

JULIE.

Mais la décence...

LE MARQUIS.

Encor ! on n'y peut plus tenir ;
Et ce terme est ignoble à faire évanouir.
Laissez là pour toujours et le mot et la chose.
Savez-vous bien qu'à tort votre nom en impose ?
Par un début d'éclat vous nous éblouissez ;
Rien ne résiste à l'air dont vous vous annoncez :
« Des cœurs et des esprits voilà la souveraine ;
» Scrupules, préjugés, dit-on, rien ne la gêne. »
Point, ce sont des égards, de la discrétion ;
Une tante partout qui nous donne le ton :
Après six mois d'épreuve on dit décence encore ;
Oh, parbleu ! finissez, ou je vous déshonore.

JULIE.

Mais que voulez-vous donc?

LE MARQUIS.

Que vous fixiez les yeux
Par quelque bon éclat ; et qu'en attendant mieux ,
Vous rompiez dès ce jour tout net avec Orphise...
Qu'avez-vous fait encor , parlez avec franchise ,
Qui puisse parmi nous vous faire respecter?
Quelques discours malins... qu'on n'ose plus citer ;
Des billets malfaisans , d'innocentes ruptures,
Des traits demi-méchans , quelques noirceurs obscures,
Du bruit tant qu'on en veut ; point de faits; du jargon :
C'est bien ainsi vraiment que l'on se fait un nom!
Décidez-vous, vous dis-je , ou je vous abandonne.

JULIE.

Quitter , en la brusquant une tante si bonne!
Non, marquis ; ce serait me donner un travers.

LE MARQUIS.

Tant mieux : il vous en faut.

JULIE.

Pour le coup je m'y perds.
Quoi! vous voudriez...

LE MARQUIS.

Oui. Sachez , quoiqu'on en glose ,
Qu'un travers est , madame , une fort bonne chose.
En être indépendant ne vivre que pour soi ,
Du vulgaire idiot se soumettre la loi,
Braver également la louange et le blâme ,
C'est étendre à bon droit les ressorts de son ame.
Laissons-la librement s'égarer et courir ;
Son vol nous conduira sûrement au plaisir.
Laissons aux sots l'erreur de gêner leur allure ;
Qu'importe autour de nous qu'on approuve ou censure ?
Des discours valent-ils qu'on contraigne son goût ?
La noble indifférence est au-dessus de tout :
Aux pieds de ses autels enchaînons la contrainte,
Les préjugés , les bruits , et la honte et la crainte :
Les lois, puis nos désirs , et rien après cela ;
Tout ce qui plaît est bien ; il faut s'en tenir là.

JULIE.

Vous donnez au devoir, marquis, peu d'étendue.
Peut-être est-ce bien fait ; mais mon ame est imbue
De certains sentimens (préjugés, j'en conviens),
Mais qui sèchent le fruit de tous vos entretiens.
Je ne puis tout-à-fait renoncer à l'estime,
C'est un besoin. Je sens...

LE MARQUIS.

                Esprit pusillanime !
Je fais pour vous former un inutile effort :
Soyez prude ; je vois que c'est la votre sort.

JULIE.

Mais monsieur...

LE MARQUIS.

                Affichez votre chère décence ;
Retournez sur vos pas, et rentrez en enfance...
Ecoutez ; je vois clair. Point de rechûte, au moins :
Je pourrais me venger d'avoir perdu mes soins ;
Je pourrais, triomphant de cette horreur extrême,
Vous donner un travers en dépit de vous même...
Adieu. Pour tout ce jour je vous donne la paix ;
Mais, Julie, à ce soir, ou brouillés pour jamais.

SCÈNE VI.

JULIE, *seule.*

La leçon du marquis n'est pas édifiante.
Moi, brouiller deux époux, et rompre avec ma tante !
Cette double noirceur n'émeut point mes désirs.
Hier encor pourtant c'étaient là mes plaisirs...
D'où vient donc qu'aujourd'hui je sens certain scrupule ?...
Quelle misère !... Eh mais ! ma crainte est ridicule.
C'est le monde, après tout, que ces malices-là...
J'ai beau faire, une voix se fait entendre là...
N'aurais-je donc été jusqu'ici qu'une sotte ?...
Cela se pourrait bien... Mon cœur balance et flotte...
Non, il n'est pas content. Pour le calmer faisons
Ce que je n'ai point fait encor, réfléchissons.

FIN DU TROISIÈME ACTE.

ACTE IV.

SCENE Ire.

JULIE, ROSETTE.

(Julie est tres agitée dans cette scène.)

ROSETTE.

Vous paraissez enfin! vous m'avez alarmée.
Pourquoi donc si long-temps demeurer enfermée?
On vous attend partout; et seule en un réduit,
Sans livres, sans papier, vous attendez la nuit!
Quel prodige a causé cette humeur solitaire?

JULIE.

Sais-tu depuis tantôt ce que je viens de faire?
Je viens de réfléchir.

ROSETTE.

Réfléchir! vous?

JULIE.

Oui, moi.

ROSETTE.

Tout de bon?

JULIE.

Tout de bon.

ROSETTE.

Et, de grace, sur quoi?

JULIE.

Je ne m'en souviens plus.

ROSETTE.

La folie est charmante.
Bon! c'est que vous dormiez.

JULIE.

Non, indécise, errante,

Et d'idée en idée...

ROSETTE.

Ah! madame . entre nous,

Cela ne vous sied point. J'aperçois du courroux,
De l'aigreur...

JULIE.

Que veux-tu ? c'est ce maudit Clitandre.
Qu'on ne m'en parle plus, au moins ! Je vais le rendre
A ma tante.

ROSETTE.

A propos, en est-ce fait ? Son cœur
Est à vous ? Son amour doit être une fureur ;
Car vous avez sur lui déployé tous vos charmes.
A-t-il été bien sot en vous rendant les armes ?

JULIE.

Oui ; nous l'étions tous deux.

ROSETTE.

Contez-moi donc comment...

JULIE.

Oh ! je te conterai dans un autre moment.

ROSETTE.

Est-ce que le succès ?

JULIE.

Eh bien ! ma bonne tante
Veut me parler, dis-tu, d'une affaire importante ?
Je la devine.

ROSETTE.

Eh quoi ?

JULIE.

C'est son Clitandre encor :
Elle craint que je n'aille envahir son trésor...
Le beau trésor !..... Un homme ! Oh ! j'ai repris mes
    forces.
Je veux plus que jamais leur tendre mes amorces,
Impitoyablement leur plaire, les charmer,
Et ne m'en faire aimer que pour les opprimer.
Qu'il me vienne un Clitandre encor, laisse-moi faire,
Je l'humilirai tant !

ROSETTE.

Vous êtes en colère ?

JULIE.

Oh ! oui , je suis piquée.

ROSETTE.

Eh ! madame, pourquoi ?

JULIE.

Mais ma tante, à propos, je ris de son effroi.
Qu'une tête de femme aisément se démonte !

ROSETTE.

Madame...

JULIE.

En vérité, mon sexe me fait honte...
Mais je le vengerai... Reprenons nos plaisirs,
Et faisons-nous un jeu d'irriter les désirs,
De les tromper, de rire, en faisant le supplice
Des cœurs qui de leurs feux me voudront voir complice;
C'est là le vrai bonheur, et je veux en jouir.

ROSETTE.

Mais depuis fort long-temps vous goûtez ce plaisir :
Pourquoi vous trouve-t-il aujourd'hui si sensible ?

JULIE.

Oh ! pourquoi... !..... Je ne sais...... mais ma tante est
　　visible.

ROSETTE.

Elle vient : croyez-moi, rendez-lui son héros.
　　　　　　　　　　　　(elle sort.)

JULIE.

Qu'il l'adore à jamais, et nous laisse en repos.

SCÈNE II.

ORPHISE, JULIE.

JULIE , *affectant de la gaîté.*
Ah ! je vais donc savoir le secret de ma tante ;
Je brûle dès long-temps d'être sa confidente.
Traitons ceci gaîment... Vous soupirez, je croi ?
C'est affaire de cœur. Allons, nommez-le moi.

ORPHISE.

Il n'est pas temps encor... Mais, ma chère Julie,
Je crains de t'affliger...

JULIE.

　　　　　　　' Pourquoi donc, je vous prie ?
M'auriez-vous enlevé quelqu'un de mes sujets ?
Quitte à rendre : achevez toujours, à cela près.

Votre air embarassé me réjouit.

ORPHISE.

Ma nièce,
Tu ne saurais point toi douter de ma tendresse;
Mon cœur est toujours prêt à la faire éclater,
Et ton attachement l'a trop su mériter.
Mais, ma chère Julie, enfin, quoique je t'aime,
Dans la vie on se doit quelque chose à soi-même;
Ainsi quoiqu'à regret, je viens te déclarer
Que dès demain peut-être il faut nous séparer.

JULIE.

Nous séparer! qui, nous?

ORPHISE.

Oui, ma nièce.

JULIE, *riant à demi.*

Ah! ma tante...
Mais réfléchissez donc... Vous êtes effrayante!
Vous, à qui je dois tant? vous, dont l'œil et le soin
Ont su me garantir...

ORPHISE.

Tu n'en as plus besoin.

JULIE.

Mon Dieu! j'en ai besoin plus que jamais peut-être.
A mon âge le monde est un terrible maître.
Notre absence est déjà peut-être un châtiment
Que vous croyez devoir à quelque égarement
Ne me le cachez point : si j'ai pu vous déplaire,
Vous me voyez en tout prête à vous satisfaire.

ORPHISE.

Toi, me déplaire?

JULIE, *malignement.*

Eh!... je le crains.

ORPHISE.

Quel abus!

JULIE.

Tenez, pour le cacher vos soins sont superflus.

ORPHISE.

J'ignore...

JULIE.

Vous feignez. Je sais ce qui vous fâche.

ORPHISE.

Si tu m'as nui, du moins c'est sans que je le sache.

JULIE, *plus sérieuse.*

Pourquoi donc avec moi venir à cet éclat?

ORPHISE.

D'éclat, je n'en fais point. Je vais changer d'état,
Voilà tout.

JULIE.

Vous allez...

ORPHISE.

Changer d'état, te dis-je.

JULIE.

Comment! vous marier?

ORPHISE, *riant à demi.*

Oui... cet aveu t'afflige?

JULIE, *baissant les yeux.*

Il m'étonne beaucoup.

ORPHISE.

Que puis-je faire mieux?
Le mérite a toujours droit de charmer nos yeux;
Et c'est presque en avoir que savoir le connaître.

JULIE, *piquée.*

J'admire votre ardeur à vous donner un maître!

ORPHISE.

Un maître! y pense-tus? Non, non, j'ai mieux choisi
J'ai le bonheur de prendre un soutien, un ami,
Un cœur noble, sensible, un esprit doux, affable,
Que beaucoup de raison ne rend pas moins aimable,
Que rien de ses devoirs n'a jamais détourné,
Qui, content de l'état auquel il s'est borné,
A voulu ne devoir qu'à soi son importance,
Et qui pour mes défauts aura de l'indulgence;
Un homme rare enfin : toi-même assurément,
Quand tu le connaîtras, m'en feras compliment.

JULIE.

Son nom?

ORPHISE.

C'est un secret pour quelques jours encor

JULIE.

Cet homme rare, exquis, sans doute vous adore?

ORPHISE, souriant.

Il ne m'éblouit point par une folle ardeur;
Il m'estime beaucoup; il connaît tout mon cœur,
Il en paraît content. Adieu. J'ai quelque affaire.
Cet aveu me pesait quoiqu'il fût nécessaire :
Tandis qu'un digne époux va borner mes désirs,
Vole au gré de tes vœux dans le sein des plaisirs.

(elle examine, en s'en allant, Julie consternée.)

SCENE III.

JULIE, *seule.*

C'est ce Clitandre... Eh quoi ! son idée ennuyeuse
Me poursuivra partout ?... Non, je suis furieuse;
Ce maudit homme est né pour me désespérer.
Et ma tante, à son tour... pour me contrecarrer,
Qui je jette à sa tête... Oh! doucement, Orphise,
Je vous empêcherai de faire une sottise;
Il ne vous aime pas, et vous le savez bien.
C'est une charité de rompre ce lien ;

(appelant.)

Je m'en charge, et bientôt.. Rosette, holà, Rosette !

SCENE IV.

JULIE, ROSETTE.

ROSETTE.

Eh bien ! que vous plaît-il ?

JULIE.

Que sais-je ?

ROSETTE.

La toilette ?

Sortez-vous ?

JULIE.

Laisse-moi. Je suis au désespoir !

ROSETTE.

Comment donc ? Quel chagrin?

JULIE.

Je ne veux plus le voir!

ROSETTE.

Qui, madame ?

JULIE.

Ni lui, ni personne.

ROSETTE.

Eh ! madame,
Vous m'effrayez. D'où naît tout ce trouble en votre ame

JULIE.

De cent sujets divers, tous faits pour m'accabler :
J'ai le cœur oppressé.., je ne saurais parler.

ROSETTE.

Ne plus parler... Ceci redouble mes alarmes.

JULIE.

Le dépit, peu s'en faut, me fait verser des larmes.
Ce Clitandre...

ROSETTE.

Il a tort.

JULIE.

Oui, tort certainement.
Je ne méritais pas de lui ce traitement.

ROSETTE.

Eh ! que vous a-t-il fait ?

JULIE.

Il m'enlève ma tante.

ROSETTE.

Un rapt, Ah ! juste ciel ! l'affaire est importante
Il faut faire courir après le ravisseur.

JULIE.

Qui te dit qu'il l'enlève ? Il a séduit son cœur,
Il l'épouse.

ROSETTE.

Ah ! tant mieux ! la chose est plus honnête.

JULIE.

Honnête ?

ROSETTE.

Je l'ai cru.

JULIE.

Je ne sais qui m'arrête...
Mais non... le repentir me les rendra tous deux.
Bientôt je les verrai, l'un de l'autre honteux,

Confus, désabusés de leurs feux équivoques,
M'apporter tristement leurs plaintes réciproques,
Me conter leurs chagrins, dont je rirai bien fort,
Et m'appeler en tiers pour maudire leur sort.
Je les attends ; surtout cet orgueilleux Clitandre
Qui veut me corriger, dit-il, qui veut m'apprendre
(à part.)
A devenir aimable... Ah, mon oncle, tout doux !
Oui, je le deviendrai... pour un autre que vous :
Vous verrez clair alors dans votre ame inquiète,
Et pour votre tourment je veux être parfaite.
ROSETTE.
Ah ! je vous reconnais.
JULIE.
Je ris de la douleur
Qui tantôt sottement m'avait saisi le cœur.

SCÈNE V.

JULIE, ROSETTE, UN LAQUAIS.

JULIE, *au laquais.*
Qu'est-ce ?
LE LAQUAIS.
Monsieur Clitandre.
ROSETTE, *à Julie.*
Attendez, laissez faire,
Je m'en vais le traiter...
JULIE.
Non, qu'il entre au contraire.
ROSETTE.
Madame...
JULIE.
Je le veux.
ROSETTE.
Volontiers.
(*elle sort avec le laquais.*)
JULIE.
Mais, vraiment,
On me croirait quittée au tour que cela prend...

Oh ! je le préviendrai : mon bonheur le ramène,
Et de ses procédés il va subir la peine.

SCÈNE VI.

CLITANDRE, JULIE.

JULIE, *avec hauteur et ironie.*
Quoi : sitôt de retour ? Je ne l'espérais pas.
Seriez-vous donc déjà digne de mes appas ?
Jusque-là vous deviez éviter ma présence,
Et c'était m'annoncer une assez longue absence.
Voyons ; instruisez-moi de vos succès brillans.

CLITANDRE.
J'ai fait fort peu d'usage encor de mes talens.
Je venais...

JULIE.
                Avouez, mon cher monsieur Clitandre,
Qu'un peu de vanité vous a pensé surprendre.
Avec ce froid bon sens que vous mettez à tout,
Vous avez cru tantôt pousser mon cœur à bout,
M'inspirer du désir pour cette rare estime
Que vous ne dispensez qu'au mérite sublime ;
Le dessein était grand, et j'ai vraiment regret
Que sur une étourdie il n'ait point eu d'effet ;
Mais souffrez de ma part cet avis salutaire,
Que savoir raisonner ce n'est pas savoir plaire.

CLITANDRE, *à part.*
Son ton est bien changé ! Qu'est-ce donc qui l'aigrit ?..
            (*à Julie.*)
Madame, c'est toujours ce que je me suis dit.

JULIE.
Quoi ! vous vous seriez dit que, par pur badinage,
Tantôt de votre cœur j'ai recherché l'hommage ?
Que dans vos procédés, toujours secs, souvent durs,
Ma malice a trouvé les plaisirs les plus purs ?
Que de vos argumens l'énergie et la suite,
M'a beaucoup amusée, et ne m'a pas séduite ?...
Non, malgré la raison et tout l'esprit qu'on a,
On ne se dit jamais de ces vérités-là.

Moi, je vous le devais pour éclaircir votre âme,
Pour fixer vos soupçons sur l'ardeur qui m'enflamme,
Et pour vous empêcher de caresser l'erreur
Qui pourrait vous flatter d'avoir touché mon cœur...
Eh quoi! de l'embarras?

CLITANDRE.

        Mon maintien vous abuse.
Cette témérité, dont ici l'on m'accuse...
N'est pas bien avérée.

JULIE.

        Oh! niez, j'y consens;
Vous n'échaufferez point l'intérêt que j'y prends.

CLITANDRE, à part.

Elle m'accablera: songeons à nous défendre...
    (à Julie.)
Par ce nouveau détour vous pensez me surprendre?...
Eh! non, je l'attendais: ce sont là de vos jeux.

JULIE.

De mes jeux?

CLITANDRE.

        Le succès n'en sera pas heureux.

JULIE.

Vous croyez?...

CLITANDRE.

        Avouez que toutes ces injures,
Ce courroux, ce dépit, sont toutes impostures?

JULIE.

Mais, monsieur, je vous dis...

CLITANDRE.

        Bon! bon! ne feignez plus,
Et riez avec moi de vos efforts perdus.
Ne vous lassez-vous pas d'être toujours la même?
Eh! pour vous faire aimer, faut-il du stratagème?

JULIE, outrée.

Du stratagême? Eh! mais... où donc en voyez-vous?
Non, jamais à tel point je ne fus en courroux.
Monsieur, soyez bien sûr que ruse ni finesse
Ne veut surprendre ici votre chère tendresse;
Que mes yeux, mon cœur, tout concourt à démentir
Ce prétendu dessein de vous assujettir.

M'entendez-vous enfin ?

CLITANDRE, *tendrement.*

Dangereuse Julie ,
Combien par ce courroux vous êtes embellie !
Combien sa véhémence ajoute à vos appas !

JULIE , *à part.*

Je ne sais où j'en suis.

CLITANDRE, *soupirant.*

Non , vous ne m'aimez pas.
Je ne viens point non plus pour me laisser séduire ,
Et votre intérêt seul est tout ce qui m'attire.

JULIE.

Mon intérêt, monsieur ! Qui vous en a chargé ?

CLITANDRE.

Mon cœur que ce matin vous avez exigé.
De plus d'un sentiment croyez qu'il est capable.
L'amour vous le voyez, l'aurait rendu coupable ;
Dans votre emportement vous l'auriez foudroyé ;
Mais ce fracas ne peut étonner l'amitié.
La mienne désormais sincère et de durée,
Même en dépit de vous, vous sera consacrée.

JULIE.

Quel service, monsieur, dois-je à votre bonté ?

CLITANDRE.

Eraste , qui tantôt dans sa vivacité
Voulait de vos billets faire un fort sot usage ,
Enfin par mes conseils est devenu plus sage.

JULIE.

Et qu'en voulait-il faire ?

CLITANDRE.

Il parlait d'imprimer.

JULIE, *effrayée.*

D'imprimer?... Ah! monsieur !

CLITANDRE, *lui rendant un paquet de lettres.*

Il s'est laissé calmer.
Les voici.

JULIE.

D'imprimer !...

CLITANDRE.

Il vous écrit, je pense.

JULIE, *ouvrant une lettre séparée des autres.*
Voudrait-il excuser une telle impudence?

(*lisant.*)

« Je ne sais si vous remercierez beaucoup Clitandre
» du prétendu service qu'il croit vous rendre en m'em-
» pêchant d'imprimer vos letttes... »

(*interrompant la lecture.*)
Quel monstre!

CLITANDRE.
Calmez-vous.

JULIE, *continuant de lire.*
» Le public aurait sans doute applaudi à la légèreté
» de votre style, à l'agrément de vos expressions ; et
» vous auriez obtenu par mon moyen une célébrité rare
» et prompte, à laquelle vous semblez aspirer, et dont
» sa maladresse vous prive encore pour quelque temps. »

(*après avoir achevé de lire.*)
Les hommes sont affreux!

CLITANDRE.
L'exemple quelquefois les rend peu généreux:
Non que d'un pareil tour j'approuve la malice.

JULIE, *les larmes aux yeux.*
Oh! j'en suis bien certaine, et je vous rends justice.
On n'a point avec vous à craindre ces horreurs ;
Et votre procédé me touche jusqu'aux pleurs.

CLITANDRE.
Madame, y pensez-vous ?

JULIE.
Pour m'être trop livrée...
Ah! Clitandre, un éclat m'aurait désespérée...
J'en tremble encor. Comment pourrai-je m'acquitter ?

SCÈNE VII.

CLITANDRE, JULIE, LA PRÉSIDENTE, LE
MARQUIS, UN LAQUAIS.

LE LAQUAIS, *à la présidente, à la porte.*
Madame, on n'entre point.

LA PRÉSIDENTE, *gaiement.*
Tu veux me résister ?

LE LAQUAIS.

Madame, je vous dis...

LA PRÉSIDENTE, *l'interrompant et entrant.*

Eh ! laisse-nous, de grace.

(*le laquais sort.*)

SCÈNE VIII.

CLITANDRE, JULIE, LA PRÉSIDENTE, LE MARQUIS.

LA PRÉSIDENTE, *allant à Julie.*

Avant de la gronder il faut que je l'embrasse...
Qu'elle est bien ! quel éclat ! quelle fleur de beauté !
Mais, ma chère, il y faut joindre un peu de bonté.
Il est des procédés que l'on doit se défendre.
Par exemple, aujourd'hui l'on me promet Clitandre,
J'en reçois les honneurs, je l'attends bonnement ;
Et lui seul est admis dans votre appartement :
Vous vous en emparez, sans le dire à personne ;
Et frauduleusement, tandis qu'on me le donne,
Vous attirez à vous ses soins et son amour :
Mais c'est là proprement ce qui s'appelle un tour.

JULIE.

Comment donc ?

LE MARQUIS, *à Julie.*

En effet, cela n'est pas honnête ;
Car enfin à quoi bon ces petits tête-à-tête ?
Moi, je hais les noirceurs, j'aime à tout réunir ;
Mais madame a ses droits qu'elle doit soutenir.

LA PRÉSIDENTE.

Oh ! je les soutiendrai.

JULILE.

Madame, sans colère ;
Clitandre est fort son maître.

LE MARQUIS.

Oui, voilà le mystère.
Quand on s'est assuré le succès de ses soins

(*à la présidente.*)

On lui laisse le choix... Vous l'allez perdre, au moins

LA PRÉSIDENTE.

Le perdre ! Y pensez-vous ? Non marquis, la prudence
Interdit à madame ici la concurrence :
Elle ne voudra point, par un bruyant débat,
Me préparer l'honneur d'un triomphe d'éclat.
Elle n'ignore pas que plus on me résiste,
Et plus à l'emporter ma volonté persiste.

LE MARQUIS.

Oui, c'est comme il faut être. Ayons la fermeté
De jouir pléinement de notre volonté.
Céder ce qui nous plaît, entre nous, c'est sottise.

(à Julie.)

Mais cette liberté vous est aussi permise,
Julie, il faut vouloir. Usez des mêmes lois.
Allez-vous, par faiblesse, abandonner vos droits ?
Car vous pourriez avoir, en dépit de madame,
Des raisons pour garder le cœur qu'elle réclame.
Clitandre vous plaît-il ? Parlez, expliquez-vous ;
Nous allons le laisser sur l'heure à vos genoux.

LA PRÉSIDENTE.

Non, monsieur, s'il vous plaît.

LE MARQUIS, *à toutes deux.*

                            Voyons ; à l'amiable

(*riant.*)

Arrangez-vous... Ceci va faire un bruit du diable.
De qui l'emportera l'honneur sera complet.

CLITANDRE, *à part.*

Cette leçon est vive, attendons-en l'effet.

JULIE, *très-sérieuse au marquis.*

Marquis, de vos bontés je suis reconnaissante ;
Mais je n'en rendrai pas la suite intéressante,

(*à la présidente..*)

Soyez-en sûr... Madame, il ne tiendra qu'à vous
De finir ce procès qu'on dit être entre nous.
Je jure, je promets de ne jamais prétendre
Aux mêmes cœurs sur qui vos droits pourront s'étendre :
De ma rivalité délivrée à jamais,
Triomphez sans éclat, et donnez-moi la paix.

LE MARQUIS, *à la présidente.*

Elle est piquée au vif.

La Noue.   11

LA PRÉSIDENTE.

Oh ! tant mieux... Mais, Julie,
Je n'ai plus rien à dire, et mon ame est ravie
De vous voir respecter nos tendres amitiés.

JULIE,

Nos nœuds encor, je crois, sont faiblement liés.

LA PRÉSIDENTE.

Eh quoi ! n'avons-nous pas soupé vingt fois ensemble ?
Même société tous les jours nous rassemble ;
Vers les mêmes plaisirs nous volons toutes deux :
Nous courons allumer partout les mêmes feux ;
Mais, pour vous distinguer de la même manière,
Quoi ! ne courez-vous pas dans la même carrière ?
Cette rivalité pour les mêmes honneurs
Loin de nous diviser, doit réunir nos cœurs.

LE MARQUIS, *à Julie.*

Eh ! sans doute... Après tout, quelle est la différence ?

(*montrant la présidente.*)

Quoi ! parce que madame a pris un peu l'avance ?
L'une est formée, et l'autre...

LA PRÉSIDENTE.

Oh ! nous la formerons.
Deux ou trois mois, et puis nous nous ressemblerons.

JULIE.

La chose était possible : en ce moment peut-être
Rien n'est plus éloigné.

LA PRÉSIDENTE, *au marquis.*

Songeons à disparaître.

(*à Clitandre.*)

Vous, dont j'admire ici les tranquilles façons,
Vous avez, je le vois, besoin de mes leçons.
On m'a de votre cœur engagé les prémices :
Je veux bien diriger vos feux encor novices.
Mes bontés, n'est-ce pas, surpassent votre espoir ?
Venez donc ; au public il faut nous faire voir.

CLITANDRE.

Vous m'aimez donc beaucoup ?

LA PRÉSIDENTE.

Qui, moi ? si je vous aime

(au marquis.)
Que répondre à cela? j'en ris malgré moi-même.

LE MARQUIS, *riant.*
Parbleu! la question est neuve, et me ravit :
Nul amant, j'en suis sûr, jamais ne vous la fit ?
(à Clitandre.)
Oui, tu peux exiger beaucoup sans qu'on te blâme ;
Mais ces questions-là font rougir une femme.

CLITANDRE.
Je ne les ferai plus, je te le promets bien.

LA PRÉSIDENTE.
Il faut sur notre ton former votre entretien...
Çà, donnez-moi la main.... Vous hésitez, je pense !
N'osez-vous de madame enfreindre la défense?
(Clitandre s'empresse à lui donner la main.)

SCÈNE IX.

JULIE, CLITANDRE, LA PRÉSIDENTE, LE MARQUIS, ROSETTE.

ROSETTE, *à la présidente.*
Chloé veut vous parler, madame.

LA PRÉSIDENTE, *au marquis.*
Eh ! mais vraiment;
Il se fait tard, marquis ; joignons-la promptement.

LE MARQUIS.
Quoi! laisser seule ainsi cette pauvre Julie?...
Sa tante décemment lui tiendra compagnie.
(la présidente sort en riant, et emmène Clitandre
et le marquis.)

SCÈNE X.

JULIE, ROSETTE.

JULIE, *à part.*
Quelle femme! quel front! venir jusque chez moi
Réclamer?... C'est un tour du marquis, je le voi...
Mais Clitandre la suit... serait-il bien capable...

Non, c'est lui faire tort : Clitandre est estimable...
    (*à Rosette.*)
Suis-le ; je veux savoir la fin de tout ceci.
            (*Rosette sort.*)

SCÈNE XI.

JULIE, *seule.*

Oui , oui, son impudence aura mal réussi...
Eh ! qui serait tenté d'une semblable femme ?
D'une femme qui vient, sans pudeur... Je la blâme,
Et je ne pense pas qu'ainsi qu'elle m'a dit
J'embrasse aveuglément l'erreur qui la perdit...
Même ardeur de briller, même fureur de plaire ;
De l'esprit, des talens même emploi téméraire.
Ah ! quel bonheur pour moi d'avoir vu de si près
Le vice revêtir ses véritables traits !...
J'aurais pu ressembler à cet affreux modèle !
On aurait dit de moi ce que je pense d'elle !
J'en frissonne... Tout semble exprès se réunir
Pour m'enseigner mes torts, ou bien pour les punir.
Ces lettres, cet exemple, et Clitandre et ma tante...

SCÈNE XII.

JULIE , ROSETTE.

JULIE.

Eh bien donc ?

ROSETTE.
    Le marquis, Chloé , la présidente,
Sont à rire là-bas. Clitandre est déjà loin.
JULIE, *à part.*
Son départ me console , et j'en avais besoin...
Que dis-je? dans mon cœur je tremble de descendre ;
Juste ciel ! que je crains d'y retrouver Clitandre !

FIN DU QUATRIÈME ACTE.

ACTE V.

SCÈNE Ire.

ORPHISE, ROSETTE.

ROSETTE.

Oui, madame, en secret elle veut vous parler.

ORPHISE.

Il suffit, je l'attends.

ROSETTE.

Je vais la consoler ;
Car elle n'a que moi qui partage sa peine.

ORPHISE.

Qu'a-t-elle donc ?

ROSETTE.

Elle a... la fièvre, la migraine,
Tout ce qu'on peut avoir... la mort au fond du cœur.

ORPHISE.

Tu me fais peur.

ROSETTE.

Tant mieux ; c'est mon dessein. La peur
Vous rendra sûrement tendre, compatissante ;
Et nous voulons mourir, ou toucher notre tante.

ORPHISE.

Me toucher ou mourir ; quelle énigme est-ce là ?

ROSETTE.

Je n'ai de ses discours recueilli que cela.

ORPHISE.

Un songe cette nuit l'a peut-être agitée ?

ROSETTE.

Quelle nuit, juste ciel ! j'en suis épouvantée.
J'ignore d'où provient un si grand changement ;
Mais sa tête, son cœur, tout est en mouvement.
Depuis hier au soir je la plains, la console ;
Je n'en ai pu tirer une seule parole.
Elle, dont le babil appelait le sommeil,
Elle, dont la gaîté prévenait le réveil,
Qui songeait, en riant toute la matinée,

Aux plaisirs qui devaient composer sa journée;
Qui, de trente billets, partis dès le matin,
Nous commentait le texte ou plaisant ou malin :
Elle reçoit hier visite d'une amie;
Un caprice la prend, et c'est une autre vie.
Le soir on ne sort point; on se couche de nuit;
Bientôt on se relève, on s'afflige sans bruit.
J'ai beau me présenter, on ne veut point m'entendre.
Impitoyablement on biffe, on met en cendre
Un porte-feuille entier de chansons et d'écrits...
Médisans, mais divins. C'était de tout Paris
Une histoire charmante, un recueil d'anecdotes,
De détails... de portraits finis... avec des notes.

ORPHISE.

Tu le regrettes fort ?

ROSETTE.
Vraiment, il m'amusait.

ORPHISE.

Après ?

ROSETTE.
Je suis entrée; elle écrivait, lisait,
Déchirait, soupirait, nommait la présidente...
« L'indigne ! disait-elle... Et puis : Ma chère tante,
« Soyez heureuse !... Et puis, rêvant profondément :
« Il m'a désabusée; il fera mon tourment !
« N'y pensons plus; allons. » Témoin de ses alarmes,
J'ai vu de ses beaux yeux s'échapper quelques larmes;
Les autres en dedans retombaient sur son cœur.
Ah ! madame, c'était la plus belle douleur,
La plus vraie !... Un ensemble et si noble et si tendre !
Ses modestes soupirs n'osaient se faire entendre.
Qu'on ne me vante plus l'éclat de la gaîté;
Rien n'égale en pouvoir les pleurs de la beauté.
Je ne l'ai pas osé, mais j'ai pensé lui dire :
Quiconque pleure ainsi devrait ne jamais rire.

ORPHISE.

Eh bien enfin ?

ROSETTE.
Enfin elle a, sans sourciller,
Contremandé marchande, et peintre, et bijoutier;

Et, ce qui met le comble à mes terreurs secrètes,
Ah! madame, elle veut...

ORPHISE.

Quoi donc?

ROSETTE.

Payer ses dettes!
(*Orphise rit.*)

Vous riez?... Croyez-moi, cet effort plus qu'humain
Ne peut que nous cacher un sinistre dessein.
(*Orphise continue de rire.*)
Encor? j'attendais mieux d'un cœur comme le vôtre :
Mais non, femme jamais n'en a su plaindre une autre.
Je vais dire à Julie...

ORPHISE.

Oh! finis tes propos.

ROSETTE.

Non, madame... Une tante insulter à ses maux!

SCÈNE II.

ORPHISE, ROSETTE, JULIE, *dans le fond.*

ROSETTE, *apercevant Julie.*

La voici; je lui vais...

ORPHISE.

Non; j'ai tort. Mais Rosette,
Je vais la consoler, que rien ne t'inquiète.
(*Rosette en s'en allant baise tendrement la main de*
Julie.)

SCÈNE III.

JULIE, ORPHISE.

ORPHISE.

C'est un miracle au moins de te voir si matin.
Qu'est-ce? tu n'as pas pris encor ton air matin?
D'une mauvaise nuit j'aperçois quelques traces.
Eh! fi donc! hâte-toi de rappeler les graces.
J'ai fort heureusement de quoi te dissiper;
Tes bons amis ce soir t'attendent à souper :

Un tour, une noirceur, à ce que j'imagine,
Dont notre présidente est, dit-on, l'héroïne,
T'amusera beaucoup, on m'assure cela.

JULIE.

Ne me parlez jamais de cette femme là.

ORPHISE.

Pourquoi donc? Hier encor n'étiez-vous pas amies?
Quelque rivalité vous aura désunies :
Tu l'éclipses partout; on te cherche, on la fuit.
Tes succès dans le monde ont fait un si grand bruit!...

JULIE.

Eh! voilà justement ce qui me désespère.
C'est ce bruit, cet éclat que je ne veux plus faire;
Ce fracas indécent, fantôme du bonheur,
Qu'une femme toujours paya de son honneur.

ORPHISE.

Ma nièce, quels discours!

JULIE.

           Ah! mon cœur les prononce.
Je reconnais enfin mes erreurs; j'y renonce.
Ne me parlez donc plus de ces sociétés,
De ce ramas confus d'esprits, de cœurs gâtés;
De ces hommes sans frein, de ces femmes flétries,
A la honte, aux éclats, aux vices aguerries,
Qui d'un naufrage affreux consolent leur orgueil
En poussant tous les cœurs contre le même écueil.
L'abyme de trop près vient d'effrayer ma vue;
Je laisse s'y plonger leur brillante cohue.
Oublions le passé qui me force à rougir;
L'avenir est à moi, je saurai l'ennoblir.

ORPHISE.

Ma nièce, ton dépit m'étonne, je l'avoue.
Tes nouveaux sentimens méritent qu'on les loue;
Mais combien tiendront-ils? Un chagrin passager
T'inspire pour un temps ce courage étranger :
Crois-moi, n'affiche point cette réforme austère;
Bientôt tu reviendras à la vie ordinaire.

JULIE.

Non, ma tante, jamais.

ORPHISE.

Si cette émotion
Du moins était l'effet de quelque passion ;
Si quelque amour secret, sincère et véritable,
Suppléait cette vie éclatante, agréable,
Je dirais : Pourquoi non ? son cœur s'est arrangé ;
Une plus douce erreur l'occupe, et l'a changé ;
Car la raison ne peut d'un cœur tel que le nôtre
Chasser une folie enfin que par une autre :
Mais bien loin que l'amour... Comment donc tu rougis ?
Achève ; tes secrets sont à moitié trahis.

IULIE.

Eh bien !... Il est trop vrai.

ORPHISE.

Tu me vois transportée.
Quoi, tout de bon ? Oh, oui, ton ame est agitée...
Julie ! Ah ! quel bonheur ! Nous allons toutes deux
Dans le sein de l'hymen passer des jours heureux...
          (malignement.)
Pourquoi, lorsque du mien je t'ai fait confidence,
Sur le tien hier au soir observer le silence ?
Ta malice toujours veut jouir de ses droits.
N'importe, de bon cœur j'applaudis à ton choix :
Quel est-il ? Dis-moi donc.... Tu te tais ?.... Ma sur-
     prise...

JULIE.

O mon aimable tante ! O respectable Orphise !
Votre bonté m'accable, et ma confusion
Redouble de l'excès de votre affection.

ORPHISE, très-tendrement.

Non, tu ne connais pas encor, ma chère nièce,
Jusqu'où s'étend pour toi cet excès de tendresse ;
Le sang et l'amitié, réunis dans mon cœur,
N'ont jamais eu d'objet plus cher que ton bonheur.
De tous mes sentimens je te croyais plus sûre.
Ta douleur est pour moi la plus sensible injure ;
Et si mon zèle ardent ne peut la soulager,
Ma chère enfant, du moins je puis la partager.

JULIE.

Arrêtez ! C'en est trop : le remords me surmonte ,

Et mon cœur ne peut plus contenir tant de honte.
Mes fautes, mes erreurs ont beau m'humilier,
Par un sincère aveu je dois les expier.
A qui prodiguez-vous une amitié si tendre ?
J'aime... Puis-je le dire ?... Oui... j'adore Clitandre.

ORPHISE, *souriant.*

Clitandre ? Oh ! doucemment, ma nièce, entendons-
    nous :
On peut avoir sur lui d'aussi bons droits que vous.
Je tremble cependant ; vous êtes jeune, aimable...

JULIE.

Apprenez envers vous combien je suis coupable.
Si vous saviez comment, par d'indignes efforts,
J'ai tâché d'échauffer pour moi tous ses transports !
Combien de mes désirs l'orgueilleuse faiblesse
Pour vous voler son cœur a déployé d'adresse !
A combien de détours j'ai pu me rabaisser :
Pour entrer dans son ame et pour vous en chasser :
Aujourd'hui j'en rougis... Hier, vous le dirai-je ?
Mon cœur s'applaudissait de vous tendre un tel piége :
J'habillais mon forfait de brillantes couleurs ;
Ma malice en riant vous préparait des pleurs.
Du monde où j'ai vécu tels sont les badinages.
C'est faire à la raison de trop cruels outrages ;
Mes yeux se sont ouverts, vous devez me haïr :
Daignez me pardonner, et laissez-moi vous fuir.

ORPHISE.

Toi, te cacher ? me fuir ? Non, ma chère Julie,
Non, et c'est tout de bon que je suis ton amie.
D'abord quitte cet air lugubre, chagrinant,
Et comme tu disais, traitons ceci gaîment.
Premièrement il faut entretenir Clitandre :
Peut-être contre toi n'a-t-il pu se défendre ;
Et tu ne voudrais pas exposer ta candeur
A faire son supplice, ainsi que mon malheur ?

JULIE.

Qui ? moi, vous disputer ?...

ORPHISE.

                    Eh ! laissons ce scrupule ;
Peut-être en est-ce fait.

JULIE.
Non , soyez moins crédule :
nous estime tant !

ORPHISE.
Vraiment, je le crois bien ;
Mais pour savoir s'il m'aime , il n'est qu'un sûr moyen ;
Le voici : je prétends , j'exige , et je t'ordonne
D'offrir à ton amant ton cœur et ta personne ;
De tenter , d'épuiser sans crainte , sans remords ,
Pour l'attacher à toi les plus pressans efforts :
S'il résiste, mon cœur se livre à sa tendresse ;
S'il cède, eh bien ! je fais le bonheur de ma nièce.

JULIE.
Vous voulez que moi-même ?...

ORPHISE.
Il le faut.

JULIE.
Je ne puis.

ORPHISE , *apercevant Clitandre.*
Il vient fort à propos.

JULIE.
Ma tante , je m'en fuis.

ORPHISE.
Reste : voici le temps d'exercer ton adresse.

JULIE.
Je n'en ai plus.

ORPHISE.
Allons , un peu de hardiesse.

SCÈNE IV.

CLITANDRE, JULIE, ORPHISE.

ORPHISE, *à Clitandre.*
Vous nous voyez ici dans un grand embarras ;
Ma nièce voudrait...
(*Julie la retient par la robe.*)
(*bas*, à Julie.
Non , je ne lui dirai pas..

(*à Clitandre.*)

Clitandre, à notre affaire il survient un obstacle :
En vérité... je crois qu'il s'est fait un miracle.
Ma nièce a du chagrin ; son cœur, gros de soupirs,
Renferme obstinément je ne sais quels désirs...

(*à Julie.*)

Parle ; n'est-il pas propre à cette confidence ?

(*à Clitandre.*)

Oh ! oui... Pour l'obtenir employez la prudence.
Son bonheur est le vôtre, et sûrement le mien...
Je vous laisse. Surtout ne vous gênez en rien.

JULIE, *bas.*

Vous sortez ?

ORPHISE.

Oui, vraiment.

JULIE, *bas.*

Ma tante !

ORPHISE.

Adieu, Julie.

(*bas, à Clitandre, en sortant.*)

Clitandre, parlez-lui doucement, je vous prie.

SCÈNE V.

CLITANDRE, JULIE.

CLITANDRE.

Elle se divertit.

JULIE.

Non, je ne le crois pas.

CLITANDRE.

Orphise, en m'annonçant ici vos embarras,
Semble me donner droit d'en apprendre la cause.
Si la discrétion que l'amitié lui impose,
Si d'un vif intérêt la pureté, l'ardeur
Peuvent vous rassurer, ouvrez-moi votre cœur.

JULIE.

Avant tout répondez, Clitandre, avec franchise.

CLITANDRE.

Sur quoi ?

JULIE.

Je veux savoir si vous aimez Orphise.

CLITANDRE.

Ce que vous demandez ici , c'est mon secret.
Si pour savoir le vôtre il faut être indiscret ,
La curiosité n'a plus rien qui me tente.

JULIE.

Non , mais avouez-moi que vous aimez ma tante.

CLITANDRE.

Oui , madame , beaucoup.

JULIE.

C'en est assez... adieu.

CLITANDRE.

Pourquoi donc fuyez-vous , madame , à cet aveu ?
Quoi ! suivant la façon dont vous l'avez jugée ,
Pour avoir des amis est-elle trop âgée ?

JULIE.

Ah ! de grace oubliez des travers et des torts
Dont je ne puis assez vous montrer de remords :
Coupable trop long-temps , quand je cesse de l'être ,
Que je cesse à vos yeux du moins de le paraître.
On l'aime Orphise : mon cœur humilié , confus ,
Admirant sa conduite , enviant ses vertus ,
Soutiendrait , je le sais , fort mal sa concurrence.
Elle est digne de vous , soyez sa récompense ;
Payez-la des bontés , des tendres sentimens
Qu'elle opposa toujours à mes égaremens ;
Payez-la d'un effort plus touchant , plus sublime ,
Que je ne puis ici vous révéler sans crime.
Seule , puis-je acquitter tant de soins généreux ?
Joignez mon cœur au vôtre , et portez-lui nos vœux.

CLITANDRE.

Savez-vous que c'est là du sentiment , madame ?
Étendrait-il enfin son pouvoir sur votre ame ?
Si je n'étais instruit , je croirais bonnement...

JULIE.

Quoi ! vous m'accuseriez d'un vain déguisement ?
Vous , Clitandre ! Ah ! du moins quand la vertu m'anime ,
Pour prix de mes efforts donnez-moi votre estime !
Mon cœur ne connaît plus ni la ruse ni l'art ;
A ce grand changement peut-être avez-vous part....
Peut-être je vous dois ce rayon de lumière

Dont l'éclat imprévu vous étonne et m'éclaire ;
Et contre les soupçons que vous osez garder
Je laisse à ma conduite à vous persuader.

CLITANDRE , *étonné.*

Julie , à la raison vous vous seriez rendue !...
Non, vous ne feignez point et votre ame est émue.
Ces sentimens , ce ton d'intérêt , d'amitié,
Vous rendent à mes yeux plus belle de moitié.
Voilà les qualités , les graces séduisantes,
Qu'hier je préférais à vos graces brillantes :
C'est en les unissant toutes pour vous parer,
Qu'à régner sur nos cœurs il vous sied d'aspirer.

JULIE , *soupirant.*

Quoi ! si j'avais été... ce que je m'en vais être...
Si la raison plus tôt dans mon cœur eût pu naître,
Et si, telle qu'Orphise , et modeste, et sans art,
J'eusse fui des erreurs que je connais trop tard ;
Quoi ! seule, sans apprêt, dans cet état paisible,
J'aurais pu me flatter de vous rendre sensible ?

CLITANDRE.

En doutez-vous, Julie ? Ah ! mon cœur tout entier...

JULIE , *très-agitée et très-attendrie.*

Clitandre... c'est assez. J'ose ici vous prier
D'oublier à jamais qu'il fut une Julie...
Quoi ! j'aurais pu toucher !... Ah ! je suis trop punie
Cher Clitandre !

CLITANDRE.

Julie !

JULIE.

Il n'est plus temps... Adieu.

CLITANDRE.

Vous m'aimez ?

JULIE.

Oubliez... un indiscret aveu.

CLITANDRE , *aux genoux de Julie.*

Non, je tombe à vos pieds : non, l'amour le plus tendre

JULIE.

Aurais-je eu le malheur de vous toucher , Clitandre ?
Orphise vous perdrait !... Quel prix de ses bontés !

CLITANDRE.

Orphise vous dira...

SCÈNE VI.

CLITANDRE, ORPHISE, *dans le fond*, **JULIE.**

JULIE, *apercevant Orphise.*

Levez-vous.

CLITANDRE.

Arrêtez.

JULIE.

Ne la voyez-vous pas ?

ORPHISE, *vivement et attendrie.*

Embrasse-moi, ma nièce.

Oui, je veux t'accabler de toute ma tendresse.

JULIE.

Eh ! ma tante, il se trompe, et son cœur vous est dû.

ORPHISE.

C'est trop te tourmenter d'un remords superflu.
Notre amour, notre hymen, à qui, par grandeur d'ame,
Tu veux sacrifier ton bonheur et ta flamme,
N'étaient qu'un piége adroit, qu'un appât séducteur,
Que j'ai voulu t'offrir pour attirer ton cœur ;
Sûre qu'en présentant le mérite à ta vue,
Ce monde où tu nageais, qui t'a long-temps déçue,
Te paraîtrait bientôt, ce qu'il est en effet,
Du plus parfait mépris le méprisable objet.

JULIE.

Orphise ! est-il bien vrai ? Je n'ose encor vous croire.

CLITANDRE.

On m'a daigné choisir pour tenter cette gloire.
Si malgré vos erreurs mon cœur était à vous,
Jugez de ses transports dans un moment si doux.

JULIE, *à Orphise, en l'embrassant.*

Quoi ! de votre amitié mon bonheur est l'ouvrage,
Et je puis sans remords en goûter l'avantage !

(*à Clitandre.*)

Que de biens je vous dois !... Vous, mon cher bienfai-
        teur,
Je vous dois ma raison, mes plaisirs et mon cœur.

FIN DE LA COQUETTE CORRIGÉE.

TABLE DES MATIÈRES.

FIN DE LA NOUE.

THÉATRE

DE

PH. POISSON.

—

Édition = Touquet.

—

PARIS.

Chez L'Éditeur, rue de la Huchette, n°. 18.

1821.

LE

PROCUREUR ARBITRE,

COMÉDIE

EN UN ACTE ET EN VERS,

DE

PH. POISSON;

Représentée, pour la première fois, en 1728.

PERSONNAGES.

LA VEUVE.
ARISTE, procureur.
LISIDOR,
GÉRONTE   } pères d'Agénor et d'Isabelle.
ISABELLE.
AGÉNOR, amant d'Isabelle.
PYRANTE, vieillard.
LA BARONNE, plaideuse.
D'ESQUIVAS, Gascon.
DE VERDAC, autre Gascon.
LISETTE, suivante de la veuve.

La scène est chez Ariste.

LE
PROCUREUR ARBITRE ,
COMÉDIE.

SCÈNE PREMIÈRE.

LA VEUVE, LISETTE.

LISETTE.

Personne en ce logis ne sait votre retour,
Madame, et chez Ariste il n'est pas encor jour :
Je ne vois en ce lieu pas une ame paraître.
De grace, expliquez-vous. Si je m'y sais connaître,
Vous avez dans le cœur quelque trouble secret,
Et je soupçonnerais qu'Ariste en est l'objet.
Me tromperais-je ? eh quoi ! vous soupirez, je pense ?
Bon ; je suis à présent ferme dans ma croyance.
Votre retour hâté ne m'instruisait qu'un peu ;
Mais le soupir achève, et vaut un plein aveu.
Je vous l'ai toujours dit, madame, le veuvage
Ne convient nullement aux femmes de votre âge.
Ariste est jeune, aimable : il vous plaît ; vous devez
Partager avec lui le bien que vous avez.

LA VEUVE.

J'aime Ariste, il est vrai ; mais, ma chère Lisette ,
Du parti qu'il a pris puis-je être satisfaite ?
Il s'est fait procureur, et c'est t'en dire assez.

LISETTE.

Il a de votre époux la charge, je le sais ;
Mais c'est avec honneur, dit-on, qu'il s'en acquitte,
Et partout on entend élever son mérite.
Entre nous, du défunt il ne suit point les pas ;

Et c'est le bruit commun.

LA VEUVE.

Cela ne se peut pas.
Mon incrédulité là-dessus est extrême.

LISETTE.

Eh bien ! madame, il faut en juger par vous-même ;
Il faut voir s'il est vrai tout ce qu'on dit de lui,
Et l'éprouver enfin, même dès aujourd'hui.

LA VEUVE.

Et de quelle façon ?

LISETTE.

C'est ici d'ordinaire
Qu'il écoute tous ceux qui lui parlent d'affaire.
Tout ce rez-de-chaussée est votre appartement :
Je puis vous mettre en lieu d'où l'on peut aisément
Ouïr, sans être vu, toutes ses audiences,
Même sans perdre rien des moindres circonstances.
Qu'en dites-vous? Eh quoi! vous ne répondez rien?
Vous m'avez dit cent fois (et je m'en souviens bien)
Que si de votre époux vous aviez connu l'ame,
Vous n'en auriez voulu jamais être la femme.

LA VEUVE.

D'accord.

LISETTE.

Eh bien ! avant de livrer votre cœur,
Voyons si celui-ci peut être homme d'honneur :
C'est, puisque vous l'aimez, le parti qu'il faut prendre.
Par là vous connaîtrez...

LA VEUVE.

Je viens, je crois d'entendre
La voix d'Ariste.

LISETTE.

Il va sans doute ici venir.
Rentrez, madame. Moi, je vais l'entretenir.
Tandis qu'il sera seul, je veux un peu d'avance
Sonder ses sentimens, et savoir ce qu'il pense.
(à part.)
La robe lui sied bien !

SCÈNE II.

ARISTE, LISETTE.

ARISTE.

Ah ! Lisette, bonjour.
Notre charmante veuve est, dit-on, de retour ?

LISETTE.

Quoi ! monsieur, vous savez déjà cette nouvelle ?

ARISTE.

Oui, depuis un moment. Comment se porte-t-elle ?

LISETTE.

C'est toujours même éclat, toujours même embonpoint,
Avec un enjoûment qui ne la quitte point.
Aujourd'hui nous allons à ce deuil incommode
Faire enfin succéder les habits à la mode :
C'est, je crois, pour cela qu'elle est venue ici.

ARISTE.

Ah ! que l'on est heureux quand on vit sans souci !

LISETTE.

Cette réflexion qu'en ce moment vous faites,
Montre que vous avez quelques peines secrètes.
« Ah ! que l'on est heureux quand on vit sans souci ! »
On en a sûrement lorsque l'on parle ainsi.

ARISTE.

Oui, Lisette, j'en ai, je ne puis te le taire ;
Et la charmante veuve...

LISETTE.

Ah ! j'entends votre affaire.
L'amour vous a gagné, sur vos sens il agit,
Et la veuve à présent occupe votre esprit.

ARISTE.

Oui, Lisette, je sens pour ta belle maîtresse
Tout ce que l'amour peut inspirer de tendresse.
Je te dirai bien plus. Quand de feu son époux
J'eus acheté l'étude ; ah ! Lisette, entre nous,
Mon cœur de ses attraits faisait déjà l'épreuve,
Et je souhaitais moins la charge que la veuve.

LISETTE.

Si vous aviez dessein de posséder son cœur,

Il ne fallait donc pas vous faire procureur :
Elle a pris pour ce titre une haine implacable.
Tout homme de pratique est pour elle effroyable.
ARISTE.
Mais son mari l'était ; et la haine qu'elle a...
LISETTE.
C'est justement, monsieur, par cette raison-là.
L'époux avec lequel on l'avait assortie
Jusqu'au jour qu'il mourut fut son antipathie ;
Et cette aversion règne encor aujourd'hui
Pour tout ce qui peut même avoir rapport à lui ;
Le mot de procureur la fait sauter aux nues.
Nous nous sommes de vous vingt fois entretenues :
« Lisette, disait-elle, en dévoilant son cœur,
» Ah ! ne me parle point d'un mari procureur ;
» Quand il serait doué d'un mérite suprême ;
» Je m'imaginerais avoir encor le même. »
Du temps que vous étiez maître-clerc en ces lieux,
Avant que le défunt nous eût fait ses adieux,
De tous les procureurs vous ne faisiez que rire,
Et tous les jours enfin quelque trait de satire
Sortait de votre bouche à leur intention.
Pourquoi donc avoir pris cette profession ,
Vous qui pouviez fort bien être tout autre chose ?
ARISTE.
Hélas ! et c'est l'amour qui lui-même en est cause.
Quand je pris ce parti, Lisette , je croyais
Que c'était m'approcher de tout ce que j'aimais,
Qu'il n'était point pour moi d'occasion plus belle
Pour lui marquer mes soins, mes respects et mon zèle !
D'ailleurs j'ai voulu voir si sous ce vêtement
Un homme ne pouvait aller droit un moment,
Si cette robe était d'essence corruptible ,
Si l'honneur avec elle était incompatible.
LISETTE.
Elle vient de l'aïeul du père du défunt,
Insigne Grapignan, un fripon : c'est tout un ;
Ensuite elle passa, la chose est bien sincère,
A son fils qui, devint plus fripon que son père ;
Et le dernier enfin qui s'en vit possesseur

Fut encor plus fripon que son prédécesseur.
Que vous allez par elle acquérir de science!
Depuis que vous l'avez, dites, en conscience,
Ne vous a-t-elle pas déjà bien inspiré?

ARISTE.

D'abord elle a voulu me tourner à son gré,
Et dans mes bras, Lisette, à peine je l'eus mise
Que de l'ardeur du gain mon ame fut éprise;
La chicane m'offrit tous ses détours affreux;
Je me sentis atteint de désirs ruineux;
Mais ma vertu pour lors en moi fit un prodige:
« Vous en aurez menti, maudite robe, dis-je,
» Vous ne pourrez jamais me porter dans le cœur
» Rien de votre poison, ni de votre noirceur;
» Pour soleil d'équité je veux qu'on me renomme,
» Et qu'on voie une fois sous vous un honnête homme. »

LISETTE.

Avec ces sentimens comment va le profit?

ARISTE.

Je vis avec aisance, et cela me suffit.
Je me fais une loi de ne taxer personne,
De prendre aveuglément tout ce que l'on me donne.
J'ai su jusques ici, par un jugement sain,
Accorder comme il faut l'honneur avec le gain.
Il est vrai quelquefois que le diable me tente,
Que l'ardeur de piller m'agite, me tourmente;
L'occasion vingt fois a su se présenter:
Mais je tiens toujours ferme, et sais la rebuter.
Pour ne pas succomber, ah! qu'il faut être habile!
Et voilà ce qui rend ce métier difficile.

LISETTE.

Vous ne traînez donc pas des procès en longueur?

ARISTE.

Moi, traîner des procès? Ils me sont en horreur.
Pour avoir du renom n'est-il que ce remède?
Tout au contraire, moi, j'empêche que l'on plaide:
La chicane en ce lieu ne trouve nul crédit;
Je n'ai de procureur, en un mot que l'habit;
J'exerce mes talens sous un plus noble titre.
De tous les différens je suis ici l'arbitre;

Et sans huissier, ni clerc, avocat, ni greffier,
Je dispense les lois en mon particulier.

LISETTE.

La juridiction me paraît fort nouvelle :
Mais au public enfin quel bien rapporte-t-elle ?

ARISTE.

Quoi ! tu ne le vois pas ?

LISETTE.

Moi ? non.

ARISTE.

Lorsqu'un plaideur
Me vient contre quelqu'un demander ma faveur,
Et qu'il veut procéder, soit pour un héritage,
Ou pour quelque autre bien dont il faut le partage,
Je fais venir, avant que de rien décider,
Celui contre lequel il est près de plaider ;
Et, d'arbitre équitable alors faisant l'office,
J'oppose à leurs desseins les frais de la justice :
Si vous plaidez, leur dis-je, il en coûtera tant ;
Et vantant tout le prix d'un accommodement,
Je leur prouve, bien loin de les faire combattre,
Qu'un procès qu'on évite en sauve souvent quatre.
Ils goûtent mes raisons, voyent ma bonne foi,
Et de tous leurs débats se rapportent à moi.
Par là j'arrête ainsi leur chicane en sa source,
Et leur épargne enfin et la peine et la bourse.

LISETTE.

C'est pousser la justice à sa perfection.

ARISTE.

Mais apprends jusqu'où va ma réputation,
Et comme en peu de temps elle s'est établie.
De monde tous les jours ma maison est remplie ;
Gens de toutes façons, et nobles, et bourgeois,
Viennent me consulter, et passent par mes lois :
Car ce n'est pas toujours sur de graves matières
Que l'on me vient ici demander mes lumières ;
A travers les détails de cent discussions,
Lesquelles on remet à mes décisions,
Je suis souvent instruit de faits des plus bizarres.

LISETTE.

Et témoin, que je crois, de scènes assez rares ?

ARISTE.

Ah ! je t'en citerais pendant un jour entier
Des plus folles. Tantôt c'est un cohéritier
Qui demande, pour être unique légataire,
Quelle fausse manœuvre alors il pourrait faire :
L'un vient secrètement implorer mes avis
Sur les fonds d'une caisse un peu trop divertis :
Un autre me demande, attendu qu'on le blâme,
Des conseils sur les faits et gestes de sa femme :
D'un brevet de calotte un autre s'offensant,
Veut intenter procès à tout le régiment.
Bon ! j'aurais de quoi faire une belle légende
De ce qu'il faut ici tous les jours que j'entende.
Je rends, quoi qu'il en soit, justice à tous venans.
Sourd à la brigue enfin, comme aveugle aux présens,
Avec de justes poids je pèse toutes choses ?
Point de grosses, d'exploits, d'appointemens de causes.
Je ne suis, en un mot, que la seule équité ;
Et l'on me nomme ici, grace à ma probité,
De Thémis le soutien, des malheureux le frère,
Des veuves le mari, des orphelins le père.

LISETTE.

Et vous pourrez toujours conserver constamment
Cette même droiture ?

ARISTE.

Oui, très-certainement.

LISETTE.

Vous vous relâcherez, quoi que vous puissiez dire :
Au son de l'or souvent on se laisse séduire.

ARISTE.

Non, non.

LISETTE.

Quelqu'un viendra vous dire avec ardeur :
Voilà trois cents louis, jugez en ma faveur.

ARISTE.

Non ; je suis là-dessus un homme impitoyable.

LISETTE.

L'on vous fera parler par quelque objet aimable

Dont les charmes naissans, les graces, les appas...
ARISTE.
Dont les charmes naissans?... Je ne me rendrai pas.
Je veux être au-dessus de l'humaine faiblesse.
LISETTE.
Vous serez donc, monsieur, unique en votre espèce.
Mais quelqu'un peut venir ici vous consulter,
Vos momens vous sont chers, et je vais vous quitter.
ARISTE.
Il est ici des jours où tout Paris abonde ;
Mais je crois qu'aujourd'hui je n'aurai pas grand'monde,
Et que mes plus grands soins seront d'accommoder
Deux Gascons sur un fait dont je dois décider :
Je compte qu'ils viendront ; et je vais les attendre.
LISETTE.
Près de la veuve, moi, monsieur, je vais me rendre.
ARISTE.
Ah ! Lisette, peins-lui l'excès de mon ardeur ;
Dis-lui que tous mes vœux...
LISETTE.
                    Je doute que son cœur,
A parler franchement, réponde à votre flamme :
Mais j'agirais pour vous du meilleur de mon ame !
Et je viendrai vous dire avant la fin du jour
L'effet qu'aura produit l'aveu de votre amour.

SCÈNE III.

ARISTE, PYRANTE.

PYRANTE.
Votre esprit, dont partout on vante l'excellence,
Me fait de vos conseils implorer l'assistance,
Monsieur.
ARISTE.
          Epargnez-moi dans vos civilités,
Et me dites, monsieur, ce que vous souhaitez.
PYRANTE.
D'un fils qui m'est fort cher la mauvaise conduite
Depuis assez long-temps me chagrine et m'irrite.
Je ne l'ai point contraint tant que j'ai remarqué

r'à vivre sagement il était appliqué.
avoit certaine fille en votre voisinage,
Dont la vertu n'est pas une vertu sauvage :
Elle est jeune, bien faite et pleine d'agrémens;
je crains pour mon fils les sots engagemens.
Pour cette belle enfin il fait de la dépense;
Le bien qu'il peut attendre est dissipé d'avance :
Daignez me secourir en cette occasion,
Et m'aider à détruire une telle union.

ARISTE.

Que peut-on, dites-moi, faire enfermer la belle?

PYRANTE.

Oh! non, monsieur; elle a tant de monde pour elle,
Que ce serait tenter ce secours vainement.

ARISTE.

Ne pouvez-vous parler à ce fils vivement,
Pour faire un peu valoir l'autorité de père?

PYRANTE.

Non: je craindrais pour lui l'effet de ma colère :
Je suis prompt, violent; et s'il me répondait,
Je ne sais pas, monsieur, ce qu'il arriverait.
Mais le connais ce fils; et j'avoue à ma honte
Que de tous mes conseils il ne fait aucun compte.
Mais si vous lui parliez?

ARISTE.

                    D'accord. Mais, entre nous,
Croyez-vous qu'il fera pour moi plus que pour vous?
En pensez-vous qu'il veuille ouïr mes remontrances,
Lorsqu'il ne peut avoir pour vous de déférences?
Tous mes discours sur lui n'auront aucun pouvoir.

PYRANTE.

Comme c'est en vous seul que je mets mon espoir,
En vous, monsieur, en qui toute l'équité brille.
Faites-moi le plaisir de parler à la fille.

ARISTE.

Monsieur, je le voudrais; mais c'est, en vérité,
Un pas qui ne va point avec ma gravité.
Mais vous-même allez-y, plein d'un air de franchise;
Vous le pouvez sans crainte, et tout vous autorise.
Remontrez-lui vous-même avec un cœur ouvert

Que pour elle ce fils se dérange et se perd :
Tentez-la du côté de la reconnaissance :
Ces filles prisent mieux l'argent que la constance ;
Chez un objet qui met ses graces à profit
L'or bien mieux que l'amour établit son crédit.
Allez-y, croyez-moi.

PYRANTE.

　　　　　　Non : je vous le confesse.
Monsieur, je n'irai point. je connais ma faiblesse :
Je connais ses appas, ils savent tout charmer :
Et je ne pourrais, moi, m'empêcher de l'aimer.

ARISTE.

Ah! monsieur, à cela je n'ai point de réplique,
Et je mettrais en vain mes conseils en pratique.
Ne condamnez donc plus votre fils aujourd'hui!
Puisqu'en semblable cas vous feriez comme lui.
C'est pour dernier avis ce que je puis vous dire.

PYRANTE.

Je vais y réfléchir, monsieur, et me retire.

SCÈNE IV.

ARISTE, *seul.*

DES hommes la plupart voilà le faible affreux,
Ils blâment dans chacun ce qui domine en eux :
Ma foi, tel qui s'érige en correcteur du vice,
S'y livre bien souvent au gré de son caprice ;
Et dans l'occasion, s'il le faut parier,
Le maître fera pis cent fois que l'écolier.

SCÈNE V.

ARISTE, D'ESQUIVAS.

ARISTE, *à part.*
C'EST un de nos Gascons : selon toute apparence,
L'autre à se rendre ici tardera peu, je pense.

D'ESQUIVAS.
Certain billet, monsieur, écrit de votre main
Pour me rendre chez vous m'a fait mettre en chemin.

Quel serait le sujet qui près de vous m'appelle ?
Quelque belle se plaint que je suis infidèle,
Sans doute, et vous a fait sa déposition ?

ARISTE.

Non, ce n'est point cela dont il est question,
Monsieur, et sur le fait dont je vais vous instruire
Vous n'aurez pas, je crois, si grand sujet de rire.
A monsieur de Verdac, que vous connaissez bien,
Devez-vous mille francs, ou ne devez-vous rien ?

D'ESQUIVAS.

A monsieur de Verdac ? moi ?

ARISTE.

Vous.

D'ESQUIVAS.

Qu'il me souvienne...

A rappeler cela, ma foi, j'ai de la peine :
Ma mémoire souvent est pleine d'embarras.
Je ne sais si je dois, ou si je ne dois pas.

ARISTE.

D'un ami qui vous sut obliger avec zèle
Vous auriez dû garder un souvenir fidèle.

D'ESQUIVAS.

Qu'on m'ait fait du chagrin, ou qu'on m'ait obligé,
Je ne m'en souviens plus : c'est un défaut que j'ai.
De naissance je tiens ce manque de mémoire.

ARISTE.

La mémoire vous manque ?

D'ESQUIVAS.

Oui.

ARISTE.

J'ai peine à le croire.

D'ESQUIVAS.

Je pourrais vous conter, sans tant de questions,
Comme elle m'a manqué dans cent occasions ;
Et pour vous le prouver, écoutez, je vous prie,
Un trait bien singulier. Un jour je me marie ;
C'était dans mon pays, je m'en souviens fort bien :
Après tout le détail d'un conjugal lien,
Ayant eu bonne dot, et voulant de Toulouse
Emmener à Paris sur-le-champ mon épouse,

Apparemment troublé dans la possession
D'un objet qui faisait toute ma passion ,
J'ai pris, sans y penser la poste, sur mon ame ;
Bref , j'emportai la dot ; et j'oubliai ma femme.

ARISTE.

J'en demeure d'accord , le trait est singulier.

D'ESQUIVAS.

Dernièrement encor, chez un gros joailler ,
Achetant promptement pour quelques demoiselles
Girandole et brillans , et d'autres bagatelles ,
Je sortais sans payer, comptant peu revenir ,
Sans le marchand , monsieur ; qui m'en fit souvenir.
Ce manque de mémoire est fort désagréable.

ARISTE.

Sans doute, et vous doit faire un tort considérable.

D'ESQUIVAS.

Ah ! si cela m'en fait ? je le crois bien , ma foi.
Voici ce qui m'arrive encor ; écoutez-moi.
Avec un homme un jour je pris une querelle :
Ce fut pour une dame aimable, riche et belle,
L'endroit où nous étions ne nous permettait pas
De finir sur-le-champ par le fer nos débats,
C'était au bal : et là , si l'on eût vu nos lames ,
Nous aurions effrayé plus de soixante dames.
Il me dit à l'oreille : « A tel endroit, demain.
» Tope, lui répondis-je en lui serrant la main. »
Eh bien ! le lendemain , quel bonheur pour sa vie !
C'est la première chose en un mot que j'oublie.

ARISTE.

Peut-être cet oubli fut pour vous un bonheur.

D'ESQUIVAS.

Un cas où j'aurais pu faire voir ma valeur !
O mémoire pour moi trop désavantageuse !

ARISTE.

Pour moi je jurerais que vous l'avez heureuse.
Mais parlons sans détour, et que la bonne foi
Se développe ici : vous devez, je le crois.
Quand vous vous rejetez sur le peu de mémoire ,
Il suffit de cela pour me le faire croire.

Ne vous reposez pas sur cet expédient :
C'est pour vous échapper un mauvais faux-fuyant,
Un prétexte honteux ; et je vous certifie
Qu'il vous condamne plus qu'il ne vous justifie.

D'ESQUIVAS.

Eh bien ! monsieur, faisons comme si je devais,
Comme si sur-le-champ je m'en ressouvenais.
Je dois, je le veux ; mais soyez-moi favorable.
Je voudrais, pour payer, un temps plus convenable.
Mille francs aujourd'hui ne se trouvent pas bien :
Et pour dire le vrai, par ma foi, je n'ai rien.
Mais, secours merveilleux ! ressources salutaires !
Je fais couper des bois dans une de mes terres :
Et c'est sur le produit que j'en dois recevoir,
Que je m'acquitterai.

ARISTE.

J'entends, il faudra voir,
La proposition me paraît assez bonne.
Sur ces bois-là l'on peut...

D'ESQUIVAS.

Voyez si je raisonne !
Mes bois étant en vente ils seront achetés ;
Les écus sur-le-champ me seront tous comptés :
Et sur l'argent reçu de ces bois qu'on achète,
J'acquitte ma parole, et je paye ma dette.

ARISTE.

Il faut lui proposer cet accommodement :
Et dès qu'il paraîtra... le voici justement.

D'ESQUIVAS.

Avec lui je vous laisse.

ARISTE.

Et pourquoi ce mystère ?

D'ESQUIVAS.

C'est qu'il est violent, et moi je suis colère ;
Et je serais fâché, monsieur, que devant vous...

ARISTE.

Non, tout se passera, croyez-moi, sans courroux.
Vos propositions étant si raisonnables...

Poisson. 2

D'ESQUIVAS.

Il est assez malin pour les traiter de fables ;
Mais prenez comme il faut mes petits intérêts :
A votre jugement, monsieur , je me soumets.

SCÈNE VI.

ARISTE, D'ESQUIVAS, DE VERDAC.

DE VERDAC, *à d'Esquivas.*

Ah ! monsieur, serviteur. Après tant de paroles ,
Qui toutes ont été légères et frivoles,
Après tant de délais, pourrai-je me flatter?...

ARISTE.

Monsieur est galant homme , et songe à s'acquitter.
Il voudrait de bon cœur pouvoir vous satisfaire :
Mais comme la fortune à ses vœux est contraire,
Qu'il n'est pas aujourd'hui fort en argent comptant,
Il promet vous payer sur des fonds qu'il attend.

DE VERDAC.

Ah ! s'il attend des fonds , il peut seul les attendre :
Mais moi...

ARISTE.

　　Ce sont des bois qu'à sa terre il fait vendre...

DE VERDAC.

Lui, des bois ?

D'ESQUIVAS.

　　Oui , des bois que je fais mettre à bas.

DE VERDAC.

Et qui les a produits ?

D'ESQUIVAS.

　　La terre d'Esquivas.
Ce sont les plus beaux bois...

DE VERDAC.

　　C'est une rêverie.
J'ai passé dans ce lieu trente fois dans ma vie ,
Et n'ai vu là , je jure, aucun bois nulle part.

D'ESQUIVAS.

Vous y passâtes donc dans le temps du brouillard ?

DE VERDAC.

Ah ! fort bien, le brouillard ! La raison est plaisante.

D'ESQUIVAS.

Il est pourtant certain...

DE VERDAC.

Que le diable m'enchante,
Si dans tous ces bois-là, qu'il ose vanter tant,
L'on trouverait de quoi se faire un cure-dent.
De ses subtilités je connais l'étendue.
Qu'il me paye à présent la somme qui m'est due,
Croit-il que par ces bois nous serons éblouis ?
Hier il a gagné plus de deux cents louis ;
Plus de trente joueurs en rendraient témoignage.
Il détourne les yeux... Il pâlit, je le gage.

ARISTE, à d'Esquivas.

Allons, de bonne grace, acquittez-vous.

D'ESQUIVAS, à part.

Morbleu !

(à Ariste.)

Me voilà pris. Monsieur, c'est un argent du jeu.
Je voudrais de bon cœur pouvoir le satisfaire ;
Mais sans passer pour fat je ne puis m'en défaire.

ARISTE.

Vous vous êtes remis à mon seul jugement,
N'est-ce pas ?

D'ESQUIVAS.

Oui, monsieur.

DE VERDAC.

Et moi, pareillement.

ARISTE.

La compensation ici doit être faite.
C'est sur l'argent du jeu qu'il faut payer la dette
Que vous avez promis d'acquitter tant de fois,
Et garder pour le jeu la vente de vos bois.
Qu'il n'en soit plus parlé.

D'ESQUIVAS.

Le jugement étrange !

DE VERDAC.

On vous laisse vos bois ; c'est juger comme un ange.

D'ESQUIVAS.

Tenez , monsieur , tenez , voilà tous vos louis.
L'action que je fais n'est pas de mon pays.
Je devrais appeler ici de la sentence ;
Mais je fais sur mes bois plus de fond qu'on ne pense.

DE VERDAC.

Ce que je tiens ici me paraît plus certain.

ARISTE.

Etes-vous satisfait ?

DE VERDAC.

Oui , monsieur , à la fin.

ARISTE , *à d'Esquivas.*

C'est comme il faut agir en affaire pareille.

D'ESQUIVAS.

Je ne me sais pas , moi , faire tirer l'oreille.
Serviteur.

SCÈNE VII.

ARISTE, DE VERDAC.

DE VERDAC.

(*à Ariste.*)

Adieu donc. Je ne sais pas comment
M'acquitter envers vous.

ARISTE.

Trêve de compliment.

DE VERDAC.

Ah ! je n'en ferai point si cela vous chagrine.
Mais , monsieur , voici l'heure à peu près que l'on dîne,
Voulez-vous d'un repas accepter votre part ?
D'une indigestion vous courrez le hasard.

ARISTE.

Non , je vous remercie ; une affaire m'engage...

DE VERDAC.

Je ne vous presse pas là-dessus davantage.

SCÈNE VIII.

ARISTE , *seul.*

Ce monsieur d'Esquivas me veut mal en son cœur :
C'est sur mon logement qu'il s'est piqué d'honneur.
Par pure gasconnade il a rendu l'espèce :
Il s'acquitte bien moins pour tenir sa promesse
Que pour donner du poids à ses subtilités ,
Et soutenir l'honneur de ses bois inventés.

SCÈNE IX.

ARISTE, LISIDOR, GÉRONTE.

LISIDOR.

Nous venons vous prier, monsieur, avec instance ,
De vouloir nous donner un moment d'audience.

GÉRONTE.

Oui , nous vous supplions d'être médiateur
D'un petit différent.

ARISTE.

Messieurs , de tout mon cœur.

GÉRONTE.

Je vais donc , s'il vous plaît , vous expliquer l'affaire ,
La circonstancier , pour la rendre plus claire :
Et vous pourrez juger qui de nous a raison.
A monsieur depuis peu j'ai vendu ma maison ,
Terre , si vous voulez , ou bien châtellenie ,
Telle que je l'avais, de ses meubles garnie ,
Avec cour , basse-cour , jardins et potagers ,
Bois de haute futaie , et garenne et vergers ,
Vignobles et taillis , oseraie et communes ;
Enfin j'ai tout vendu , sans réserves aucunes.
Il arrive aujourd'hui qu'en y faisant bâtir
Il y trouve un trésor ; il m'en vient avertir :
Son scrupule le force à vouloir me le rendre ;
Ma conscience, moi, me défend de le prendre ;
Et nous avons recours à votre jugement.

ARISTE.

Voilà, je vous l'avoue, un rare différent,
Messieurs..

LISIDOR.

J'ai de monsieur acheté l'héritage
Soixante mille francs en tout, pas davantage;
J'y trouve, en bâtissant, après l'an et le jour,
Trente-deux mille écus dans le fond d'une tour.
Je sais que de sa terre il m'a bien fait la vente;
Mais je puis dire aussi, comme chose constante,
Qu'il n'a pas prétendu, témoin un tel trésor,
Me la céder avec cent mille francs encor.

GÉRONTE.

Quand je vous ai vendu, j'ai prétendu tout vendre:
Le trésor est à vous; c'est à vous de le prendre.

LISIDOR.

Non, monsieur, s'il vous plaît.

GÉRONTE.

C'est à vous qu'il est dû.

LISIDOR.

Et pourquoi donc à moi? Me l'avez-vous vendu?

GÉRONTE.

Oui.

LISIDOR.

Mais quand j'achetai, dites-moi, cette terre,
Ses vignes et ses prés, et tout ce qu'elle enserre,
Saviez-vous qu'un trésor était dedans resté?

GÉRONTE.

Non.

LISIDOR.

Si vous l'aviez su, l'auriez-vous emporté?.

GÉRONTE.

Oui, sans doute; pour lors il était de mon terme:
Mais aujourd'hui la terre, et ce qu'elle renferme,
Est à vous, en un mot, du haut jusques en bas.

LISIDOR.

Oui, mais hors le trésor; il ne m'appartient pas.
Je maintiendrai toujours ma conscience pure.

GÉRONTE.

Je ne chargerai point la mienne, je vous jure;

Et ne suis pas venu jusqu'à l'âge où je suis
Pour m'emparer de biens selon moi mal acquis.

LISIDOR.

Quel que soit de mes ans aujourd'hui la faiblesse,
Elle n'altère rien de ma délicatesse.
Le trésor est à vous; je suis ferme en ce point.

GÉRONTE.

Je soutiens le contraire, et n'en démordrai point.
Il n'est aucun usage, en un mot, qui ne prouve
Qu'un trésor appartient à celui qui le trouve.

ARISTE.

Eh ! messieurs, doucement. Qu'un trait si généreux
Ne vous aille pas rendre ennemis tous les deux.
Votre discussion est sans doute admirable ;
Jamais trésor trouvé n'en causa de semblable :
C'est pour le posséder qu'on rendrait des combats,
Et vous vous débattez à qui ne l'aura pas !
Vous avez, il est vrai, de l'âge l'un et l'autre,
Et vous êtes d'un temps bien éloigné du nôtre.
Dans l'univers entier je défie, entre nous,
Que l'on puisse trouver deux hommes comme vous.
Il faut à cet argent trouver pourtant un maître,
Puisque nul de vous deux aujourd'hui ne veut l'être.
Pour vous mettre d'accord il serait un moyen :
A des infortunés on peut donner ce bien,
Le répandre sur ceux qu'un triste sort outrage.

LISIDOR.

D'accord : on n'en saurait faire un plus digne usage.

GÉRONTE.

Oui, monsieur, c'est penser comme un homme d'honneur :
Je souscris à cela du meilleur de mon cœur.

LISIDOR.

Et pour moi, j'y consens de même, je vous jure,
Monsieur ; et s'il le faut, j'y joins ma signature.
Vous serez de ce bien mis en possession ;
Et vous-même en ferez la distribution.

ARISTE.

Volontiers. Cependant il serait nécessaire
De raisonner encor un peu sur cette affaire.
Vous reviendrez tantôt ; nous la terminerons

Avec plus de loisir.

LISIDOR.

Monsieur, nous reviendrons.

SCÈNE X.

ARISTE, *seul.*

L'EMPLOI de ce trésor m'inquiète, m'agite :
Il faut y réfléchir, et cela le mérite.
En dispersant ce bien à tous les malheureux,
Par ma foi, ce sera peu de chose pour eux;
Ils n'auront pas chacun une obole peut-être;
Et c'est cent mille francs jetés par la fenêtre.
Cet argent répandu sur tant et tant de gens,
Loin de les enrichir, ferait mille indigens;
Et que toutes ces parts soient réduites en une,
D'un seul homme à l'instant elle fait la fortune,
Même sans se donner le moindre mouvement.
Cette réflexion me plaît infiniment,
Et coule dans mes sens... Mais quelle erreur extrême!
Que dis-je, malheureux! Ne suis-je plus le même?
Qui me fait tout à coup à ce point m'oublier ?
C'est la maudite robe; elle fait son métier :
Ces inspirations ne me viennent que d'elle.
Allons, il faut s'armer d'une force nouvelle.
Laissons à ces vieillards le soin de partager
Ce trésor à tous ceux qu'ils voudront soulager.
Les trois quarts de ce bien, en m'en voyant le maître
Dans le fond de mes mains demeureraient peut-être;
Qu'il soit donné par eux, ou que, pour cet emploi,
Ils cherchent quelques gens moins délicats que moi.

SCÈNE XI.

ARISTE, LISETTE.

LISETTE.

Bon! je vous trouve seul.

ARISTE.

Ah! ma chère Lisette,

Que viens-tu m'annoncer ?

LISETTE.

La veuve est inquiète ;
Tout va bien.

ARISTE.

Que dis-tu ?

LISETTE.

Qu'elle est de votre amour
Informée ; et j'ai fait comme il faut votre cour.

ARISTE.

Après ?

LISETTE.

J'ai su lui faire une peinture vive
De tout votre mérite ; elle, fort attentive
A ce que je disais, baissait la vue...

ARISTE.

Eh bien ?

LISETTE.

Que vous êtes heureux !

ARISTE.

Et qu'a-t-elle dit ?

LISETTE.

Rien.

ARISTE.

Rien ?

LISETTE.

Pas le moindre mot.

ARISTE.

Et sur quelle apparence
Me crois-tu donc heureux, dis-moi ?

LISETTE.

Sur son silence,

ARISTE.

Son silence ?

LISETTE.

Oui, monsieur ; dans cette occasion
Le silence devient une approbation.
Si l'aveu de vos feux avait su lui déplaire,
Ne m'aurait-elle pas ordonné de me taire ?
Croyez, si mes discours l'avaient mise en courroux,

Poisson.   3

Qu'elle m'eût dit d'abord : Lisette, taisez-vous ;
Mais n'en ayant rien fait, par là l'on doit comprendre
Que sur votre chapitre elle aimait à m'entendre.

ARISTE.

Je n'ose me livrer à ce flatteur espoir.

LISETTE.

Si je m'y connais bien, vous devez en avoir.
Mais par vous-même il faut que votre ardeur éclate,
Je ne puis pas toujours être votre avocate :
On ne fait point l'amour par procuration.
Que ne la voyez-vous?

ARISTE.

C'est mon intention.

Mais si je te donnais avant tout une lettre
Pour elle ?

LISETTE.

Volontiers, je saurai lui remettre,
Et cela ne pourra gâter rien.

ARISTE.

Nullement.

Je vais te la donner dans ce même moment.

LISETTE.

Mais n'allez pas, monsieur, dans votre rhétorique,
Mêler, sans y penser, des termes de pratique :
Je vous en avertis.

ARISTE.

Ton avis est plaisant.

LISETTE.

Que le style soit bref : nous voulons maintenant,
Abjurant de l'amour les anciennes écoles
Beaucoup d'effets, monsieur, et très-peu de paroles.

SCÈNE XII.

LISETTE , *seule.*

MA maîtresse tantôt l'observait avec soin,
Et de ses jugemens était secret témoin.
Mais quoiqu'elle ait en lui reconnu du mérite,
A se déterminer son cœur encor hésite.
Je ne puis la blâmer, et l'on doit, selon moi,

Avant que de donner et son cœur et sa foi ,
Connaître à fond celui pour lequel on soupire ,
Et ne se pas fier à ce qu'on en peut dire.
Une telle prudence est rare parmi nous ,
Et par l'extérieur nos cœurs se prennent tous.
On étale à nos yeux des graces singulières :
Ce sera de l'esprit , ce seront des manières,
On se rend , et l'on voit que ces dehors charmans
Etaient des imposteurs , lorsqu'il n'en est plus temps.

SCÈNE XIII.

LISETTE, LA BARONNE.

LA BARONNE.

Monsieur le procureur est il ici , mignonne ?
LISETTE *à part.*
Voilà de plaisans airs que celle-là se donne !
(*haut.*)
Je ne suis pas d'ici. Mais, madame, je croi
Qu'il va bientôt venir.
LA BARONNE.
Ecoutez. Dites-moi,
Est-ce un homme entendu ?

LISETTE,
Partout on le renomme
Pour être fort habile et pour être honnête homme.
LA BARONNE.
Honnête homme ? Il n'est pas question de cela.
Je voudrais savoir si...
LISETTE.
Madame , le voilà.

SCÈNE XIV.

ARISTE , LISETTE, LA BARONNE.

ARISTE.

Tiens , Lisette, tu peux... Mais quelle est cette dame?

LISETTE.

Ma foi ! c'est un plaisant caractère de femme ;
Vous en rirez sans doute : elle veut vous parler.

SCÈNE XV.

ARISTE, LA BARONNE.

LA BARONNE.

Monsieur, je ne veux point ici dissimuler.
J'ai, pour mon infortune, un homme insupportable,
Un mari dont l'aspect est pour moi détestable ;
Je prétends m'en défaire, et je viens sans courroux
Du projet que j'ai fait raisonner avec vous.

ARISTE.

Quel sujet vous oblige à faire ainsi divorce,
A prendre un tel parti, lorsqu'on peut...

LA BARONNE.

Tout m'y force.

Mais il n'est pas besoin d'en dire les raisons.
J'en veux être défaite : en un mot, finissons.

ARISTE.

Madame, calmez-vous ; vous êtes irritée...

LA BARONNE.

Comment ? me croyez-vous une femme emportée ?

ARISTE.

Non pas ; mais le dépit quelquefois.

LA BARONNE.

Mon malheur

Est, si vous l'ignorez, d'avoir trop de douceur.
Tâtez mon pouls, tâtez ; il vous sera facile
De savoir si je suis une femme tranquille.
Tâtez donc.

ARISTE.

Madame, oui, j'en conviens avec vous ;
Jamais tempéramment même ne fut plus doux.

(à part)

Oh ! quelle femme !

LA BARONNE.

Allons, venons à notre affaire.

ARISTE.

Soit.

LA BARONNE.

J'ai donc pour époux un homme vif, colère,
Un homme bilieux, et toujours hors de soi,
Un homme si bouillant, si différent de moi,
Que je l'aurais jeté cent fois par la fenêtre,
N'était la bienséance.

ARISTE.

A ce qu'on peut connaître,
Vous en souhaiteriez la séparation ?

LA BARONNE.

Ah ! vraiment, que j'ai bien une autre ambition !
Il faut le chicaner ; la moindre procédure
Va le faire crever à l'instant, j'en suis sûre.
Cherchons, sans différer, à lui faire un procès :
J'ai quatre cents louis que je vous tiens tout prêts.
Inventons quelque ruse ingénieuse, adroite :
Le plaider est, monsieur, tout ce que je souhaite.
Faisons quelques billets payables au porteur,
En imitant sa main ; ce serait le meilleur :
Oui, monsieur, il le faut ; et la moindre saisie
Lui va dans le moment causer l'apoplexie.

ARISTE, *à part.*

Avec un tel esprit il faut dissimuler ;
Si je la contredis, elle va m'étrangler.
(*haut.*)
Je conçois tout l'effet que cela pourrait faire ;
Mais pour bien réussir, et pour vous satisfaire,
On pourrait vous trouver un autre expédient.

LA BARONNE.

Ne le proposez point s'il n'est plus violent,
Je vous en avertis.

ARISTE.

Un peu de patience :
Raisonnons doucement. En bonne conscience...

LA BARONNE.

Plaît-il ? hem ?

ARISTE.
Un moment. Dites-moi si l'on doit...

LA BARONNE.

Vous me feriez quitter à la fin mon sang-froid.
Comment donc si l'on doit ? Il n'est pas nécessaire
De dire si l'on doit sur ce que je veux faire.

ARISTE.

Oh ! je n'y puis tenir. Madame, dussiez-vous
Vous armer contre moi de tout votre courroux,
Me battre, me tuer, il faut que je vous dise
Que je ne puis en rien aider votre entreprise.
Ce n'est point pour plaider qu'ici l'on doit venir :
J'arrête les procès, loin de les soutenir.
Je suis pour que l'on vive en bonne intelligence,
Et ne fais jamais rien contre la conscience.

LA BARONNE.

Quoi! vous n'êtes donc pas procureur ?

ARISTE.

Non, vraiment.

LA BARONNE, *avec fureur.*

Il fallait donc le dire.

ARISTE.

Ah ! quel emportement!

LA BARONNE.

Je ne me serais pas vainement déclarée.
Jarni ! si je n'étais modeste et tempérée...
Monsieur, de mon secret vous êtes seul instruit :
Si dans le monde un jour il fait le moindre bruit,
Si de ce que je viens à vous-même de dire
Le moindre mot éclate, ou seulement transpire,
Dans l'instant je reviens vous trouver en ce lieu ;
Mais ce ne sera pas avec ce flegme. Adieu.

SCÈNE XVI.

ARISTE, *seul.*

Quelle femme! quel flegme! ou plutôt quelle bile !
Ce n'est qu'avec transport qu'elle se dit tranquille.
Comment est-elle donc quand elle est en courroux ?
Je n'en puis revenir. Si monsieur son époux
Est aussi furieux qu'elle en rend témoignage,

Par ma foi, ce doit être un fort joli ménage.
Mais quelqu'un vient encor ici.

SCÈNE XVII.

ARISTE, AGÉNOR, ISABELLE.

AGÉNOR.
PERMETTEZ-NOUS,
Monsieur, dans nos chagrins d'avoir recours à vous.
ARISTE.
En quoi puis-je aujourd'hui vous être favorable ?
Parlez : vous me semblez un couple assez aimable.
Qu'êtes-vous, s'il vous plaît? comment vous nomme-t-on ?
ISABELLE.
Je me nomme Isabelle.
AGÉNOR.
Agénor est mon nom.
ISABELLE.
De Géronte, monsieur, je suis l'unique fille.
AGÉNOR.
Moi seul de Lisidor compose la famille.
ARISTE.
Géronte et Lisidor ? Je ne sais si ces noms
Ne me sont point connus. Quoi qu'il en soit, venons
Au fait dont il s'agit. Quelles sont vos affaires?
AGÉNOR.
Il s'agit de parler pour tous deux à nos pères ;
Et puisque vous croyez qu'ils sont connus de vous,
Je me livre d'avance à l'espoir le plus doux.
L'amour depuis long-temps par l'ardeur la plus belle
A su lier mon cœur à celui d'Isabelle ;
Dès nos plus jeunes ans, unis par l'amitié,
L'âge insensiblement l'augmenta de moitié ;
Et l'amour, dont notre ame est sujette et captive,
L'a rendue aujourd'hui plus parfaite et plus vive.
ARISTE.
Et vous souhaiteriez sans doute qu'à son tour
L'hymen vînt achever l'ouvrage de l'amour ?

AGÉNOR.

C'est ce que nos parens ne veulent point entendre.

ARISTE.

Et que vous disent-ils ?

AGÉNOR.

        Que nous pouvons attendre.
Mon père à mon égard se montre scrupuleux ;
Il dit qu'il faut, avant que former de tels nœuds,
Mûrement réfléchir ; et que de l'hyménée
Le repentir suivait bien souvent la journée ;
Que ses liens alors produisaient les dégoûts ;
Qu'ils paraissaient affreux autant qu'ils semblaient doux ;
Et que ce qu'on croyait à ses vœux si propice
Devenait par la suite un éternel supplice.

ARISTE, *à Isabelle.*

Le vôtre en dit autant, à ce qu'on peut juger ?

ISABELLE.

Il prétend qu'à l'hymen je ne dois point songer,
Et que je suis trop jeune.

ARISTE.

        Et quel est donc votre âge ?

ISABELLE.

Quinze ans.

ARISTE.

    Et vous ?

AGÉNOR.

        Et moi, j'en ai deux davantage.

ARISTE.

Je ne les blâme point, je l'avoue ; et je sens
Qu'ils pensent l'un et l'autre en hommes de bon sens.
Vos parens là-dessus agissent en vrais pères ;
Et quand à votre hymen ils se montrent contraires,
Quand ils veulent encor attendre la saison
Qui fait nourrir l'esprit et mûrir la raison,
Ils travaillent pour vous, et font par-là connaître
Que vous êtes aimés autant qu'on le peut être.
Concevez leurs raisons. Iront-ils, dites-moi,
Si jeunes, vous laisser sur votre bonne foi?
Et ne doivent-ils pas attendre en conscience
Que vous ayez acquis certaine expérience,

Certain usage enfin dont l'âge nous instruit,
Et par qui tous les jours le monde se conduit?

AGÉNOR.

Sans l'avoir pratiqué du monde j'ai l'usage,
Et je sens que chez moi tout a devancé l'âge.
J'ignore à quoi l'on doit m'employer quelque jour;
Si je serai de guerre, ou de robe, ou de cour;
Mais si je dois remplir quelque poste honorable,
Je m'en sens, croyez-moi, dès aujourd'hui capable :
S'il faut être de guerre, eh quoi! ne sais-je pas
Le renom qu'on acquiert au milieu des combats ?
Qu'on y doit de son sang soutenir la noblesse ;
Que l'honneur s'y ternit par la moindre faiblesse ;
Et que dans ce métier, soutenu du bonheur,
On s'avance bientôt avec de la valeur ?
Si pour la robe on veut que je me détermine,
Je sais que l'on doit être (au moins je l'imagine)
Sage, judicieux, rempli d'intégrité,
Et sans cesse n'avoir pour but que l'équité.
S'il faut être à la cour, sans beaucoup de méthode,
Je suivrai comme un autre et l'usage et la mode :
Peu de sincérité, beaucoup d'airs empressés,
Rire toujours de rien, flatter les moins sensés,
Sur le masque des grands composer son visage;
Voilà, je crois, la cour : en faut-il davantage ?

ARISTE.

Non, vous avez raison. J'admire en ce moment
Jusqu'où va votre esprit et votre jugement.
Je vois qu'à vos désirs il faudra se soumettre,
Et de votre parti, ma foi, vous m'allez mettre.

ISABELLE.

Pour moi, je suis encor bien jeune, je le sais ;
Mais je pense, monsieur, et crois que c'est assez ;
Et sans expérience et malgré mon peu d'âge,
Je conçois aisément à quoi l'hymen engage.
Faire de son époux tout son contentement,
Ne mettre qu'en lui seul tout son attachement,
Régler ses volontés sans cesse sur les siennes,
Ainsi qu'à ses plaisirs prendre part à ses peines,
Donner à ses enfans de l'éducation ;

C'est, je crois, ce qu'exige une telle union.

ARISTE.

Ma foi, je me retracte : il est incontestable
Que quand on pense ainsi l'on est très-mariable.

SCÈNE XVIII.

ARISTE, GÉRONTE, LISIDOR, AGÉNOR, ISABELLE.

GÉRONTE.

Nous voilà de retour, monsieur ; et sur l'espoir
Que vous...

ARISTE.

Je suis fort aise aussi de vous revoir.

GÉRONTE.

Que vois-je ici ? ma fille !

ISABELLE.

O disgrace cruelle !

AGÉNOR.

Ah ciel ! quelle rencontre !

LISIDOR.

Et mon fils avec elle ?

Que veut dire ceci ?

ARISTE.

Quoi ! ce sont vos enfans ?

LISIDOR.

Oui, monsieur, ce les sont.

ARISTE.

Ah ! ah ! ce que j'apprends
Vraiment me fait plaisir. Ils sont pleins de mérite,
De sagesse et d'esprit ; je vous en félicite.
Vous saurez la raison qui vers moi les conduit.
Mais il faut, s'il vous plaît, avant d'en être instruit,
Que sur vos différens mon jugement éclate.
L'occurrence m'anime, elle me plaît, me flatte.
J'aime que mes arrêts soient toujours prononcés
En présence de gens spirituels, sensés ;
Avec joie ils verront quel est le sacrifice
Que vous faites tous deux, et quelle est ma justice.

GÉRONTE.

Chacun de nous, monsieur, aujourd'hui s'est remis
A vos décisions ; nous y seront soumis.

LISIDOR.

Nous consentons à tout. Vous êtes équitable ;
Et ce que vous ferez ne peut qu'être louable.

ARISTE, *aux enfans.*

Pour vous, dont l'embarras se voit facilement,
Et qui cherchez en vain dans votre étonnement
Pourquoi chacun de vous ici rencontre un père,
Vous serez par la suite éclaircis du mystère.

(*aux vieillards.*)

Demeurez en repos. Je vais donc vous juger,
Et du poids du trésor tous deux vous soulager.

LISIDOR.

Volontiers.

GÉRONTE.

Prononcez.

ARISTE.

Que dès cette journée
Soit, sans aucun appel, jointe par l'hyménée
La fille de Géronte au fils de Lisidor,
Et qu'aux jennes époux soit donné le trésor.

AGÉNOR.

Ah ! ciel !

ISABELLE.

Qu'entends-je ?

ARISTE, *aux vieillards.*

Eh bien ! avez-vous à répondre
A cet arrêt ? mais non ; ils vient de vous confondre,
Et vous fait trop sentir, témoins ces deux enfans,
A quel point vous étiez l'un et l'autre imprudens.
Vous ne répondez rien ? Ce que je viens de faire
Vous paraît-il injuste ?

GÉRONTE.

Ah ! monsieur, au contraire :
Vous nous ouvrez les yeux par ces décisions,
Et nous faites bien voir l'erreur où nous étions.

LISIDOR.

En effet, je conçois à quel point nos scrupules

Nous avaient aveuglés.

ARISTE.

Ils étaient ridicules.

GÉRONTE.

Que l'ancienne amitié renaisse entre nous deux ,
Et que cet hyménée en resserre les nœuds.

LISIDOR.

De tout mon cœur.

ARISTE , *aux enfans.*

Et vous , selon toute apparence ,
Vous n'appellerez pas du jugement, je pense ?

AGÉNOR.

Non , rien n'est comparable au bien que je reçois.
Qui pourra m'acquitter de ce que je vous dois ?

ARISTE.

Je suis assez payé lorsque je rends service ;
Le plaisir d'obliger est mon droit de justice.
Laissez-moi seulement envier le bonheur
Dont vous allez jouir dans votre tendre ardeur.
Quelle félicité , quelle douceur extrême
Que celle de pouvoir posséder ce qu'on aime !
Votre contentement me cause ce transport :
J'aime aussi bien que vous , et n'ai pas même sort.

AGÉNOR.

Vous ne méritez point une telle disgrace.

ARISTE, *voyant la veuve.*

Ah ! ciel !

SCÈNE XIX.

ARISTE , GÉRONTE , LA VEUVE , LISIDOR, AGÉNOR , ISABELLE , LISETTE.

LA VEUVE.

Si pour changer votre destin de face
Il ne faut que ma main , vous ne vous plaindrez plus ;
Je vous la donne , Ariste.

LISETTE.

Avec cent mille écus.
Tout ce qu'eut le défunt vous l'aurez en partage ;
Mais mieux que lui , je crois , vous en ferez usage.

SCÈNE XIX.

ARISTE.

J'ai peine à revenir de mon étonnement,
Et ne puis m'exprimer dans mon ravissement.

AGÉNOR.

Puisque notre destin devient pareil au vôtre,
Il faut que votre hymen se fasse avec le nôtre:
N'y consentez-vous pas ?

GÉRONTE.

On ne peut mieux penser :
Et Lisidor et moi prétendons y danser.
A ma légèreté si la sienne est pareille,
Nous pourrons figurer l'un et l'autre à merveille.

LISIDOR.

Vous croyez vous moquer, mais je n'y suis pas neuf;
Et j'ai fort bien dansé.

LISETTE.

Du temps de Charles-Neuf.

ARISTE.

L'amour vient de remplir ma plus chère espérance,
Mais il mêle à mes feux beaucoup d'impatience :
Suivons sans différer ce qu'à dit Agénor ;
Et hâtons un hymen dont mon cœur doute encor.

FIN DU PROCUREUR ARBITRE.

L'IMPROMPTU

DE CAMPAGNE,

COMÉDIE EN UN ACTE ET EN VERS.

DE

PH. POISSON;

Représentée, pour la première fois, en 1733.

PERSONNAGES.

LE COMTE.
LA COMTESSE, femme du comte
ISABELLE, fille du comte et de la comtesse.
DAMIS, ami du comte.
ÉRASTE, fils de Damis.
LISETTE, suivante.
LUCAS, jardinier.
FRONTIN, valet d'Éraste.
UN LAQUAIS.

La scène se passe à la campagne ; dans le château du comte.

L'IMPROMTU

DE CAMPAGNE,

COMÉDIE.

SCÈNE PREMIÈRE.

LUCAS, LISETTE.

LISETTE.

De ce nouveau venu tu n'as pas su le nom,
Les qualités, enfin quel il peut être ?

LUCAS.

     Non.
Je sais tant seulement qu'il fait de la dépense,
Qu'il a dans ses façons de la magnificence :
Et son valet-de-chambre est magnifique aussi,
Car il m'a bien donné pour boire, Dieu merci.
Moi, cela me surprend.

LISETTE.

    Et pourquoi ta surprise ?

LUCAS.

Vous ne comprenez pas, sans que je vous le dise,
Que selon la coutume un valet toujours prend ?
Il donne, celui-ci ; c'est ce qui me surprend.
Tenez, ce valet-là mérite d'être maître.

LISETTE.

Mais tu t'es bien gardé de te faire connaître ?

LUCAS.

Bon ! il ne m'a pas vu plus tôt chez le fermier,
Qu'il a su que j'étais d'ici le jardinier :

Poisson.   4

Mais ca n'a rien gâté du tout à notre affaire.
J'ai bien joué mon rôle, et j'ai toujours su faire
Semblant de rien, afin qu'on ne pût soupçonner
Que je venais ici pour les examiner.

LISETTE.

Et que t'a dit le maître?

LUCAS.

Oh! pour lui, dès l'aurore
S'est promené, dit-on, et se promène encore,
Et je ne l'ai pas vu, mais son valet, morgué!
Pour me faire jaser était bien intrigué.
Je voulais bien avoir aussi sa conférence,
Tant y a qu'à la fin j'avons fait connaissance.
Puis, demandant bouteille, il m'a pris par le bras
Sur-le-champ, me disant: Allons, père Lucas,
Mettez-vous là, buvons ensemble, je vous prie.
Ma foi! je n'ai point fait, moi, de cérémonie.
Enfin, après avoir bien jaboté, bien bu,
Car à ses questions j'ai toujours répondu
Tout autant que j'ai cru devoir y satisfaire...

LISETTE.

Quelles sont à-peu-près celles qu'il t'a su faire?

LUCAS.

D'abord c'est quel était de ce lieu le seigneur;
Sa famille, son bien, son esprit, son humeur:
S'il passerait ici la saison tout entière.
Je le questionnais de la même manière,
Et tous les deux enfin nous étions acharnés
A qui se tirerait le plus les vers du nez:
Mais, malgré tous mes soins, je n'ai pas pu connaître
Ce qu'ils faisaient ici, ni quel était son maître.

LISETTE.

Avec tout ton esprit tu n'es qu'un animal,
Car c'était justement l'article principal.

LUCAS.

Peut-être que demain j'en saurai davantage.

LISETTE.

Crois-tu qu'ils vont rester toujours dans ce village?

LUCAS.

Dame, je ne sais pas quand ils doivent partir:

On ne m'en a rien dit , mais pour vous avertir
Je serons aux aguets. Dites-moi, je vous prie ,
Aurez-vous comme hier tantôt la symphonie ?
Moi, j'entendis cela tout entier du jardin :
Cela me fit plaisir, c'est un plaisant tocsin.

LISETTE.

Je ne sais dans ce jour ce que l'on se propose ,
Si l'on fera musique, ou bien quelque autre chose :
Ce que je puis savoir, c'est que les plus beaux lieux
Où l'on est toujours seul sont beaucoup ennuyeux.

LUCAS.

Notre monsieur le comte est d'une humeur bizarre ,
Et voir du monde ici c'est une chose rare.
Quelle sévérité ! tout tremble devant lui ,
Jusqu'à madame même.

LISETTE.

                    Est-ce donc d'aujourd'hui
Que tu t'en aperçois ?

LUCAS.

Bon !

LISETTE.

                    Ecoute : il me semble
Ouïr quelqu'un venir. Si c'était lui ?

LUCAS.

                              J'en tremble,
Et je retourne vite au jardin travailler.

LISETTE.

Ma maîtresse m'attend, et je cours l'habiller.

SCÈNE II.

ÉRASTE, FRONTIN.

FRONTIN.

Ça , parlons une fois en gens sensés et sages :
Ne mettrons-nous jamais fin à tous nos voyages ?
Pour moi je suis bien las , je vous l'ai déjà dit,
D'errer de ville en ville , et de même que fit
Un certain roi lombard avec le sieur Joconde,
Depuis assez long-temps nous parcourons le monde :

Quand pourrons-nous revoir la ville de Paris ?
ÉRASTE.
Nous n'y rentrerons pas sitôt, je crois.
FRONTIN.
                                        Tant pis ,
Monsieur , tant pis.
ÉRASTE.
                    Comment prétends-tu que je fasse ?
Il faut qu'avec mon père on me remette en grace ,
Et la chose est assez difficile.
FRONTIN.
                                D'accord ,
Car avec lui je sais que vous eûtes grand tort.
Il voulait de sa main vous donner une femme.
ÉRASTE.
Un autre objet alors avait frappé mon ame.
FRONTIN.
Vos refus contre vous le firent s'emporter.
ÉRASTE.
Au penchant de mon cœur pouvais-je résister ?
FRONTIN.
Ensuite, d'un ton fier , agité , l'ame émue ,
Il vous dit de ne plus vous montrer à sa vue.
ÉRASTE.
J'ai fait voir l'action d'un fils obéissant ,
Et me suis éloigné dans le même moment.
FRONTIN.
Oui, mais, vous éloignant avec obéissance,
Vous avez diablement écorné sa finance.
De son or enlevé , qu'il gardait avec soin ,
Qu'aura-t-il pu penser ?
ÉRASTE.
                        Que j'en avais besoin.
FRONTIN.
Fort bien.
ÉRASTE.
            C'est pour aider à notre nécessaire ,
Une espèce d'emprunt que j'ai fait à mon père.
FRONTIN.
La peste, quel emprunt ! Monsieur, il me paraît

Que mon dos pourrait bien en payer l'intérêt.
ÉRASTE.
Laissons tous ces discours. As-tu de ce village
Su quel est le seigneur ?

FRONTIN.
Oui : c'est un homme d'âge ,
Un guerrier retiré qui vit paisiblement ,
Et fait de ce séjour tout son amusement.
Il voit fort peu de monde. Une femme , une fille ,
A ce que l'on m'a dit, composent sa famille.
Mais que prétendez-vous ? quel est votre dessein ?
ÉRASTE.
Je vais te l'expliquer. Cette fille , Frontin ,
Est , je n'en doute point , la même que j'ai vue
Lorsque je vins hier près de cette avenue.
Je la suivis long-temps jusqu'en ces mêmes lieux.
Nulle beauté jamais ne plut tant à mes yeux :
Et je puis t'assurer , quand mes regards parlèrent ,
Que les siens et les miens souvent se rencontrèrent.
Ensuite s'éloignant de ce lieu tout-à-fait ,
Dans ce même château je la vis qui rentrait.
Hélas ! un peu trop tôt elle sut disparaître ,
Et j'ai de grands désirs , Frontin , de la connaître.
FRONTIN.
Je n'en suis point surpris , à vous voir enflammé
Pour quelque objet nouveau je suis accoutumé.
Depuis quatre ou cinq mois que vous faites le prince,
Et courez à grands frais de province en province,
Il faut que vous ayez rendu de tendres soins.
Sans trop exagérer , à cent belles au moins.
Pour celle-ci, monsieur, quittez votre espérance;
De la voir de plus près il est peu d'apparence.
Le père, je le sais, est rempli de fierté ,
Délicat sur l'honneur , ombrageux , emporté :
Ayez de la prudence en cette conjoncture ,
Et n'allez point chercher quelque triste aventure.
ÉRASTE.
Le poltron ? Qu'avons-nous à craindre en ce château ?
FRONTIN.
Les fossés, m'a-t-on dit, ont quatre piques d'eau :

Je ne puis sans effroi considérer la chûte,
Quand je songe qu'on peut y faire la culbute.
ÉRASTE.
Mais tu n'as rien appris de plus particulier?
FRONTIN.
Non. Tout ce qu'au surplus on m'a su détailler
C'est que ce vieux seigneur est assez idolâtre
De musique, de vers, de pièces de théâtre;
Qu'il a beaucoup de goût pour les anciens auteurs;
Qu'il s'entretient souvent de spectacles, d'acteurs;
Et qu'entre la famille il n'est point de semaine
Où l'on ne représente au château quelque scène.
ÉRASTE.
A ce que tu dis là je fais réflexion.
FRONTIN.
Voici quelque nouvelle imagination.
ÉRASTE.
Le seigneur de ces lieux aime la comédie?...
L'entreprise, il est vrai, serait assez hardie.
FRONTIN.
Oui, sans doute, elle l'est.
ÉRASTE.
    Frontin, ne crains plus rien:
De m'introduire ici je sais le vrai moyen.
Un cœur peut tout tenter quand l'amour l'accompagne.
Devenons aujourd'hui comédiens de campagne;
L'occasion nous rit : ne t'inquiète plus;
Nous pouvons sous ce titre être au château reçus.
FRONTIN.
Il faut vous obéir, et vous êtes mon maître;
Mais si quelqu'un alors vient à vous reconnaître,
Prévoyez l'embarras où cela nous mettra.
ÉRASTE.
Je ne suis point atteint de cette crainte-là.
C'est toi qui m'embarrasse.
FRONTIN.
    Eh, pourquoi, je vous prie
ÉRASTE.
C'est, je te l'avoûrai, que pour la comédie
Il te faut le talent qui te manque entre nous.

FRONTIN.

Parbleu, je la jouerai tout aussi bien que vous.

ÉRASTE.

Ah ! te voilà piqué, j'en tire un bon augure :
Ce trait d'ambition me charme, je te jure.
Nous allons donc montrer tout ce que nous valons,
Et dans notre début, va, nous réussirons.
Songeons dès à présent aux noms qu'il nous faut prendre :
Tu seras Ragotin ; moi, je serai Léandre.

FRONTIN.

Ma foi, je ne veux point du nom de Ragotin.
Je suis votre valet, je m'appelle Frontin.

ÉRASTE.

Sois ce que tu voudras : pour moi, Frontin, j'espère
Avec quelque succès remplir mon caractère.

FRONTIN.

Vous allez tout de bon faire le comédien ?

ÉRASTE.

Sans doute.

FRONTIN.

              Mais, monsieur, cela n'est pas trop bien.
Un noble comme vous jouer la comédie,

ÉRASTE.

Crois-tu que la noblesse en puisse être affaiblie ?
Va, va, la comédie est, dans tous les états,
Une profession qui ne déroge pas.

FRONTIN.

Je suis de votre avis.

ÉRASTE.

                        La comédie est belle,
Et je ne trouve rien de condamnable en elle ;
Elle est du ridicule un si parfait miroir,
Qu'on peut devenir sage à force de s'y voir.
Elle forme les mœurs, et donne à la jeunesse
L'ornement de l'esprit, le goût, la politesse.
Tel même qui la fait avec habileté,
Peut, quoi qu'on puisse dire, en tirer vanité.
La comédie, enfin, par d'heureux artifices,
Fait aimer les vertus et détester les vices ;
Dans les ames excite un noble sentiment,

Corrige les défauts, instruit en amusant ;
En morale agréable en mille endroits abonde ;
Et, pour dire le vrai, c'est l'école du monde.

FRONTIN.

Sur ce pied-là, monsieur, je dirai franchement
Que vous devriez bien l'aller voir plus souvent.

ÉRASTE.

Ah ! ah, vous plaisantez, mais il nous faut sur l'heure
Pour nous bien travestir, gagner notre demeure.
De mon projet, Frontin, j'ose tout espérer.
J'entends venir quelqu'un, gardons de nous montrer.

SCENE III.

ISABELLE, LISETTE.

LISETTE.

De notre jardinier j'ai su qu'en ce village
Le jeune homme d'hier a mis son équipage ;
Mais il n'a pu savoir ni son rang ni son nom,
Et l'on ne sait s'il est ou marquis ou baron.
Parlons à cœur ouvert : dites-moi d'où peut naître
Ce désir empressé de vouloir le connaître.
Sans doute il vous a plu ? dites la vérité.

ISABELLE.

Moi ! non, c'est simplement par curiosité.

LISETTE.

La curiosité, sans vouloir vous déplaire,
Est souvent de l'amour la compagne ordinaire.

ISABELLE.

Ne parle pas si haut, je craindrais qu'en ce jour...

LISETTE.

Vouloir qu'on parle bas ! bon ! symptômes d'amour.
Pour moi, je l'avoûrai, je ne saurais comprendre
Comment en moins de rien notre cœur devient tendre ;
Je ne puis concevoir comment un seul regard,
Jeté sans nul dessein, et conduit par hasard...
Puisse porter au cœur... par certaine étincelle...
Vous rendriez cela bien mieux, mademoiselle.

ISABELLE.

Lisette, en vérité, tu te mets dans l'esprit
Des choses qui me font un sensible dépit.
Que tu me connais mal de soupçonner mon ame
D'être en si peu de temps susceptible de flamme !
J'ai vu cet inconnu, par hasard, un moment,
Et je puis t'assurer qu'il m'est indifférent ;
Et, pour te découvrir mon ame tout entière,
Tu me feras plaisir de changer de matière ;
Je t'en avertis.

LISETTE, *à part.*

Oui ! l'on dissimule ici !
Pour être à deux de jeu dissimulons aussi.

(*à Isabelle.*)

Ah ! puisque vous prenez la chose de la sorte,
Sur ce chapitre-là j'aurai la langue morte.
J'étais fort étonnée, à ne vous rien cacher,
Qu'un inconnu sitôt eût pu vous attacher ;
Et, s'il faut avec vous parler en conscience,
Le jeune homme après tout n'a pas grande apparence.
Peut-être est-ce la faute aussi de ses habits.

ISABELLE.

Point du tout, il était assez proprement mis.

LISETTE.

Mais il a l'air commun, l'air d'un homme ordinaire.

ISABELLE.

Tu t'es trompée ; il a l'air très-noble au contraire.

LISETTE.

J'ai cependant bien vu sa figure au grand jour :
Il est voûté, je crois.

ISABELLE.

Que dis-tu ? Fait au tour.

LISETTE, *à part.*

(*haut.*)

Fort bien. Je ne suis pas contre lui prévenue ;
Mais je le vis sur vous tenir long-temps la vue :
Ses yeux ne disent rien du tout.

ISABELLE.

Ah ! quelle erreur !
Il les a vifs, perçans ; ils vont jusques au cœur.

Poisson.   5

LISETTE.

Ah ! vous l'avouez donc ! Ma foi ! j'en suis fort aise ;
Enfin ce cavalier n'a rien qui ne vous plaise.

ISABELLE.

Lisette...

LISETTE.

Vous l'aimez ?

ISABELLE.

Eh ! non , Lisette , non :
Je ne dis pas cela.

LISETTE.

Ne changez point de ton ,
Et m'ouvrez, croyez-moi, votre cœur sans scrupule.
Je n'ai pas sur l'amour une humeur ridicule,
Et ne suis point de ceux que l'on voit s'aheurter
A blâmer un penchant que l'on ne peut dompter.
Sur ce jeune inconnu parlons donc sans mystère :
Vous lui plaisez , je crois , comme il a su vous plaire.

ISABELLE.

Eh bien ! je t'avoûrai, s'il faut t'ouvrir mon cœur,
Qu'un sentiment secret me parle en sa faveur.

LISETTE.

Et voilà justement comme l'amour commence.
Allons , il ne faut plus que faire connaissance.

ISABELLE.

Tu vas un peu trop vite.

LISETTE.

Il est vrai que souvent
L'apparence est trompeuse : allons plus doucement,
Car enfin , n'en déplaise à sa belle figure,
Il pourrait fort bien être un chercheur d'aventure.

ISABELLE.

Non , Lisette , je crois qu'il n'a pas l'air trompeur.

LISETTE.

Tenez, je le voudrais pour vous de tout mon cœur :
Mais votre ame se livre à trop d'espoir peut-être :
Car si de son côté, lui, voulant vous connaître,
Va, plein de confiance , entrer dans ce château,
Vous savez comme moi qu'un visage nouveau
Déplaît extrêmement à monsieur votre père,

Et qu'il est là-dessus d'une humeur si sévère
Que celui-ci sans doute, en voyant son air noir,
Ne sera pas beaucoup tenté de le revoir.

ISABELLE.

C'est tout ce que je crains.

LISETTE.

Votre père m'irrite :
Il est sans contredit un homme de mérite,
Considéré partout et plein de probité ;
Mais j'ai peine à m'y faire encor, en vérité.
Avec ses gros sourcils, dont l'ombrage l'offusque,
Son maintien imposant, et sa parole brusque,
Il me surprend toujours : il vous dit tout crûment,
Ne dissimule rien, et parle franchement :
Mais d'un ton si bourru, si plein de véhémence,
Que quand il dit bonjour on croirait qu'il offense.
En nulle occasion il n'a l'air radouci.
Qu'on fasse jeu, concert, ou comédie ici,
(Ce sont, vous le savez, les seuls plaisirs qu'il aime)
Il ne sourit jamais, et c'est toujours le même.
Pour votre chère mère, elle est tout l'opposé
Douce, honnête, polie, et d'un commerce aisé :
Mais elle fait la jeune, et, ne vous en déplaise,
De vous voir grande fille elle n'est pas trop aise.
Mais à propos, je sais qu'on songe à vous pourvoir.

ISABELLE.

Sur quoi dis-tu cela ?

LISETTE.

Sur ce qu'hier au soir,
Après qu'on eut soupé, j'entendis votre mère
Parler de mariage au conte votre père :
Ils ne me voyaient point : et je crois, par ma foi,
Qu'on veut vous marier, mademoiselle.

ISABELLE.

Moi ?

LISETTE.

Et qui voulez-vous donc ici que l'on marie ?
Dites, serait-ce moi ? J'en ferais la folie.

SCÈNE IV.

LE COMTE, LA COMTESSE, ISABELLE, LISETTE.

LE COMTE, *à la comtesse dans la coulisse.*
Approchons, croyez-moi, de ce feuillage épais :
Pour éviter le chaud c'est l'endroit le plus frais.

LISETTE.
J'entends, je pense, ici la voix de votre père :
Je ne me trompe point, suivi de votre mère.

ISABELLE.
Lisette, évitons-les : prenons l'air autre part.

LISETTE.
Oui : vous avez raison : voyons si le hasard
Ferait venir celui pour qui l'on s'intéresse...
Mais sortons : les voici.

(elles s'en vont.)

SCÈNE V.

LE COMTE, LA COMTESSE.

LE COMTE.
Savez-vous bien, comtesse,
Que le concert d'hier me plut extrêmement ?

LA COMTESSE.
Il me plut fort aussi.

LE COMTE.
Je le trouvai charmant,
Et pris fort grand plaisir, madame, à vous entendre.
J'ai de tout temps été pour la musique tendre :
Et lorsque vous chantiez, certain je ne sais quoi
S'emparait de mon cœur.

LA COMTESSE.
Et moi donc, comte, et moi
Je me suis cru revoir dans ma tendre jeunesse,
A quatorze ou quinze ans.

LE COMTE.
Moi de même, comtesse.

Après tout, vous et moi ne sommes pas si vieux.

LA COMTESSE.

De plus jeunes que nous ne se portent pas mieux.

LE COMTE.

Quand on devient âgé, c'est l'ordinaire usage
De vouloir se cacher la moitié de son âge :
Je n'ai point le défaut que l'on a là-dessus.

LA COMTESSE.

Ah! je suis comme vous, et ne l'ai pas non plus

LE COMTE.

Par ma foi! je vous vois même air, même visage,
Que vous aviez du temps de notre mariage.

LA COMTESSE.

Que ces temps-là soient près, ou qu'ils soient éloignés,
Vous êtes à mes yeux tout comme vous étiez.

LE COMTE.

Mais comme vous chantiez! Quelle voix neuve et belle !
Quelle était votre maître? Ah! c'était Beaumavielle.

LA COMTESSE.

Comte, vous vous trompez.

LE COMTE.

     Vous m'avez dit souvent
Que ce fut votre maître à chanter.

LA COMTESSE.

       Nullement.
J'ai pu vous avoir dit qu'il montrait à ma mère.
Ma mémoire est fort bonne, et ne me manque guère.

LE COMTE.

La mienne est bonne aussi; je me souviens du jour
Que je vous déclarai tendrement mon amour
Pour la première fois.

LA COMTESSE.

    Ah! j'étais dans l'enfance.

LE COMTE.

Non, non.

LA COMTESSE.

   Vous aviez, vous, beaucoup d'expérience.

LE COMTE.

Mais je vous épousai, le fait est bien certain,
Quinze ou seize ans après le passage du Rhin ;

Et vous aviez alors...

LA COMTESSE.

Comte, laissons là l'âge.

LE COMTE.

Et vous aviez alors...

LA COMTESSE.

Parlons du mariage

Qu'avec ce vieux ami vous avez résolu :
Dites, qu'en sera-t-il ?

LE COMTE.

Je crois qu'il est rompu.

Et vous aviez...

LA COMTESSE.

J'en suis chagrine pour ma fille ;

Car c'était de grands biens jetés dans la famille.
Quelle raison a-t-il ?

LE COMTE.

Nous pourrons le savoir

Dans ce jour : il m'écrit qu'il arrive ce soir,
Et qu'il m'entretiendra de quelque circonstance
Qui le fâche très-fort touchant cette alliance.

LA COMTESSE.

Son fils, à ce qu'on dit, est aimable, bien fait.

LE COMTE.

C'est de cette façon qu'on m'a fait son portrait.
Et lorsque cet ami, que j'aime avec tendresse,
Car je l'ai fort connu dans ma tendre jeunesse :
L'un l'autre nous étions même des plus unis ;
Et si nous n'avons pu nous rejoindre depuis,
C'est que chacun a fait différemment la guerre :
Quand je servais sur mer, il servait, lui, sur terre.
Madame, si bien donc que quand je le revis,
Il me dit qu'il n'avait uniquement qu'un fils ;
Moi, je lui répondis que j'avais une fille,
Que par là nous pourrions unir chaque famille.
L'hymen fut entre nous de la sorte arrêté :
Il me dit que son fils nous serait présenté.
Cinq mois se sont passés ; je partis pour ma terre.
Sans entendre parler ni du fils ni du père,
Et je reçus hier la lettre en question.

LA COMTESSE.

Comte, cela mérite un peu d'attention ;
Il ne faut pas donner votre fille Isabelle
Sans savoir si l'époux peut-être digne d'elle,
Cette fille, monsieur, mérite un sort heureux ;
Elle est sage, bien née.

LE COMTE.

       Elle tient de nous deux.

LA COMTESSE.

Certainement, monsieur ; il faut bien qu'elle en tienne.

LE COMTE.

Il est peu de beautés, ma foi! comme la sienne :
Elle a fort de mon air, je le dis franchement.

LA COMTESSE.

Eh! cela pourrait-il, cher comte, être autrement?
Vous fûtes de tout temps seul objet de ma flamme ;
Je n'ai connu que vous.

LE COMTE.

       Je le sais bien, madame.

LA COMTESSE.

Et jamais ma vertu n'a fait aucun écart.

LE COMTE.

C'est ce qui m'a toujours surpris de votre part :
Car les femmes parfois...

LA COMTESSE.

       Comte, qu'allez-vous dire ?

LE COMTE.

Qu'une femme fidèle est digne qu'on l'admire.
Je vous admire aussi.

LA COMTESSE.

       Je le mérite un peu.

LE COMTE.

Corbleu! je parîrais, cette main dans le feu,
Que mon honneur par vous n'a reçu nulle honte.

LA COMTESSE.

Vous me faites trembler avec vos sermens!... Comte,
Voici ma fille.

SCÈNE VI.

LE COMTE, LA COMTESSE, ISABELLE, LISETTE.

LÉ COMTE.

Eh bien! que ferons nous ce soir?
Quel divertissement pourrions-nous bien avoir?
Nous eûmes tout le jour hier de la musique;
Je l'ai dit à madame, elle était magnifique:
Mais, comme il faut un peu varier son plaisir
Que ferons-nous? voyons.

ISABELLE.

C'est à vous de choisir.

LE COMTE.

A vous bien divertir toujours je m'étudie.
Il nous faudrait jouer toute une tragédie.

LISETTE.

Toute une tragédie est bien longue, ma foi!

LE COMTE.

Elle ne saurait l'être encor assez pour moi.
Pour ne plus s'asservir à la règle commune,
Je voudrais qu'on en fît en six actes quelqu'une.

LISETTE.

Ce serait hasarder beaucoup, assurément:
Tel qui n'en fait que cinq, en fait trop bien souvent.

SCÈNE VII.

ERASTE, LE COMTE, LA COMTESSE, ISABELLE, FRONTIN, LISETTE.

LE COMTE.

Que veulent ces gens-ci?

ISABELLE.

Qu'aperçois-je, Lisette?

ERASTE.

Notre entrée en ces lieux est peut-être indiscrète;
Mais ce ne serait pas remplir notre devoir,
Si nous manquions, monsieur, à l'honneur de vous voir.

SCENE VII.

LE COMTE.

De tant de complimens, monsieur, je vous dispense.

LISETTE, *à part.*

L'accueil du père est froid ; adieu la connaissance.

LE COMTE.

Mais, monsieur, sachons donc qui vous êtes enfin.

ÉRASTE.

Il faut vous satisfaire, et c'est bien mon dessein.
Nous allons à Paris, et venons d'Allemagne ;
Nous sommes, en un mot, comédiens de campagne.

ISABELLE, *bas.*

Lisette!...

LE COMTE.

Comédiens, dites-vous ?

FRONTIN.

Oui, vraiment.

LISETTE, *à part.*

Je crois qu'il entre ici quelque déguisement.

LE COMTE.

Parbleu! je suis charmé d'une telle aventure.
Je suis grand amateur de pièces, je vous jure ;
Et puisque vous voilà, vous nous divertirez.

ÉRASTE.

Nous ferons là-dessus tout ce que vous voudrez.

FRONTIN.

Tout ce qui dépendra de notre ministère
Vous est offert.

LE COMTE.

Quel est, vous, votre caractère ?

ÉRASTE.

D'ordinaire ce sont les amans que je fais.

LE COMTE.

Et vous, monsieur ?

FRONTIN.

Et moi, je suis pour les valets.

LE COMTE.

Je suis ravi qu'ici le hasard vous adresse.
Nous aurons du plaisir ; qu'en dites-vous, comtesse ?

LA COMTESSE.

Moi, j'en prendrai beaucoup, et je le dis sans fard.

LISETTE.

Nous espérons aussi d'en prendre notre part.

LE COMTE.

Nous jouons quelquefois ici la comédie ;
Nous nous entretenions même de tragédie,
Quand vous êtes venus.

FRONTIN.

Nous sommes trop heureux
Que le sort... le hasard... et que selon nos vœux...

ÉRASTE, *bas*, *à Frontin*.

Tu veux toujours parler ; ne songe qu'à te taire ,
Et qu'à jouer le rôle ici que tu dois faire.

LE COMTE.

Que pourriez vous jouer ?

FRONTIN, *bas*, *à Éraste*.

Mais si je ne dis mot,
On va croire , monsieur , que je ne suis qu'un sot.

ÉRASTE.

(*bas* , *à Frontin*.) (*au comte.*)
Au contraire... S'il faut vous jouer du tragique,
Je...

LE COMTE.

Comme vous voudrez, sérieux ou comique.
Je me souviens d'avoir vu jouer autrefois
Le Crispin médecin aux Comédiens François ;
Il n'est point pour bien rire une pièce pareille :
Quel en est donc l'auteur ?

ÉRASTE.

Elle est de...

FRONTIN.

De Corneille.

LE COMTE.

Comment ! que dites-vous ? Vous vous moquez, je croi.

ÉRASTE.

(*bas*.)   (*haut*.)   (*bas*.)
Ah , le bourreau !... Monsieur... Eh ! malheureux ,
   tais-toi.
   (*haut.*)
C'est qu'il veut plaisanter. En fait de comédie,
Le talent de monsieur est la bouffonnerie ;

Et le style comique est si fort de son goût,
Qu'il ne peut s'empêcher de bouffonner partout.
Pour ne pas vous donner des scènes rebattues,
(Car les pièces, je crois, vous sont toutes connues)
Nous allons vous jouer seulement un morceau,
Entre monsieur et moi, qui paraîtra nouveau.

LE COMTE.

Volontiers. Écoutons.

ÉRASTE.

Ce n'est pas du tragique ;
Mais l'ouvrage est traité d'un goût tragi-comique.

LE COMTE.

Comment l'appelez-vous ?

ÉRASTE.

C'est l'Amant Déguisé.

LISETTE.

Ce titre promet fort.

ÉRASTE, *bas*, *à Frontin.*

Ton rôle est fort aisé :
Tu le sais dès tantôt.

FRONTIN, *bas*, *à Éraste.*

Soyez en assurance.

LISETTE.

A l'Amant Déguisé, çà, prêtons du silence.

ÉRASTE, *allant au fond du théâtre, et revenant avec*
Frontin.

« Ah ! Moron, c'en est fait ; tu me vois amoureux.

FRONTIN.

» Peut-on savoir l'objet qui captive vos vœux ?

ÉRASTE.

» Hélas ! c'est un objet tout charmant, tout aimable ,
» Qui ne sait pas encor le tourment qui m'accable.

FRONTIN.

» Avec elle, seigneur , ayez un entretien.

ÉRASTE.

» Eh ! comment puis-je, hélas ! en trouver le moyen ?
» Elle est dans son palais sans cesse retirée ;
» Jamais aucun mortel n'y peut avoir entrée.
» C'est dans le doux espoir de la voir un moment
» Que je me sers ici de ce déguisement.

» Je voudrais l'assurer de ma tendresse extrême,
» Lui dire qui je suis, lui prouver que je l'aime;
» mais je n'ose compter sur un si doux destin.
» Voudra-t-elle accepter et mon cœur et ma main?
» Voudra-t-elle, au milieu de ce qui l'environne,
» Répondre à l'espérance où mon cœur s'abandonne?
» Crois-tu qu'elle m'entende, et que dans mon ardeur...

FRONTIN.

» Il faudrait qu'elle fût des plus sourdes, seigneur:
» Ou, si vos soins enfin (croyez-en ma parole)
» Ne sauraient la toucher... il faut qu'elle soit folle.

ÉRASTE.

» Ah ! respecte, Moron, cet objet plein d'appas.

FRONTIN.

» Je le respecte aussi, seigneur, n'en doutez pas :
» Et, bien loin d'insulter au trait qu'amour vous lance,
» souffrez que je réponde à votre confidence.
» Je vais bien vous surprendre. Apprenez en ce jour
» Que je sens comme vous le pouvoir de l'amour ;
» Comme vous je voudrais que celle qui m'enflamme
» Pût savoir à quel point elle enchante mon ame.
» A la princesse enfin vous donnez votre cœur,
» Et moi je suis épris... de sa fille d'honneur.
» mais dans ces lieux enfin que prétendez-vous faire?

ÉRASTE.

» Attendre si le sort, à mes vœux moins contraire,
» Pourra me procurer les fortunés instans
» Où je puisse en secret...

FRONTIN.

        » Seigneur, je vous entends.
» Et, si vous m'entendez, je commence à comprendre
    (bas.)
» Que tel qui nous entend pourrait trop nous entendre.
    (haut.)
» Finissons l'entretien, cessons ; et dans ce jour,
» Pour ne rien hasarder, laissons agir l'amour. »

LE COMTE.

Fort bien ! messieurs, fort bien !

LISETTE.

        La scène a su me plaire.

SCÈNE VII.

FRONTIN.

C'est un petit essai de notre savoir faire.

LE COMTE.

Vous avez du mérite; et je jure, ma foi !
Que vous serez reçus dans la troupe du roi.
   (*à la comtesse.*)
Qu'en dites-vous ? parlez.

LA COMTESSE.

       Monsieur a la voix tendre,
Et prononce à merveille.

ISABELLE.

       Il se fait bien entendre.

LA COMTESSE.

Il faut que ces messieurs soient quelques jours ici :
Comte, qu'en pensez-vous ?

LE COMTE.

       Je le veux bien aussi.

LISETTE.

Pendant ce temps, monsieur peut, à mademoiselle
Apprendre à bien jouer quelque scène nouvelle.

ÉRASTE.

Je m'en ferai toujours un sensible plaisir.

LE COMTE.

Songez donc pour ce soir, messieurs, à nous choisir
Quelque morceau brillant, de goût, de caractère.
Un ami dans ce jour doit venir à ma terre ;
De cet amusement nous le régalerons.

ÉRASTE.

Nous ferons pour cela tout ce que nous pourrons.

SCÈNE VIII.

**LE COMTE, LA COMTESSE, ÉRASTE, ISA-
BELLE, FRONTIN, LISETTE, UN LAQUAIS.**

LE LAQUAIS.

Monsieur ; dans votre cour il entre un équipage
A six chevaux, avec...

LE COMTE.

       C'est notre ami, je gage :

Allons le recevoir.

(le comte et la comtesse sortent.)

SCÈNE IX.

ÉRASTE, ISABELLE, FRONTIN, LISETTE.

LISETTE.
Nous, restons, croyez-moi.
ISABELLE.

Si mon père revient ?

LISETTE.
N'ayez aucun effroi.
ÉRASTE.

Je ne sais pas comment vous prendrez une ruse
Où vous seule avez part ; vous êtes mon excuse.
L'amour m'a suggéré ce trait ingénieux,
Pour me pouvoir sans risque offrir à vos beaux yeux,
Et vous offrir un cœur qui fait son bien suprême
D'être à vous à jamais.

FRONTIN, à Lisette.
Et moi, j'en dis de même.
ISABELLE.

Lisette, je ne sais où j'en suis.

LISETTE.
Les rusés !

FRONTIN.

Nous sommes, il est vrai, deux amans déguisés.

ISABELLE.

Je ne sais point, monsieur, répondre à ce langage :
De ces sortes d'aveux j'ignore encor l'usage ;
Et vous me permettrez ici de n'écouter
Que ce que le devoir à mon cœur doit dicter.

ÉRASTE.

Ah ! charmante Isabelle !

LISETTE.
Il n'est pas nécessaire

D'en dire davantage, et j'entends votre affaire.
Avant de se livrer à trop de sentimens,
Il faut un peu voir clair et connaître ses gens.

Qu'êtes-vous, s'il vous plaît ? Si j'en crois l'apparence...
ÉRASTE.
Mon vrai nom est Éraste, et je suis de naissance.
FRONTIN.
De plus, riche héritier ; oh ! c'est un fait certain.
Moi, je suis son valet, et m'appelle Frontin.
ÉRASTE.
Je serai riche un jour ; mais les biens que j'espère
Ne sont rien si je n'ai le bonheur de vous plaire.
FRONTIN.
Riche, sans contredit, de plus d'un million.
Nous avions de ce bien pris un échantillon ;
Mais nous ne l'avons plus : cela s'use si vite !
Nous prenons le parti de retourner au gîte.
LISETTE.
Vous aviez donc quitté le séjour paternel ?
FRONTIN.
Oui, mais pour un sujet simple et tout naturel :
Son cher père Damis, un peu vif et sévère...
LISETTE.
Que dites-vous, Damis ? Quoi ! ce serait son père ?
FRONTIN.
Eh ! vraiment oui, c'est lui. Le connaissez-vous ?
LISETTE.

                                        Non :
Mais il me semble avoir ouï nommer ce nom
Au comte.
ISABELLE.
        Je ne sais.
FRONTIN.
            C'est un vieux militaire,
Et qui s'est même acquis du renom dans la guerre.
LISETTE.
Justement le voilà : c'est ce même Damis
Connu du comte ; il est de ses anciens amis.
ÉRASTE.
Serait-il bien possible ? Ah ! pardonnez, madame,
Ce mouvement de joie où s'emporte mon ame.
Tout semble ici donner quelque espoir à mon feu :
Mais puis-je m'y livrer si je n'ai votre aveu ?

ISABELLE.

J'ai beaucoup de penchant à vous croire sincère :
Mais mon aveu n'est rien sans celui de mon père;
Eraste, si de lui vous pouvez m'obtenir,
Isabelle aussitôt ne saura qu'obéir.

SCÈNE X.

ÉRASTE, ISABELLE, LUCAS, FRONTIN,
LISETTE.

LUCAS,

Je vous cherche partout.

LISETTE.

Et que veux-tu nous dire?

LUCAS.

Une nouvelle, allez, qui vous fera bien rire :
Mais aussi faudra-t-il me récompenser bien,
Car sans cela, tenez, je ne vous dirai rien.

LISETTE.

Dépêche, nous verrons. Que viens-tu nous apprendre?

LUCAS.

Bellement !

ISABELLE.

Parle donc.

LUCAS,

C'est que je viens d'entendre
La conversation du comte avec celui
Qui, pour le venir voir, nous arrive aujourd'hui.
Dame ! il faut que ce soit quelqu'un de conséquence.

LISETTE.

Après ?

LUCAS.

Ils ont parlé de vous et d'alliance ;
Et j'ai fort bien compris, les entendant jaser,
Que ce grand monsieur-là vient pour vous épouser.

ISABELLE.

O ciel!

ÉRASTE.

Ah ! quels revers ! O fortune cruelle !

FRONTIN.

A quel prix as-tu mis cette belle nouvelle?

LUCAS.

Je vois qu'elle vous a tous rendus soucieux.
Mais je ne savais pas...

LISETTE.

Va-t'en, tu feras mieux :
Nous n'avons point affaire ici de ta présence,
Messager de malheur.

LUCAS.

La belle récompense !

(*il s'en va.*)

SCÈNE XI.

ÉRASTE, ISABELLE, FRONTIN, LISETTE.

LISETTE.

Nous en parlions tantôt de ce projet formé ;
Et voilà mon soupçon tout-à-fait confirmé.

ÉRASTE.

Cet hymen est pour moi, madame, un coup de foudre.

ISABELLE.

Aux volontés d'un père il faut bien se résoudre.
Puis-je faire autrement ?

ÉRASTE.

Quelle fatalité !
Mon cœur s'applaudissait de sa félicité,
Un favorable espoir s'en rendait déjà maître ;
Et dans le même instant je le vois disparaître.

ISABELLE.

Je vois que vous m'aimez, et je plains votre sort ;
Mais, Éraste, il faut bien sur soi faire un effort.

ÉRASTE, *se jetant aux pieds d'Isabelle, et lui prenant*
la main.

Eh ! le puis-je, Isabelle, après vous avoir vue ?
Je mourrai de douleur.

ISABELLE.

Que mon ame est émue !
Retirez-vous, Eraste... et si nous étions vus...

Poisson.   6

SCÈNE XII.

LE COMTE, *au fond du théatre*, **ÉRASTE, ISA-BELLE, FRONTIN, LISETTE.**

LISETTE, *bas.*

Ciel ! voilà votre père.

ISABELLE, *bas.*

Ah ! nous somme perdus.

ÉRASTE, *bas.*

Ne vous démontez pas, et soyez hors de peine.
Faisons semblant ici de jouer une scène.

ISABELLE, *bas.*

Et laquelle ? parlez. Je tremble de frayeur.

LISETTE, *bas.*

Commencez, nous savons tout Molière par cœur.

ÉRASTE, *haut.*

« Ah ! belle Alcmène, il faut que comblé d'allégresse... »

ISABELLE.

« Laissez ; je me veux mal de mon trop de faiblesse. »

LE COMTE, *s'approchant.*

Comment donc !...

ÉRASTE.

Nous faisions la répétition
D'un assez beau morceau choisi d'Amphytrion.
Mademoiselle joue Alcmène par merveille.

LE COMTE.

Et pourquoi, diable, prendre une pièce pareille ?
Je ne la puis souffrir.

ÉRASTE.

C'est cependant partout
Un chef-d'œuvre approuvé de tous les gens de goût.

LE COMTE.

Eh, fi donc ! un chef-d'œuvre où l'on couvre de honte
Un général d'armée, et qu'un rival affronte !
Corbleu ! si j'eusse été ce général thébain,
Jupiter n'eût jamais péri que de ma main ;
Oui, bien loin de souffrir qu'il fît chez moi le maître,
Je l'aurais fait d'abord sauter par la fenêtre.

SCÈNE XII.

FRONTIN, *bas*, *à Eraste.*

Monsieur, allons-nous-en.

ERASTE, *bas*, *à Lisette.*

Cet homme est singulier.

LISETTE, *bas*, *à Eraste.*

Gardez-vous, croyez-moi, de le contrarier.

FRONTIN, *bas*, *à Eraste.*

Retirons-nous.

LE COMTE.

Cherchez quelques scènes nouvelles,
Où l'on parle d'assauts, de forts, de citadelles,
Ou de combats sur mer : voilà du ravissant!

FRONTIN.

Oui, cela pourrait être assez divertissant.

SCÈNE XIII.

LE COMTE, LA COMTESSE, ISABELLE,
DAMIS, ÉRASTE, FRONTIN, LISETTE.

LA COMTESSE.

Comte, nous vous cherchions.... Approchez, Isabelle,
Et saluez monsieur.

DAMIS.

Une fille si belle
Doit faire le bonheur de celui qui l'aura;
J'en suis certain.

FRONTIN, *bas*, *à Eraste.*

Monsieur, vous allez faire là
Une sotte figure.

LA COMTESSE.

Eh bien ! la comédie
Va-t-elle commencer? sera-t-elle jolie ?

DAMIS.

Quoi! du spectacle aussi ? Madame, en vérité,
J'appelle votre terre un séjour enchanté.

ÉRASTE, *bas*, *à Frontin.*

Ah! c'est mon père! ô ciel !

FRONTIN, *bas*, *à Eraste.*

Cela n'est pas croyable...

Eh ! vraiment oui, ce l'est. Ah ! voici bien le diable !

ÉRASTE, *bas, à Frontin.*

Ciel ! comment nous tirer de ce triste embarras ?

FRONTIN, *bas, à Eraste.*

Je n'en sais rien.

LE COMTE.

Eh bien ! vous ne commencez pas ?

FRONTIN.

Pardonnez-moi, monsieur... c'est que nous voulons faire...
Une scène d'un fils... qui reconnaît son père...

DAMIS.

Je crois voir...

FRONTIN.

Nous voulons que le père surpris...
De rencontrer aussi... de son côté, son fils...
Attendrissant les cœurs... par leur reconnaissance...

LE COMTE.

C'est un galimatias que tout ceci, je pense.

FRONTIN.

En cédant aux effets... d'un tendre mouvement...
Ah ! que cela va faire un spectacle touchant !

DAMIS.

Je ne me trompe point !

ÉRASTE.

Ah ! c'est trop me contraindre !
Et je vois à présent qu'il n'est plus temps de feindre.
Ah ! monsieur, permettez qu'embrassant vos genoux,
J'ose vous supplier d'écouter...

DAMIS.

Levez-vous.

ISABELLE, *bas, à Lisette.*

Lisette !...

LISETTE, *bas, à Isabelle.*

La rencontre est d'assez bon augure.

LE COMTE.

Que veut dire ceci ? quelle est cette aventure ?

LA COMTESSE.

Qu'avez-vous donc, monsieur ? qui vous rend si surpris ?

DAMIS.

Je dois l'être en effet ; je trouve ici mon fils.

SCÈNE XIII.

LISETTE, *bas*, *à Isabelle*.

Son fils, mademoiselle ?

DAMIS.

Oui, la chose est certaine,

ISABELLE, *à part*.

Ciel !

FRONTIN.

Voilà justement une nouvelle scène.

LA COMTESSE.

Je n'en puis revenir.

LE COMTE.

Ceci me surprend, moi :
C'est un événement qu'à peine je conçoi.

ÉRASTE.

Le hasard en ces lieux m'a fait voir Isabelle,
Et mon ame charmée...

DAMIS.

Et c'était aussi celle
Que je vous destinais. Je veux bien oublier
Tout le passé, mon fils, et nous réconcilier.
Mais quel était le but d'une telle conduite ?
Quel projet aviez-vous ?

FRONTIN.

De devenir ermite...
D'abandonner le monde, et fuir ses plaisirs vains...

DAMIS.

Vraiment ; vous aviez là de louables desseins ;
Mais comment accorder cette belle retraite
Avec trois cents louis ôtés de ma cassette ?

FRONTIN.

L'or séduit quelquefois ; mais nous le méprisions,
Et tous les jours, monsieur, nous nous en défaisions...

DAMIS.

Comte, voilà ce fils dont je pleurais l'absence,
Et qu'enfin je revois contre toute espérance.
La fortune et l'amour semblent en ces momens
Travailler de concert pour unir deux amans.
Serrons de si doux nœuds ; et, dans cette journée,
D'Isabelle et d'Eraste achevons l'hyménée.

LE COMTE.

Il est beau cavalier, dans sa taille bien pris :
Je n'aurais jamais cru que ce fût votre fils.

DAMIS.

J'ai donné ma parole, et suis sûr de la sienne ;
Il faut sans différer...

LE COMTE.

           Je vous tiendrai la mienne.
Et, pour que cet hymen se termine au plus tôt,
Allons dans mon château faire tout ce qu'il faut.

FIN DE L'IMPROMPTU DE CAMPAGNE.

TABLE DES MATIÈRES.

FIN DE POISSON.

THÉATRE

DE

DE CAUX.

Edition-Touquet.

PARIS.

Chez L'ÉDITEUR, rue de la Huchette, n°. 18.
1821.

MARIUS,

TRAGÉDIE EN CINQ ACTES

DE

DE CAUX;

Représentée, pour la première fois, en 1715.

PERSONNAGES.

HIEMPSAL, roi de Numidie.
CAIUS MARIUS, consul romain.
MARIUS, fils du consul.
ARISBE, princesse promise en mariage au roi.
CETHEGUS, ami du jeune Marius.
NUMERIUS, ancien ami du consul.
NERBAL, capitaine des gardes du roi.
PHÉNICE, confidente d'Arisbe.
GARDES.

La scène est à Cirthe, capitale de Numidie, dans le palais du roi.

MARIUS,

TRAGÉDIE.

ACTE PREMIER

SCÈNE Iʳᵉ.

MARIUS, CETHEGUS.

CETHEGUS.

Qui peut vous retenir, seigneur, sur cette rive ?
Un romain doit rougir d'une douleur oisive ;
Persécuté du sort, sans en être abattu,
Il faut que sa disgrace ajoute à sa vertu.
Eh quoi ! sourd à la voix d'un père qui vous aime,
L'abandonnerez-vous dans son malheur extrême ?
Marius, languissant dans un honteux repos,
Ne se souvient-il plus qu'il est fils d'un héros ?
Ah ! ce n'est plus le temps, seigneur, où sans défense
Vous n'aviez que des pleurs à donner pour vengeance :
Profitez du secours qu'on vous offre en ces lieux ;
Obéissez sans honte aux volontés des dieux :
Ils avaient arrêté qu'un roi de Numidie
Vengerait deux Romains qu'opprime l'Italie.

MARIUS.

Ne crois pas que jamais je puisse balancer ;
Je voudrais... Mais que faire, et par où commencer ?
Cethegus, en quels lieux trouverai-je mon père ?
Quel asile défend une tête si chère ?
Tout l'univers l'ignore ; et cette obscurité
Qui jusques à ce jour a fait sa sûreté,
En cachant à Sylla cet ennemi terrible,
Oppose à nos desseins un obstacle invincible.

CETHEGUS.

Non , non ; quelqués déserts qui le puissent cacher,
C'est à Rome , seigneur, qu'il vous le faut chercher.
Au nom d'un si grand chef assemblez une armée ;
Bientôt il paraîtra : la prompte renommée ,
Dont le silence semble avoir plaint son malheur ,
Pour vous le découvrir n'attend que son vengeur.
Marchons où le devoir , où l'honneur nous appelle ;
Des dieux et des humains soutenons la querelle.
Assez et trop long-temps , par son impunité ,
Sylla s'enorgueillit de sa prospérité :
Il a lassé les dieux : et la foudre qui gronde
Avertit Marius d'aller venger le monde ;
Le peuple consterné , prêt à se déclarer ,
N'attend plus que le bras qui doit le délivrer.
Oubliez-vous ce jour où les aigles romaines
Entre les deux consuls flottèrent incertaines,
Quand , suivi de soldats au crime accoutumés ,
Sylla vint dans nos murs par son ordre enflammés ?
C'était à Marius qu'en voulait sa furie :
Le peuple , protecteur d'une si belle vie ,
Par des ruisseaux de sang paya le noble effort
Qui lui donna le temps d'échapper à la mort ;
Rentrez dans tous vos droits : faut-il qu'on délibère
Quand on va secourir sa patrie et son père ?
Le roi jusqu'à ce jour paraissait incertain ;
Mais enfin il vous met les armes à la main ;
Dans nos communs malheurs Arisbe s'intéresse :
C'est elle à qui le roi...

MARIUS.

                    Malheureuse princesse,
Que je te vais coûter de soupirs et de pleurs !

CETHEGUS.

Vous la plaignez , seigneur! et quels sont ses malheurs ?
Elle venge un Romain ; un roi puissant l'adore :
Que lui resterait-il à souhaiter encore ?
Déja pour son hymen tout semble préparé.

MARIUS.

Hélas ! que ne peut-il être encor différé !

CÉTHÉGUS.

Quel soupir ! quel discours ! et qu'osez-vous prétendre ?
Ah ! seigneur, que je crains de vous trop bien entendre !
Juste ciel ! quels projets avez-vous pu former ?
Le cœur de Marius est-il fait pour aimer ?
Ouvrez les yeux ; voyez que de malheurs ensemble,
Que de crimes, seigneur, un tel projet rassemble.
Ce roi dont les bontés ont conservé vos jours ,
Ce roi qui vous peut seul accorder son secours ,
C'est lui que vous bravez : la plus mortelle offense
Est le prix qu'a choisi votre reconnaissance.
Mais d'ailleurs quel espoir peut vous avoir flatté ?
Pensez-vous (pardonnez à ma sincérité),
Pensez-vous qu'exposant et sa gloire et sa vie ,
Au sort d'un fugitif la princesse se lie ?
Ah ! croyez moi , seigneur ; vous prenez pour amour
La pitié que pour vous elle montre en ce jour.

MARIUS.

Tu crois que mon amour aurait pu me séduire ?
Non , non ; de sa tendresse elle a trop su m'instruire :
Loin que d'un faux bonheur mon cœur se soit flatté ,
J'ai douté mille fois de ma félicité.

CÉTHÉGUS.

Et vous vous honorez du cœur d'une Numide ?

MARIUS.

Est-ce par le climat que l'amour se décide ?
Mais , pour justifier son pouvoir souverain ,
Arisbe a des vertus dignes du nom romain.
Ami, je t'en fais juge ; apprends par quelles armes
Elle a pu me soumettre au pouvoir de ses charmes :
Tant d'attraits, dont les dieux ont pris soin de l'orner ,
Sont les moindres liens qui surent m'enchaîner.
Chassé par les malheurs qui poursuivaient mon père ,
Il me fallut chercher une terre étrangère ;
Il partit avant moi : le sort ne voulut pas
Que son malheureux fils pût rejoindre ses pas.
J'abordai dans ces lieux : ma douleur et ma rage
Convenaient au séjour de ce climat sauvage ;
Je me plaisais à voir dans ces pays perdus
La nature plus triste encor que Marius ,

Quand Hiempsal, voulant au droits de sa naissance
Associer un nom qui soutînt sa puissance,
Fit demander Arisbe, et voulut que sa main
Affermît pour jamais son pouvoir souverain.
Nièce de Jugurtha, la mort de ce barbare
Unissait deux états que le Ruber sépare.
Arisbe vint ; ces lieux perdirent leur horreur :
Bientôt en la voyant j'oubliai ma douleur.
Rome, mon père, en vain vous vîntes me défendre ;
J'aimais déjà : mon cœur trop facile et trop tendre
Reçut un ennemi d'autant plus dangereux
Que j'ignorais encor le pouvoir de ses feux.
Tous mes vœux, tous mes pas volaient vers la princesse :
Je la craignais partout, je la cherchais sans cesse ;
Et mon timide amour faisant seul tous mes soins,
Si je ne la voyais, je l'évitais du moins
Que te dirai-je ? enfin elle entendit mes larmes ;
D'abord elle parut partager mes alarmes ;
Et, dans ces mêmes lieux prête à donner sa foi,
J'aperçus qu'elle était plus captive que moi.
D'un père malheureux rappelant la mémoire,
De nos adversités je lui contais l'histoire.
Admire, Cethegus, avec quelle grandeur
Elle me déclara le secret de son cœur.
« Je t'aime, Marius, dit-elle : ma tendresse
» Pour un autre que toi serait une faiblesse ;
» J'ai su prendre en t'aimant les vertus des Romains :
» Vois si je devais naître aux climats africains.
» Ta vue en cette cour à mon devoir s'oppose :
» Sors de l'état affreux où le destin t'expose ;
» La première faveur que j'obtiendrai du roi
» Doit être un prompt secours pour t'éloigner de moi :
» Cherche ton père ; va. Si la fortune lasse
» Cède enfin aux efforts de ton heureuse audace,
» En revoyant les murs qui t'ont donné le jour,
» Plains Arisbe, et jouis du fruit de son amour. »
Dis, crois-tu cet amour indigne d'un grand homme ?
A voir tant de vertus, je croyais être à Rome.

CETHEGUS.

Et vous souffrez qu'un cœur, que l'Afrique a porté,

Vous donne des leçons de générosité ?
Si cet amour bientôt ne sert votre vengeance ,
Plus il vous paraît grand , et plus il vous offense :
Oui , seigneur , pour juger s'il est digne de vous ,
J'attendrai qu'elle ait mis la mer entre elle et nous.

MARIUS.

Tu jouiras bientôt de ce plaisir barbare :
Hélas ! pour ce départ déjà tout se prépare ;
Et demain la princesse, entraînée à l'autel ,
Va s'engager au roi par un nœud solennel.
Pour différer ce jour j'ai tout mis en usage ;
Mais le jaloux Numide en pourrait prendre ombrage :
Elle l'épouse enfin... Pardonne ce soupir ;
Un amour qui s'immole est en droit de gémir.

CÉTHÉGUS.

Eh bien ! puisque ce cœur immole sa tendresse ,
Agissez en Romain ; entrez chez la princesse ,
Recevez ses adieux ; qu'elle arme votre bras ,
Et fuyons pour jamais ces dangereux climats.

MARIUS.

Demeurons : c'est ici qu'Arisbe doit se rendre ;
Elle me l'a promis , et je la veux entendre :
Tu verras nos adieux , et ton cœur combattu
Va frémir des efforts qu'apprête ma vertu.
Mais , puisque enfin je romps la chaîne qui me lie ,
Par quels chemins faut-il regagner l'Italie ?
Ami , quels bras viendront seconder mon courroux ?

CÉTHÉGUS.

N'en doutez point , seigneur , les dieux seront pour vous :
Le nom de Marius est aimé dans l'Afrique ;
Quoiqu'il ait dans ces lieux vengé la république ,
Son austère vertu , conforme à ces climats ,
Gagnait ses ennemis ainsi que ses soldats.
Avançons , et bientôt les peuples de Libye
Viendront se joindre à ceux de la Mauritanie :
Qu'importe qu'ils soient nés sur les bords africains ?
En nous voyant combattre ils deviendront Romains,
Et croiront , en servant votre juste colère ,
Se venger des affronts que leur fit votre père.
Le Ruber, dès ce jour , peut porter vos vaisseaux

Jusqu'aux lieux où la mer le reçoit dans ses eaux ;
De là nous avançant vers l'île de Cercine ,
Deux jours nous feront voir les murs de Terracine ;
Et bientôt l'Etrurie, au bruit d'un si grand nom ,
Recevra votre flotte au port de Télamon.
C'est là que , comme vous, chassé de sa patrie ,
Cinna fuit du tyran la jalouse furie ;
C'est là qu'en attendant ce renfort de soldats ,
Que mon zèle bientôt conduira sur vos pas ,
Des amis , que dans Rome a laissés votre suite ,
Par des avis secrets vous manderez l'élite :
Ils viendront vous y joindre ; enfin c'est sur ces bords
Que vos communs malheurs uniront vos efforts.
Mais la princesse vient. A vos devoirs fidèle ,
Seigneur, songez toujours qu'un père vous appelle.

SCÈNE II.

MARIUS , ARISBE , CÉTHEGUS , PHÉNICE.

MARIUS.

Je vous attends , madame; et , soumis à vos lois ,
Je vous vois aujourd'hui pour la dernière fois :
Cet ordre m'est prescrit par un devoir austère ;
J'y cède ; je vous quitte , et cours venger un père.
Armé de votre main... Mais, qu'aperçois-je ? Dieux !
Quelle sombre tristesse est peinte dans vos yeux !

ARISBE.

Il est temps, Marius, de s'armer de constance ;
D'aujourd'hui seulement votre malheur commence.
Le destin , jusqu'ici déchaîné contre vous ,
Ne faisait qu'essayer la force de ses coups.

MARIUS.

De tout ce que j'entends que faut-il que je pense ?
Parlez : est-on instruit de notre intelligence ?
Le roi sur mon départ change-t-il de dessein ?
Néglige-t-il l'honneur d'armer un bras romain ?

ARISBE.

Je viens vous annoncer un malheur plus terrible.

MARIUS.

Mon père est mort ?

ARISBE.

Hélas ! ce héros invincible,
Que respecta cent fois la fureur des combats,
A vu trancher ses jours par un perfide bras.

MARIUS.

Quoi ! mon père n'est plus ? Dieux ! et Sylla respire !
Tu me vas payer cher la rage qui t'inspire !
Barbare... Il est encor au monde un Marius,
Et mon père en mourant m'a laissé ses vertus.
Allons, madame, il faut embrasser ma défense ;
Qu'Hiempsal par vos soins redouble ma vengeance.

ARISBE.

Quelque appui qu'en ces lieux on vous fasse espérer,
Seigneur, aux yeux du roi gardez de vous montrer

MARIUS.

Je vous entends, madame, et vois mon infortune :
Hiempsal m'abandonne ; et cette ame commune
Ne sait pas profiter des maux que j'ai soufferts
Pour me secourir seul contre tout l'univers.
Mais, madame, mon nom suffit pour me défendre,
Et de son seul courage un héros doit dépendre ;
Mon malheur me tient lieu d'armes et de soldats :
Je veux qu'on reconnaisse, aux efforts de mon bras,
Un cœur digne à la fois et d'Arisbe et de Rome,
Et ce qu'un Romain peut au-dessus d'un autre homme.

ARISBE.

En vain vous aspirez à des projets si hauts.
Hélas, vous ignorez la moitié de vos maux :
C'est peu de perdre un père et généreux et tendre ;
Son cruel meurtrier vient ici de se rendre ;
Ministre de Sylla, le barbare prétend
Vous mener au sénat, où la mort vous attend.

MARIUS.

Qu'entends-je ? Non, l'horreur du coup qui me menace
N'aurait pu me forcer à plaindre ma disgrace,
Madame, un père seul excite mes douleurs :
Je lui dois mes regrets au défaut de mes pleurs.
Hélas ! si dans son sang, déjà glacé par l'âge,

Le barbare Sylla n'eût assouvi sa rage ;
Si je l'eusse rejoint, prêt à venger l'affront
Qu'un injuste sénat imprima sur son front ,
J'aurais par mille exploits fait éclater ma gloire ;
Et partout votre nom eût suivi ma mémoire.
Mais il fallait vous perdre... au moins par le trépas
On m'arrache de vous : je ne vous quitte pas.

ARISBE.

Seigneur , sur quels objets votre douleur s'arrête
Quand les plus grands périls menacent votre tête !
Mon intérêt peut-il vous toucher en ce jour ?
Le cœur des malheureux est-il fait pour l'amour ?

MARIUS.

Eh bien ! madame , il faut remplir ma destinée ;
Il faut contenter Rome à ma perte obstinée ;
Et puisqu'on veut ma mort , j'aime assez les Romains
Pour épargner ce crime à leurs barbares mains :
Je saurai bien moi-même...

ARISBE.

                    Ah ! je cours vous défendre ,
Seigneur , et de mes soins vous pouvez tout attendre ;
Quel que soit le destin qu'on croit vous préparer,
Le roi n'a rien promis : j'ose encore espérer.
J'irai, n'en doutez point, exciter dans son ame
Les nobles mouvemens de l'ardeur qui m'enflamme ,
De votre triste sort lui peindre la rigueur :
Je sais tous les chemins pour entrer en son cœur ;
Mes soupirs le rendront sensible à vos alarmes,
Et l'amour contre lui me prêtera des armes.

MARIUS.

Que ne vous dois-je point , madame ?... Mais enfin ,
Sait-on ici quel est ce perfide assassin ?
Que ne puis-je le voir , et dans son sang coupable...

ARISBE.

Plus que vous ne pensez ce traître est redoutable :
Je l'ai vu ; dans ses yeux un noble orgueil est peint
Seigneur ; d'aucun remords il ne paraît atteint ;
Et , malgré les fureurs de son noir parricide ,
Une ombre de vertu brille au front du perfide.
Mais , si vous m'en croyez , évitez de le voir ;

Hiempsal doit ici tantôt le recevoir :
Je saurai sa réponse, et viendrai vous l'apprendre.
Il suffit. Laissez-nous : on pourrait nous surprendre.

MARIUS.

Eh bien ! de votre main j'attends tout mon secours.
Que le ciel précipite ou prolonge mes jours ,
Vous verrez Marius , l'ame toujours romaine ,
Plus constant dans ses maux que les dieux dans leur haine.

SCÈNE III.

ARISBE, PHÉNICE.

ARISBE.

DIEUX ! détournez de lui le plus grand des malheurs.
Mais , Phénice, vois-tu l'excès de mes douleurs ?
Vois-tu quelle est ici ma triste destinée ?
Sous l'espoir d'un hymen en ces lieux amenée ,
Mes yeux virent le roi sans haine et sans amour ,
Je reçus les respects d'une superbe cour ;
Du jeune Marius j'avais su les alarmes.
Il parut ; ses malheurs m'arrachèrent des larmes ;
Et l'amour , attentif à choisir mon vainqueur ,
Sous le nom de pitié s'empara de mon cœur.
Depuis ce jour fatal tu sais que dans mon ame
J'ai toujours combattu cette naissante flamme ;
Fidèle à mon devoir, même encor aujourd'hui ,
J'éloignais mon amant pour triompher de lui ;
Vains projets ! tout détruit ma généreuse envie ;
Quand je le fais partir on demande sa vie :
Son péril le retient , et je vois ma vertu
Exposée au danger d'avoir mal combattu.
Mais lorsqu'il faut agir je m'arrête à la plainte !
Phénice ; à chaque instant je sens croître ma crainte.
Allons trouver le roi.

PHÉNICE.

Madame, oserez-vous
Paraître en cet état devant ses yeux jaloux ?
Un désordre inquiet sur votre front éclate
Ah ! s'il va pénétrer l'intérêt qui vous flatte ,
Je crains bien qu'à l'instant un transport furieux

N'aille perdre ou livrer Marius à vos yeux.

ARISBE.

Hélas ! je le vois trop , le sort , toujours barbare,
Ne m'offre que le choix des maux qu'il me prépare.
Si je presse Hiempsal , mon trouble et ma douleur
Trahiront aisément le secret de mon cœur ;
Il perdra Marius... mais si je ne l'arrête,
A ce cruel ministre il va livrer sa tête.
Ah ! c'est trop balancer ! volons à son secours,
Phénice, risquons tout pour défendre ses jours.
Dans un péril si grand c'est trop peu de se plaindre :
L'amour doit tout oser quand il a tout à craindre.

FIN DU PREMIER ACTE.

ACTE II.

SCÈNE Ire.

CAIUS MARIUS, NUMERIUS.

C. MARIUS.

Oui, tu vois Marius. Après tant de revers,
Rendu méconnaissable aux yeux de l'univers ,
J'ai cru, de mes malheurs tirant quelque avantage,
Paraître en sûreté dans cette cour sauvage.
Un grand dessein m'y guide : assuré de ta foi ,
Numerius, mon cœur ne veut s'ouvrir qu'à toi.

NUMERIUS.

Seigneur , je l'avoûrai, j'ai peine à vous répondre ;
Et tout ce que je vois a droit de me confondre.
Quoi ! le grand Marius arrive en ces climats ,
Et lui-même dément le bruit de son trépas !
Tandis qu'au même instant , un envoyé de Rome
Ose ici se vanter...

C. MARIUS.
         J'attends tout de cet homme.

NUMERIUS.

Quoi ! de votre assassin ?

C. MARIUS.

Dissipe ton effroi ;
J'en attends tout, te dis-je.

NUMERIUS.

Et quel est-il ?

C. MARIUS.

C'est moi.

NUMERIUS.

Vous, seigneur ?

C. MARIUS.

Oui, moi-même.

NUMERIUS.

Et, dans cette entreprise,
Par ses lettres au roi Sylla vous autorise ?

C. MARIUS.

Oui, le tyran m'y sert : j'apporte ici son seing.
Je t'instruirai de tout ; mais apprends mon dessein.
J'ai su que, trop sensible à de funestes charmes,
Mon fils à mes malheurs ne donnait que des larmes ;
J'ai besoin de son bras pour nous venger tous deux
Et je viens l'arracher à des fers si honteux :
Ce projet est hardi, mais mon mal est extrême,
Et j'obtiendrai mon fils au nom de Sylla même.
Ami, j'ai trop vécu : mon âge, mes malheurs,
Et mes lauriers vieillis ont changé tous les cœurs.
On ne veut plus me suivre, et ma mort trop voisine
Fait croire mes projets penchans vers leur ruine ;
Mais avec ce cher fils, plein d'une noble ardeur,
J'irai de nos amis réchauffer la tiédeur
Sa valeur, mes exploits, mon nom et sa jeunesse
Ranimeront pour moi leur première tendresse :
Tu verras dans mon camp se rejoindre à la fois
Tous ceux que Sylla force à détester ses lois ;
Et bientôt le tyran, par sa perte prochaine,
Laissera respirer la liberté romaine.

NUMERIUS.

Seigneur, un tel projet est digne d'un Romain :
Les dieux seconderont un si noble dessein :

J'ose vous l'assurer ; mais pourrez-vous me taire
Comment ils ont sauvé cette tête si chère ?
Marius est vivant ! quels climats, quels déserts
L'ont caché si long-temps aux yeux de l'univers ?
Éloigné de nos murs depuis plus d'une année,
Du sort qui vous poursuit victime infortunée,
J'arrive en cette cour ; j'y cherche votre fils :
Quel bonheur imprévu ! je vous vois réunis.

C. MARIUS.

Dès long-temps, par mon ordre, envoyé dans l'Asie,
Tu ne peux être instruit des troubles d'Italie :
Apprends avec effroi ces débats éclatans
Dont l'histoire sera présente à tous les temps.
Mithridate, orgueilleux plus qu'un roi ne doit l'être,
Refusait d'avouer le sénat pour son maître ;
Il fallut contre lui choisir un bras vengeur,
Et Sylla m'osa bien disputer cet honneur ;
Sylla, par mes leçons, formé dès son jeune âge,
Qui, sous moi, de la guerre a fait l'apprentissage.
Tout semblait éloigner cet orgueilleux rival,
Pour implorer mon bras contre un autre Annibal ;
Aussi je l'emportai. Rome, alors moins ingrate,
Vit en moi l'ennemi digne de Mitridate ;
Mais le jaloux Sylla, de ce choix offensé,
Part, se rend à l'armée, et, m'ayant devancé,
Soulève contre moi nos plus braves cohortes :
Suivi de nos soldats, il paraît à vos portes ;
Et je vois en un jour conspirer à ma mort
Tous ceux que la victoire attachait à mon sort.
Echappé toutefois de la ville investie,
Sans suite, sans amis, j'arrive au port d'Ostie,
Où j'apprends que Sylla ; maître des légions,
Remplissait tout de meurtre et de proscriptions.

NUMERIUS

Ce bruit vint me frapper ; et l'Asie étonnée
Détesta sa fureur contre vous déchaînée :
J'appris que le tyran demandait au sénat
D'approuver, contre vous, jusqu'à l'assassinat.

C. MARIUS.

Il l'obtint. Cet arrêt, porté dans chaque ville,

Dès-lors à Marius ne laisse aucun asile,
Révolte contre moi ceux qui m'étaient soumis,
Et de tous les mortels me fait des ennemis.
A qui me confier ? La mer et ses pirates
Me semblèrent plus sûrs que nos terres ingrates :
Il fallut m'embarquer ; je voguai quelque temps
Déplorable jouet de la mer et des vents.
Quel changement ! quel fruit de mes grandeurs passées !
Enfin nous arrivons aux rives de Circées ;
Et déjà de Minturne on voyait les remparts,
Quand de mes ennemis un escadron épars
Crie au nom de Sylla, qu'on aborde au rivage.
Mes gardes, à ce nom, changent tous de visage ;
Et de crainte et d'horreur combattus à la fois,
Jettent sur moi, les yeux, incertains de leur choix.
Tantôt de mon tyran l'autorité les presse ;
Et tantôt la pitié pour moi les intéresse :
Suivant le mouvement en leur cœur le plus fort,
La barque se recule ou s'approche du bord ;
Mais, n'osant décider mon salut ni ma perte,
Ils me jetèrent seul dans une île déserte.
Toujours mes ennemis avaient sur moi les yeux,
Et bientôt leur fureur m'assiége dans ces lieux.
Où fuir ? Presque accablé par les travaux et l'âge ,
Je ne vois devant moi qu'un affreux marécage :
Je m'avance ; et, perçant dans la fange et les eaux ,
Tout à coup je m'abyme au milieu des roseaux :
On eût dit que la terre, au défaut de murailles,
Pour cacher Marius entr'ouvrait ses entrailles.
C'est là qu'un bras cruel, sans respect pour mon nom,
Vient me saisir couvert de fange et de limon ;
Et celui qu'on nommait le fondateur de Rome
A peine, en cet état, eût passé pour un homme.

NUMERIUS.

O ciel ! mais je ne puis, seigneur, trop admirer
Tant d'écueils d'où les dieux ont su vous retirer :
Dans l'abyme souvent leurs bras nous précipite
Pour faire après sur nous éclater leur conduite.

C. MARIUS.

Ami, ce ne sont-là que mes moindres revers :

De Caux.   2

On me traîne à Minturne, on m'y charge de fers :
On m'y lit mon arrêt : pour ma mort tout s'apprête.
Que dis-je ? un vil esclave y marchande ma tête ;
Il entre, et le sommeil qui me fermait les yeux
Me livre sans défense à son bras furieux.
Le Dieu qui m'éveilla rendit mon air farouche,
Mes yeux étincelans, et parla par ma bouche :
« Barbare ! oses-tu bien immoler Marius ? »
Ce nom seul le désarme : il ne se connaît plus ;
Il fut saisi d'horreur ; il croit voir mon génie
Voler autour de lui, prêt à trancher sa vie.
Ah ! dit-il, ce Romain est gardé par les dieux,
Il parle, et tout à coup Minturne ouvre les yeux :
On vient briser mes fers, la joie en est publique.
Je m'embarque, et j'aborde au rivage d'Afrique,
Où je retrouve encor quelques secrets amis :
Je leur peins ma disgrace et celle de mon fils ;
Ils s'offrent à me suivre au péril de leur vie.
Accru d'un tel secours, je vole en Numidie ;
Là, j'apprends qu'un tribun, entré dans cet état,
Vient y chercher mon fils par l'ordre du sénat :
Ce peu d'amis et moi nous joignons le perfide.
Dès qu'il me reconnaît, le lâche s'intimide :
Il veut fuir : je l'arrête ; et, lui perçant le flanc,
Je le vois chanceler et tomber dans son sang.
Par ma suite les siens sont abattus sans peine ;
Tout périt. Le tribun, qui voit sa mort certaine,
Privé de tout secours : me regarde : « Voilà,
» Me dit-il en mourant, les lettres de Sylla ;
» J'allais chercher ton fils pour être sa victime ;
» J'avais juré sa mort : la mienne est légitime. »
Il meurt ; et, dans l'instant, je formai le dessein
De passer pour lui-même et pour mon assassin.
C'est ainsi que je viens à la cour des Numides,
Et pour rendre aujourd'hui mes projets plus solides,
J'annonce en arrivant que Marius est mort,
Et que ma seule main a terminé son sort.
Le roi, qui de Sylla doit craindre la vengeance,
Qui verra par ma mort, mon parti sans défense,
Et croyant en effet servir mes ennemis,

Dans les bras paternels va remettre mon fils.

NUMERIUS.

Un tel projet est grand, seigneur : j'ose le dire ;
Mais enfin si le roi refuse d'y souscrire ?

C. MARIUS.

Je saurai l'y forcer : mon désespoir fatal
Lui montrerait plutôt dans mon fils son rival.

NUMERIUS.

Seigneur, lorsque pour vous le destin se déclare,
Vous deviez moins risquer dans une cour barbare !
Loin d'ici vous pouviez, par de secrets avis,
De tous vos sentimens instruire vôtre fils,
L'appeler près de vous ; et son obéissance
Sans péril eût bientôt rempli votre vengeance.
Je connais peu le roi qui règne en ces climats ;
Mais je crains qu'à vos vœux il ne réponde pas.
Du moins, si l'on m'a fait un rapport bien fidèle,
Le jeune Marius a mérité son zèle :
Ce roi veut le servir, seigneur ; jugez de là
Comment il peut traiter l'envoyé de Sylla.

C. MARIUS,

Je vois qu'on t'a trompé : connais mieux les Numides ;
Ils sont dissimulés, inconstans et perfides,
De la grandeur romaine ennemis et jaloux ;
Et Jugurtha m'apprit à les connaître tous.
Mais pour justifier ici ma politique,
Sache ce qu'on m'apprit sur les côtes d'Afrique.
Granius, ennuyé d'un périlleux séjour,
Avait quitté mon fils en proie à son amour ;
Le hasard nous joignit, son amitié sincère
De tout ce qu'il savait ne voulut rien me taire.
Il me dit que le roi par d'obligeans dehors,
Du jeune Marius amusait les transports,
Tandis que, le flattant d'un secours trop frivole,
Il reculait toujours l'effet de sa parole ;
Qu'observé par son ordre, et lié par l'amour,
Mon fils, qui se croit libre, est captif dans sa cour.
Juge dans cet état ce qu'il aurait pu faire.
Ah ! ma présence ici n'est que trop nécessaire !
Je t'avoûrai pourtant mon déplaisir secret ;

Je parais sous un nom que je porte à regret ;
Je dois vanter ici l'autorité funeste
Du cruel ennemi que mon ame déteste ;
Il faut que dans l'état où le sort m'a placé,
Des mains de Marius Sylla soit encensé.
Mais le roi dans ces lieux doit au plus tôt se rendre ;
Demeure : je le vois ; tu pourras nous entendre.

SCÈNE II.

HIEMPSAL, CAIUS MARIUS, NUMERIUS, NERBAL.

C. MARIUS.

Les lettres de Sylla remises dans vos mains,
Seigneur, vous ont marqué ses ordres souverains :
J'attends que, remplissant son dessein légitime,
Vous veniez au plus tôt me livrer sa victime.
Je n'ajouterai point aux offres qu'il vous fait,
Que c'est en le servant servir Rome en effet :
C'est servir le sénat, dont la juste colère
Demande qu'au tombeau le fils suive le père.
On craint qu'un jour ce fils, ardent à se venger,
Dans nos premiers malheurs vienne nous replonger.
Seigneur, vous le savez, Rome n'est point ingrate :
Assurez-la par moi d'un succès qui la flatte ;
Et croyez que, toujours prompte à s'en souvenir,
Sa faveur vous assure un heureux avenir.
Vos fidèles aïeux, Micipsa, Massinisse,
Furent payés en rois de leur noble service ;
Et la fidélité qu'ils gardèrent pour nous,
Seigneur, est un exemple assez puissant pour vous.

HIEMPSAL.

Seigneur, je n'ai pas cru que l'assassin d'un homme,
Dont la seule valeur tant de fois sauva Rome,
Dût venir en ma cour, au nom de ces Romains,
Demander que son fils soit livré dans leurs mains.
Vous osez dans vos murs nous traiter de barbares ;
Vous l'êtes plus que nous : jamais nos mains avares,
Secondant les fureurs d'un injuste sénat,
N'ont encor à prix d'or vendu l'assassinat.

Ici nos ennemis, pressés à force ouverte,
Ne doivent qu'à nous seuls leur salut ou leur perte :
Et ces lâches détours, qu'à Rome on peut vanter,
Ne sont connus ici que pour les détester.
Ne croyez pas pourtant qu'aucun parti me touche,
Ni qu'un avengle zèle ouvre ou ferme ma bouche :
Marius et Sylla, tout est égal pour moi,
Et mon cœur entre eux deux est maître de sa foi.
Je hais tous les Romains souillés de parricides ;
Je hais la cruauté de ces peuples perfides
Qui donnant au hasard leur haine et leurs faveurs,
S'immolent tour à tour leurs plus chers défenseurs.
Ainsi, par la fureur d'une ville cruelle,
Les Gracques ont péri victimes de leur zèle,
Ainsi, dans un tumulte en vos murs élevé,
Sylla, l'ingrat Sylla, par Marius sauvé,
De son libérateur s'est fait une victime :
Mais je ne serai point complice de son crime,
Seigneur. Si mes aïeux que je cite à regret,
Devenus vos amis par un semblable trait,
S'acquirent des Romains l'estime dangereuse
Je renonce à leur gloire, et la tiens pour honteuse.
Je garde dans ma cour le jeune Marius,
Et Rome peut de vous apprendre mon refus.

C. MARIUS.

Je veux bien ignorer quel motif vous engage
A tenir un discours dont la fierté m'outrage.
Un roi, dont Rome fait la grandeur et l'appui,
Devrait se souvenir qu'un Romain parle à lui.
Mais seigneur, profitez d'un avis salutaire,
Et sur vos intérêts souffrez qu'on vous éclaire :
Rome seule aujourd'hui commande à tous les rois,
Et la terre en tremblant se soumet à ses lois.

HIEMPSAL.

Rome commande aux rois ! et quel orgueil la flatte ?
Sait-elle que je règne ainsi que Mithridate ?

C. MARIUS.

Seigneur, vous connaîtrez peut-être quelque jour
Si l'on doit préférer sa haine à son amour ;
Annibal subjugué, Carthage mise en cendre,

Jugurtha dans nos fers, tout pourra vous l'apprendre.
Mais si vous m'en croyez, soyez de nos amis,
Que par vous Marius en mes mains soit remis :
Le sénat vous en presse ; et, toujours équitable,
S'il a juré sa mort, il condamne un coupable,
Qui vous retient, seigneur ? Lorsque sans intérêt
Vous pouvez préférer le parti qui vous plaît,
Trouvez-vous quelque gloire à nous être infidèle ?
Quel zèle vous attache à défendre un rebelle
Qui, libre en votre cour lorsque nous étions loin,
Devient votre captif quand Rome en a besoin ?

HIEMPSAL.

Seigneur, si dans vos murs j'avais reçu la vie,
Ma réponse incertaine en suivrait le génie ;
Mais qui sait haïr Rome aime la vérité,
Et je vais vous parler avec sincérité.
Sitôt que Marius prit ma cour pour asile,
Il n'en dut plus sortir : sa prison fut utile ;
Et je crus qu'en mes fers tenir quelques Romains,
C'est d'autant d'ennemis délivrer les humains.
J'ai voulu cependant, pour adoucir sa peine,
Qu'observé par mon ordre, il ignorât sa chaîne ;
Que, maître de ses pas dans ma cour éclairés,
Il prît pour liberté des fers moins resserrés.
Voilà ce que je pense ; et, pour ne vous rien taire,
Votre ambassade ici n'était pas nécessaire ;
Et croyez que mes vœux auraient été remplis
Si le père en ces lieux avait suivi le fils.

C. MARIUS.

J'instruirai le sénat de cette vaine audace,
Seigneur : peut-être un jour vous demanderez grace ;
Il n'en sera plus temps. Mais si vous savez bien
Qu'ici votre intérêt s'accorde avec le mien,
Qu'Arisbe a ses raisons pour vouloir le défendre...

SCÈNE III.

CAIUS MARIUS, HIEMPSAL, MARIUS, NU-
MÉRIUS, NERBAL.

MARIUS, *au fond du théâtre.*

DANS l'état où je suis je ne veux rien entendre :
C'est trop me retenir ; barbares, laissez-moi :
J'irais le poignarder entre les bras du roi.

C. MARIUS, *se tournant.*

O dieux !

MARIUS.

Qu'ai-je entendu ? L'assassin de mon père
Apporte jusqu'ici sa fureur sanguinaire ?
Il est en votre cour, et prêt à m'immoler ?
Quoi ! seigneur, vous pouvez le voir et lui parler ?
Qu'il se montre du moins ; sachons quel bras perfide
Adopte les fureurs de ce noir parricide ;
Quel mortel, avouant ce forfait odieux,
En ira demander le salaire ?

C. MARIUS.

Moi.

MARIUS.

Dieux !
Que vois-je ? où suis-je enfin ? que deviens-je ? quel
trouble !

C. MARIUS.

Tu trembles ! ta frayeur à chaque instant redouble !
Rassure-toi ; du moins, constant dans le danger,
Sois digne de celui que tu venais venger.
De ton étonnement je perce le mystère :
Tu sais quelle amitié me joignait à ton père.
Tu croyais que mon bras, ardent à son secours,
Quand Rome le proscrit, eût défendu ses jours ;
Mais sache qu'un Romain, quelque nœud qui le lie,
Ne connaît point d'amis plus chers que sa patrie.
Ton père n'eut jamais d'autre assassin que moi :
Je viens te joindre à lui ; Rome a besoin de toi ;
Son intérêt demande une prompte victime ;
Sylla... Tu reconnais le pouvoir légitime

D'où partent aujourd'hui mes ordres souverains :
Obéis, viens remplir l'attente des Romains.

SCÈNE IV.

HIEMPSAL, MARIUS, NERBAL.

HIEMPSAL.

Quoi ! montrer à mes yeux une telle insolence !
N'en craignez rien, seigneur : je prends votre défense.
Mon bras pour le punir... Vous vous troublez !

MARIUS.

Seigneur,

Mon trouble ne vient point d'une lâche frayeur :
Cent transports à la fois s'emparent de mon âme ;
La fureur me saisit, la vengeance m'enflamme,
La nature en mon cœur excite un mouvement...

HIEMPSAL.

Je vous réponds de tout : laissez-nous un moment,
Seigneur ; soyez tranquille.

SCÈNE V.

HIEMPSAL, NERBAL.

HIEMPSAL.

Enfin je deviens maître
De deux grands ennemis que le Tibre a vu naître.
Ce ministre insolent, qui se livre en mes mains,
Ne rendra pas sitôt ma réponse aux Romains.
Que ne puis-je, Nerbal, au défaut du tonnerre,
De Rome dans ma cour venger toute la terre,
Et voir par leurs débats ces fameux conquérans
Tomber tous dans mes fers en fuyant leurs tyrans !

NERBAL.

Oui, seigneur ; un projet si grand, si légitime,
Du reste des humains mériterait l'estime :
Je veux bien l'avouer, mais il est des instans
Où ces nobles désirs doivent céder au temps.
Si vous gardez ici deux Romains en otage,
Vous attirez sur vous un périlleux orage :

Sylla peut tout ; et Rome unie à son dessein
Vous les demandera les armes à la main.

HIEMPSAL.

Je ne crains point Sylla ; les troubles d'Italie
Ont de quoi l'occuper le reste de sa vie :
Quand même les Romains le laisseraient en paix,
Mithridate peut seul épuiser tous ses traits.
Je t'avoûrai pourtant un secret qui me gêne :
Mon ame en ce moment devient plus incertaine.
Arisbe a pris pitié de cet infortuné ;
Elle croit que sans elle il était condamné :
Je voulais lui donner, pour preuve de mon zèle,
Ce que mon intérêt m'avait dicté sans elle ;
Mais au fond de mon cœur s'élève un noir soupçon
Dont j'ai peine, Nerbal, à sauver ma raison.
Dis-moi : que voulait-on tantôt me faire entendre ?
Arisbe a ses raisons pour vouloir le défendre.

NERBAL.

Mais, seigneur...

HIEMPSAL.

Dois-je en croire un soupçon odieux ?

NERBAL.

Si Marius suspect ici blesse vos yeux,
Pourquoi le retenir ?

HIEMPSAL.

Allons trouver l'ingrate ;
Arrachons son secret par l'espoir qui la flatte ;
Et si de cet amour j'ai des avis certains,
Malheur à qui m'outrage, et malheur aux Romains !

FIN DU SECOND ACTE.

De Caux.   3

ACTE III.

SCÈNE Ire.

CAIUS MARIUS, *seul.*

N'ÉCLAIRCIRAI-JE point le doute qui m'agite ?
De ton étonnement quelle sera la suite,
O mon fils, ta frayeur va tromper mes projets ;
Et prêt à te sauver, je te perds pour jamais.
Je ne puis, après tout, condamner sa surprise ;
Dans ce même moment mon trouble l'autorise :
Et qu'aurait-il pu faire ? Il m'aime, il me croit mort ;
Il venait, animé d'un généreux transport,
Pour punir l'assassin d'une tête si chère ;
Dans ce même assassin il retrouve son père !
Qui n'aurait comme lui pâli d'étonnement ?
Moi-même ai-je marqué moins de saisissement ?
Moi qui le sais ici, qui m'attends à sa vue,
Hélas ! à son aspect mon ame s'est émue.
En revoyant ce fils de douleur accablé,
Sans songer au péril la nature a parlé.
C'en est fait, on saura cet important mystère.
Mais c'est lui que je vois...

SCÈNE II.

CAIUS MARIUS, MARIUS.

C. MARIUS.
                Ah ! mon fils !
MARIUS.
                                Ah ! mon père !
C'est vous ! par quel bonheur...
                C. MARIUS.
                        Oui, mon cher fils, c'est moi ;
Mais il faut avant tout dissiper mon effroi :
Je crains bien qu'Hiempsal n'ait su me reconnaître
Au trouble dont tantôt vous n'étiez pas le maître.

MARIUS.

Non; et votre trépas, que l'on croyait certain,
N'a laissé voir en vous qu'un cruel assassin.

C. MARIUS.

Mon destin va changer. Grands dieux ! votre clémence
Plus encor qu'à Minturne ici prend ma défense !
Mais les momens sont chers, sachons en profiter.
Voici ce qu'en ce jour il faut exécuter :
Rome, vous le savez, dans ses vœux incertaine ,
Passe facilement de l'amour à la haine,
Et ceux que sa faveur, a le plus haut placés,
Par un coup imprévu sont bientôt renversés :
Mille fois on l'a vue abattre son ouvrage,
Et perdre ses tyrans pour changer d'esclavage :
Sylla l'a bien prévu. Pour parer cet affront,
Il quitte Rome, et va contre le roi de Pont,
Se flattant que de loin sa gloire et son absence
Ranimeront des cœurs que lassait sa présence.
Saisissons ce moment; et, par des chemins sûrs,
Mon fils, allons fermer son retour dans nos murs.

MARIUS.

Occupé du bonheur que le ciel me renvoie,
Mon cœur ne peut encor écouter que sa joie :
Mais par quel sort... pourquoi ne pourrais-je savoir...

C. MARIUS.

Profitons mieux du temps que je risque à vous voir.
Je vis ; mais ces vieux jours, que je prolonge à peine,
Ne s'entretiennent plus qu'au flambeau de la haine :
Sylla, je vis pour toi; je consens à ma mort,
Pourvu qu'un même coup puisse finir ton sort.
J'espérais que séduit par mon nom et ma lettre,
Hiempsal, dans mes mains, voudrait bien vous remettre:
Il a trompé mes vœux ; et, pour tromper les siens,
Il faut avoir recours à de plus sûrs moyens.
Je sais qu'à votre sort Arisbe s'intéresse ;
Je sais que votre cœur répond à sa tendresse;
Et, sans vouloir ici vous accabler en vain
D'un reproche honteux à quiconque est Romain,
Amoureux et content, les disgraces d'un père,
Avouez-le, mon fils, ne vous alarmaient guère:

Ma tendresse pour vous excuse cette erreur,
Pourvu que votre amour serve à votre grandeur.
Il est beau qu'un Romain, jaloux de sa mémoire,
Pour ennoblir l'amour, l'associe à la gloire;
Que de tant de héros l'inévitable écueil
Le rende encor plus grand, et flatte son orgueil.
Arisbe a su vous plaire; eh bien! qu'elle mérite
Un choix si glorieux en hâtant votre fuite;
Qu'immolant sa tendresse à votre liberté,
Elle se rende illustre à la postérité;
Enfin qu'en vous sauvant d'une terre ennemie,
A force de vertu son cœur vous justifie.

MARIUS.

Ah! déjà sa vertu, prévenant vos souhaits,
Avait, près d'Hiempsal, secondé vos projets;
Sans vous, j'allais partir; et ce roi magnanime
Allait, en me servant, mériter votre estime.

C. MARIUS.

Ce roi vous eût trahi; vous le connaissez mal :
Croyez-moi, tout ici vous deviendrait fatal.
Votre salut dépend d'une prompte retraite :
Il faut que cette nuit une fuite secrète
Assure loin d'ici ma vengeance et vos jours.
Arisbe vous peut seule accorder du secours,
Et contre votre garde employant l'artifice,
En tromper la prudence ou tenter l'avarice :
Voyez-la. Mais surtout ne lui découvrez pas
Que c'est moi qui répand le bruit de mon trépas;
Pour presser le moment que j'attends avec joie,
Dans le péril toujours il faut qu'elle vous voie.
Dites-lui que le roi, dans ses vœux incertain,
Par de nouveaux motifs peut changer de dessein;
Que, bravant de Sylla les menaces stériles,
Il peut se laisser vaincre à des offres utiles,
Aux fureurs du tyran vous livrer à ce prix :
J'irai de mon côté rejoindre nos amis,
Concerter avec eux ce qu'on peut entreprendre.
Mais je m'arrête trop, et l'on peut nous surprendre :
Je vous quitte à regret. Adieu, mon fils : songez
Quel honneur vous attend quand nous serons vengés.

SCÈNE III.

MARIUS, *seul.*

Je respire ; le ciel m'a rendu l'espérance :
Arisbe va s'unir aux dieux pour ma vengeance ;
Son cœur dans mes malheurs s'est trop intéressé
Pour ne pas achever ce qu'elle a commencé.
Je l'attends ; je connais la grandeur de son ame ;
Elle me servira. Mais c'est elle...

SCÈNE IV.

MARIUS, ARISBE.

MARIUS.

                              Ah ! madame,
Faut-il, de mes malheurs suivant le triste cours,
Vous en parler sans cesse et me plaindre toujours ?
Vous voyez de mes maux le funeste assemblage ;
Je dis plus, dans son ame Arisbe les partage :
Faible soulagement ! puisqu'il faut aujourd'hui
Que mon cœur, tout à vous, s'en prive malgré lui.
Je demande à vous fuir ; Rome s'est déclarée :
Si je demeure ici, ma perte est assurée.
Le roi, qui dans ce jour refuse d'obéir,
Par crainte ou par espoir peut enfin me trahir :
Dans cette incertitude il est affreux de vivre ;
Hiempsal me retient, Arisbe me délivre.
Et que ferais-je ici, madame, c'est demain
Qu'à la face des dieux, il vous donne la main.

ARISBE.

Pour presser le secours que de moi l'on espère,
Le reproche, seigneur, n'était pas nécessaire ;
Et si de votre cœur je doutais un moment,
Que penserais-je ici d'un tel empressement ?
Vous voulez me quitter dans le moment funeste
Où l'on doit m'imposer un joug que je déteste ;
Et comme si mon cœur pouvait y consentir
Vous en tirez le droit de vous faire partir !

Ce discours est trop clair : craignez qu'on ne l'entende,
Et qu'on ne vous accorde une injuste demande.

MARIUS.

Quand mille maux affreux me viennent accabler,
Madame, vous voulez encor les redoubler !

ARISBE.

Mais aussi quel dessein, à vos jours si funeste,
Vous fait abandonner l'asile qui vous reste ?
Savez-vous que la mort, sous mille objets divers,
Borde tous les chemins que vous croyez ouverts ?
Savez-vous que Sylla, proscrivant votre tête,
En a fait pour le monde une illustre conquête ;
Et qu'enfin, secondant son horrible dessein,
L'univers en son nom devient votre assassin ?
Et vous voulez partir ! Je le vois trop, barbare !
Tu cherches le trépas afin qu'il nous sépare :
Entre Arisbe et Sylla tu ne peux hésiter,
Tu lui portes ta tête afin de m'éviter.
Je t'excusais tantôt, je te servais moi-même ;
J'avais su me résoudre à perdre ce que j'aime ;
Et mon cœur, secondant ta juste piété,
S'était armé pour toi de générosité.
Ton père était vivant ; le devoir ; la vengeance
Exigeaient que son fils courût à sa défense :
La nature, l'honneur, Arisbe même alors
Eût rougi de te voir trop lent dans tes transports :
Mais enfin il n'est plus ; et ce meurtre effroyable
Rend encor pour son sang Sylla plus redoutable.
Sans père, sans amis, seul dans tout l'univers,
Tes villes ne sont plus pour toi que des déserts ;
Que dis-je ? on t'y poursuit, et jamais leurs murailles
Ne s'ouvriront pour toi que par des funérailles :
C'est là pourtant, c'est là que tendent tous tes vœux,
Ingrat ! tandis qu'ici tout te paraît affreux :
Ton aveugle fureur préfère l'Italie
A des climats plus doux qui t'ont sauvé la vie.

MARIUS.

Mais, madame, songez qu'ici tout peut changer ;
Qu'ayant bravé Sylla, le roi peut le venger ;
Qu'employant tour à tour les offres, les menaces,

A la fin mon tyran peut combler mes disgraces ;
Que son cruel ministre, achevant ses desseins,
Peut enfin obtenir qu'on me livre en ses mains.

ARISBE.

Non, non ; ne craignez rien de ce cruel ministre :
Pour un autre que vous ce jour sera sinistre.

MARIUS.

Comment ?

ARISBE.

Avant la nuit, ce perfide assassin,
Par un juste trépas, finira son destin.

MARIUS.

Dieux !

ARISBE.

La garde qu'ici, jusqu'à mon hyménée ;
Sous les mains d'Amyntas mon père m'a donnée,
De ce coup important me répond aujourd'hui :
Tous leurs traits à la fois doivent tomber sur lui.
Je voulais te cacher cette noble entreprise ;
Je me peignais déjà ta joie et ta surprise
En me voyant entrer cette tête à la main ,
Et couverte du sang du plus lâche Romain.
Mais que vois-je ? est-ce ainsi que ta reconnaissance
Vient enhardir mon cœur et presser ta vengeance ?
Ton père est mort ; mon bras le venge ; et tu frémis !
Marius, est-ce ainsi que doit penser ton fils ?

MARIUS.

Madame, jugez mieux d'un effroi légitime :
La vengeance me plaît, mais j'abhorre le crime.
Gardez de l'achever ; ne souillez point un cœur
Où j'attache ma gloire autant que mon bonheur :
Si vous m'aimez, courez, arrêtez votre garde.

ARISBE.

C'est prendre trop de soin de ce qui me regarde,
Ingrat ! sans ton aveu, je saurai te venger ;
Qui doit ne plus te voir n'a rien à ménager.

MARIUS.

Ah dieux ! que de mes jours votre fureur décide,
Plutôt que de souffrir qu'une troupe perfide...

ARISBE.

Eh quoi! quel intérêt...

MARIUS.

Que ne puis-je parler!
Hélas! quel ennemi vous allez immoler!

ARISBE.

Comment!

MARIUS.

Si vous saviez...

ARISBE.

Qu'entends-je? quel mystère?

MARIUS.

Ce barbare assassin...

ARISBE.

Quoi, seigneur?

MARIUS.

C'est mon père,
Qui: voulant m'enlever de ces tristes états,
Lui-même a répandu le bruit de son trépas.

ARISBE.

Ah! s'il est vrai, je veux...

MARIUS.

Le roi vers nous s'avance.

SCÈNE V.

HIEMPSAL, ARISBE.

HIEMPSAL.

Seigneur, laissez-nous seuls. Ma gloire et ma puissance
Semblent me reprocher des sentimens trop doux,
Madame; et je venais en parler avec vous.
Que pense Marius? que pensez-vous vous-même?
Il vous entretenait de sa douleur extrême.

ARISBE.

Il ressent de Sylla la haine et le pouvoir,
Seigneur; mais vos bontés font son unique espoir.

HIEMPSAL.

Vous partagez ses maux, et qu'aurait-il à craindre?
Quelque soit son malheur, je ne saurais le plaindre,

Madame; et quand on peut-être écouté de vous,
Prêt à perdre la vie, on fait mille jaloux.
Ah! dans le sort affreux qui cause ses alarmes,
Pouvait-il être plaint par de plus belles larmes?
Vous vous troublez!

ARISBE.

Qui? moi, seigneur? quoi! vous pensez...

HIEMPSAL.

Oui, vous l'aimez, perfide! et vous me trahissez :
Ainsi donc, sans songer de qui vous êtes née,
Au mépris de mon trône et de notre hyménée ;
Votre infidèle cœur, à ma flamme promis,
Choisit pour s'engager nos plus grands ennemis!
Jugurtha, c'est ainsi que ta nièce sait rendre
Les funèbres honneurs qu'elle doit à ta cendre!

ARISBE.

Je l'avoûrai, seigneur (et mon étonnement
N'a point encor fait place à mon ressentiment) :
Accablé par le sort un Romain m'intéresse ;
On veut que ma pitié naisse de ma tendresse!
On condamne mon cœur pour être généreux !
Aurais-je dû m'attendre à ce reproche affreux,
Et prévoir que l'on dût un jour me faire un crime
De plaindre un malheureux que le destin opprime?
Mais je le vois, seigneur! ah! pour vous mériter
Il faut être barbare, il faut vous imiter.
Qu'ai-je dit ? où m'expose un aveu trop sincère ?
Allons, seigneur, joignons Marius à son père,
Que son sang vous appaise! ombre de Jugurtha,
Livrons cet innocent dans les mains de Sylla !

HIEMPSAL.

Sans doute vous croyez, par cette rigueur feinte,
Détruire les soupçons dont mon ame est atteinte?

ARISBE.

Arisbe ne dit rien que ne dicte son cœur;
Et ce cœur soupçonné ne sent point d'autre ardeur
Que de voir Marius, en quittant ce rivage,
Eteindre pour jamais un soupçon qui m'outrage.
Je vous quitte, seigneur : je vais joindre à l'instant
L'envoyé de Sylla, lui dire qu'on l'attend,

                    MARIUS.

Que tout est préparé pour lui livrer un homme
Que l'amour rend ici plus criminel qu'à Rome.

                    HIEMPSAL.

Madame...

                    ARISBE.

        Non, seigneur, plus d'hymen entre nous ;
Un roi ne doit pas être impunément jaloux :
Renoncez à ma foi, soyez sûr de ma haine,
Ou délivrez mes yeux d'un objet qui les gêne.

                    HIEMPSAL.

C'est assez, j'y consens ; qu'en partant de ces lieux
Il emporte avec lui des soupçons odieux.

SCÈNE VI.

HIEMPSAL , *seul.*

Que voulait, après tout, ma fausse politique ?
Ai-je oublié les maux, dont a gémi l'Afrique,
Où m'expose un proscrit que l'on veut immoler ?
Du malheur qui le suit il pourrait m'accabler.
Ah ! que Rome à son gré de ses enfans dispose ;
N'allons point réveiller sa fureur qui repose ;
Laissons-la s'affaiblir, et tomber par ses coups :
Je me vengerai d'elle en servant son courroux.

SCÈNE VII.

HIEMPSAL, NERBAL.

                    NERBAL.

Seigneur...

                    HIEMPSAL.

        Quel est ton trouble, et que viens-tu me dire ?
                    NERBAL.
Ce qu'un bruit sourd m'apprend, que Marius respire.
                    HIEMPSAL.
Lui vivant, quelle erreur ! son trépas est certain ;
Et l'envoyé de Rome a tranché son destin :
Crois-tu qu'à me tromper il osât se commettre,
Quand le sceau du sénat autorise sa lettre ?

NERBAL.

Tout m'est suspect, la lettre, et le sceau du sénat :
Seigneur, on vous abuse ; et cet assassinat
Dont le Romain se vante, ou n'est qu'une chimère,
Ou, d'accord avec lui, le fils trahit son père :
On les a vus ensemble.

HIEMPSAL.

        O dieux, qu'ai-je entendu ?
Quel soupçon vient saisir mon esprit éperdu :
Quoi, ces deux ennemis on les a vus ensemble ?
Quand tout les désunit, sachons qui les rassemble !
Pénétrons ce mystère : en cette obscurité
J'irai jusqu'en leur cœur chercher la vérité.

FIN DU TROISIÈME ACTE.

ACTE IV.

SCÈNE Ire.

MARIUS, ARISBE.

ARISBE.

N'EN doutez point, seigneur, votre départ s'apprête ;
Tandis qu'il en est temps évitez la tempête :
Le roi m'a soupçonnée, et son jaloux transport
Assure votre vie en jurant votre mort :
Il vous livre aux Romains, mais tel qu'une victime,
Et sauve la vertu par le motif du crime.

MARIUS.

Quoi, lorsqu'un roi cruel me retient dans ses fers
C'est vous qui m'arrachez aux maux que j'ai soufferts :
Ah, madame, croyez qu'après cette entreprise,
Si le sort des combats jamais me favorise
Assez pour signaler et mon nom et mon bras,
Votre gloire en tous lieux volera sur mes pas ;
Et qu'un jour on dira, si le ciel me seconde :
Arisbe a rétabli la liberté du monde.

ARISBE.

Oui, seigneur, tout vous rit : sorti de cet état,
Vous reprendrez bientôt votre premier éclat ;
Vous verrez la fortune à vos vœux asservie
Marquer d'heureux instans le cours de votre vie.
Puisse votre bonheur égaler mes souhaits !
Qu'à vos vertus le ciel mesure ses bienfaits :
Que vos fiers ennemis terrassés par vos armes,
Eprouvent à leur tour de mortelles alarmes ;
Que votre nom vainqueur parcoure l'univers :
Arisbe est satisfaite, elle a brisé vos fers.

MARIUS.

Ah! toutes ces faveurs qu'Arisbe me souhaite
Sans elle n'offrent rien que mon cœur ne rejette.
Prevenons des malheurs qui me glacent d'effroi,
Partager mon destin, madame, suivez-moi :
Ici mille dangers menacent votre tête :
Tout doit vous en chasser : partons ensemble.

ARISBE.

Arrête.

Je t'aime, Marius, et dès le même jour
Que mon cœur fut sensible aux feux de cet amour,
Un noble orgueil fit croire à mon ame charmée
Qu'enfin puisque j'aimais, j'étais sans doute aimée ;
Rien ne dément l'espoir dont mon cœur s'est flatté,
Mille fois à mes yeux tes soins ont éclaté ;
Mille fois, pour pleurer ta cruelle infortune,
J'ai fui l'empressement d'une cour importune.
Je t'aime, tu le sais ; mais n'attends rien de moi
Qu'on puisse croire indigne et d'Arisbe et de toi :
Ainsi n'espère pas qu'à ta fuite liée
Je traîne après tes pas ma gloire humiliée ;
Ni qu'avec toi passant le trajet de nos mers,
Et de ma honte entière instruisant l'univers,
J'aille à Rome essuyer les disgraces certaines
Que garde au sang des rois l'orgueil de tes Romaines.

MARIUS.

Mais après mon départ quel sera votre sort ?
Le roi vous verra-t-il obéir sans effort ?
Pourrez-vous achever un hymen si funeste,

Et former avec lui des nœuds que je déteste?

ARISBE.

Ne me demandez point ce que je deviendrai ,
Ce que j'ai résolu, ni ce que je ferai;
La renommée un jour vous dira mon histoire ,
Et vous saurez qu'Arisbe a pris soin de sa gloire.
Jusqu'ici j'ai suivi mon devoir, mon amour ;
Je n'ai rien épargné pour vous sauver le jour ;
Mes soins ont réussi : partez , je le commande ,
Et votre sûreté, seigneur, vous le demande.
Mais du moins que je vive en votre souvenir :
Si les dieux, secondant un heureux avenir ;
Au parti le plus juste attachent la victoire ,
Dans vos plus beaux succès rappelez ma mémoire ;
Songez bien que pour rendre au monde son héros ,
L'infortunée Arisbe immola son repos;
Partez , seigneur.

MARIUS.

Qui ? moi ? que je parte , madame ,
Et qu'à ce désespoir j'abandonne votre ame ?
Ah ! je vois quel secours votre cœur s'est promis ;
J'entrevois vos desseins, et d'horreur j'en frémis :
Mon sort plus que le vôtre ici vous inquiète ;
Et pour chercher la mort vous pressez ma retraite;
Ainsi ma liberté vous coûterait le jour ,
Et teint de votre sang je fuirais cette cour !
Non , dussent les Romains pour accomplir leur crime
Avec mon père ici me prendre pour victime ,
Je ne vous quitte point : je n'examine rien :
Et votre péril seul me cache tout le mien.

ARISBE.

Seigneur , où vous emporte un zèle téméraire ?
Songez que vos délais exposent votre père :
Le roi qui par mes soins permet votre départ,
Peut changer de dessein... vous partirez trop tard.
Hélas ! que sais-je enfin ? si dans cette journée
Quelqu'un de Marius apprend la destinée...
Un héros comme lui ne saurait se cacher
A tant d'yeux pénétrans ouverts pour le chercher ;
En quelques lieux qu'il soit, seigneur, on le rencontre

Sa gloire le découvre, et sa vertu le montre.
Mais c'est lui qui paraît : adieu ; je crains le roi.
Je vous aime, et vous fuis ; vous m'aimez, fuyez-moi.

SCÈNE II.

CAIUS MARIUS, MARIUS.

C. MARIUS.

Tout conspire, mon fils, au projet qui me flatte :
Sylla n'est plus à Rome ; il cherche Mithridate.
Quittons ces lieux, partons ; et par mille vertus
Déterminons les dieux à servir Marius.
Faut-il vous dire encor que dans cette entreprise
Par des présages sûrs le destin m'autorise ?
Déjà six consulats de triomphes suivis
Ont d'assez beaux lauriers couvert mes cheveux gris ;
Et l'augure sacré dont l'utile science
Jusqu'ici de mon sort me donna connaissance,
Animant mon courage à des exploits nouveaux,
Pour la septième fois me promet les faisceaux :
Ainsi ne craignons point d'invincibles obstacles ;
Le destin ne saurait démentir ses oracles.

MARIUS.

Seigneur, qu'allons-nous faire, et qu'osons-nous tenter ?
Nous condamnons Sylla, nous allons l'imiter,
Et, pour nous opposer à ses projets rebelles,
Contre notre patrie armer nos mains cruelles.

C. MARIUS.

Rome a cessé de l'être en proscrivant mes jours ;
Et malgré ses fureurs je vole à son secours :
Je la venge. Un grand cœur que la vengeance anime
Doit agir sans remords dès qu'il agit sans crime ;
Et quand il faut détruire un injuste pouvoir,
La révolte est permise, et devient un devoir.
On peut d'un fier tyran réprimer la furie,
Et pour la rendre libre attaquer sa patrie.
Je n'en veux qu'à Sylla ; le ciel doit le punir ;
Et c'est servir les dieux que de les prévenir.

MARIUS.

Seigneur, à ma faiblesse un moment faites grace ;

Dans l'état où je suis que faut-il que je fasse ?
Arisbe, si je pars, est prête de mourir,
Et mon retardement peut vous faire périr.
Je lui dois comme à vous le jour que je respire ;
Ses soins m'ont affranchi d'un tyrannique empire :
Elle brise mes fers ; vous allez les venger.
Mon cœur entre vous deux aime à se partager ;
Et que ne puis-je, hélas ! à ma gloire fidèle,
Vous suivre dans nos murs sans me séparer d'elle,
Ou plutôt que ne puis-je accorder en ce jour
Ce qu'exigent de moi la nature et l'amour !

C. MARIUS.

Quoi ! l'amour dans ton cœur balance la victoire ?
Pour te déterminer envisage la gloire,
Mon fils ; songe aux périls que j'ai bravés pour toi ;
Songe à Rome, au tyran, à l'univers, à moi ;
Va joindre nos Romains que Cethegus rassemble ;
Sors... Nous sommes perdus ; le roi nous trouve ensemble.

SCÈNE III.

HIEMPSAL, CAIUS MARIUS, NERBAL.

HIEMPSAL.

De votre cruauté, seigneur, je suis surpris ;
Teint du sang paternel s'offrir aux yeux du fils !

C. MARIUS.

Seigneur, puisqu'en mes mains vous allez le remettre
(Arisbe en votre nom me l'ose ainsi promettre),
Qu'importe qu'il m'ait vu ? Doit-on tant ménager
Un ennemi dont Rome est prête à se venger ?
Nous partons dès ce jour ; chargé de sa conduite,
Faut-il que sous mes yeux sans cesse je l'évite ?

HIEMPSAL.

Il ne vous verra plus, seigneur, et dès demain
Vous ne sortez d'ici que sa tête à la main.

C. MARIUS.

Que dites-vous, seigneur ?

HIEMPSAL.

D'où vient cette surprise

Lorsque dans vos desseins ma main vous favorise ?
Sylla de sa vengeance à vous s'est confié ;
Il veut que Marius lui soit sacrifié ;
Vous le cherchez ici pour être sa victime ;
Et je veux aux Romains épargner un grand crime :
Ce malheureux dont Rome a juré le trépas,
Peut, ainsi que chez vous , périr dans mes états ;
Sa mort, que vous cherchez, n'en sera que plus prompte ;
Vous en aurez le fruit sans en avoir la honte.
Venez donc , suivez moi, seigneur ; soyez témoin
Que je sais quelquefois servir Rome au besoin.
Rien ne peut balancer l'intérêt qui me presse ;
Je ne veux écouter ni pitié ni tendresse :
Vous allez voir , au gré de vos vœux les plus doux ,
Le fils de Marius expirer sous mes coups.

C. MARIUS.

O dieux !

HIEMPSAL.

Vous frémissez ; quelle terreur soudaine
Peut faire en moins d'un jour chanceler votre haine ?

C. MARIUS.

Mon cœur n'est point frappé d'une vaine terreur ;
Je frémis , il est vrai , mais je frémis d'horreur :
De quel droit osez-vous , sans qu'on vous le commande,
Attaquer un proscrit que Rome vous demande ?
Ah ! lorsqu'elle condamne un enfant criminel ,
Son supplice en nos murs doit être solennel ;
Le peuple en foule y porte une douleur profonde ;
Et la mort d'un Romain doit un exemple au monde.

HIEMPSAL.

Quelle est votre pensée ? où tendent ces détours ?
Qui vous rend si contraire à vos premiers discours ,
Seigneur ? et puisqu'on veut que Marius périsse,
Que peut faire au sénat le lieu de son supplice ?
Ouvrez les yeux , songez qu'il importe aux Romains
Qu'il ne puisse jamais s'échapper de vos mains.
Aux yeux de tout le monde il n'est pas si coupable ;
Le parti de son père est encor redoutable,
Seigneur ; n'en doutez point , un héros tel que lui
Au sein de son malheur peut trouver son appui :

S'il vous échappe enfin, l'Italie alarmée
Pourra bientôt le voir, soutenu d'une armée,
Marcher plein de fureur, et, la foudre à la main,
Fondre comme un éclair sur le peuple romain,
Et dans l'odieux sein de Rome sa marâtre
De sa rage sanglante élever le théâtre.

C. MARIUS.

Vous lisez de trop loin dans le sombre avenir ;
Sans vous nos intérêts sauront se soutenir :
Montrez nous moins de zèle et plus d'obéissance ;
Laissez à Rome enfin le soin de sa vengeance :
Son sang ne périt point par un bras étranger,
Et l'on se rend coupable en voulant la venger.
D'ailleurs que savez-vous si sa prompte colère
N'a pas déjà fait place au tendre amour de mère ?
Seigneur, en nous servant gardez de nous trahir ;
Le sénat a parlé, c'est à vous d'obéir.

HIEMPSAL.

Seigneur, pour un proscrit vous marquez trop de zèle :
Sylla n'a pas fait choix d'un ministre fidèle,
Je commence a le voir ; et plus d'une raison
Confirme dans mon cœur un si juste soupçon.
Mais puisque vous osez combattre sa vengeance,
Moi-même je le vais mieux venger qu'il ne pense ;
Et, par un envoyé plus fidèle que vous,
L'instruire que mon bras a servi son courroux.

C. MARIUS.

Ah ! seigneur, arrêtez.

HIEMPSAL.

C'est trop long-temps attendre.

C. MARIUS.

Je périrai moi-même, ou saurai le défendre.

HIEMPSAL.

Enfin j'ouvre les yeux ; je suis assez instruit,
Et par un bruit trompeur on ne m'a pas séduit :
Le jeune Marius vous est cher.

C. MARIUS.

Moi ! je l'aime ?

HIEMPSAL.

Vous défendez un fils.

De Caux.   4

C. MARIUS.

Moi ! son père ?

HIEMPSAL.

Oui, vous-même.

C. MARIUS.

Enfin de mes projets le ciel veut se jouer ;
Mais mon nom est trop beau pour le désavouer.
Oui, je suis Marius : tremble, tu vois un homme
Redouté de la terre, et craint même de Rome.
Parmi tant de périls, les dieux, qui m'ont sauvé,
Voulaient que dans ta cour mon sort fût achevé.
Te voilà maître enfin de deux grandes victimes :
Je connais ton génie et toutes tes maximes,
Barbare ; tu nous hais : les ordres du sénat
Prêteront des couleurs à ton assassinat,
Tu peux, de mon rival servant la rage extrême,
Etendre tes états resserrés par moi-même :
Venge ainsi ton pays que ma valeur dompta ;
Frappe, mais crains encor le sort de Jugurtha.

SCÈNE IV.

HIEMPSAL, *seul.*

Nerbal, suivez ses pas. Quel orgueil ! quelle audace !
Arrêté dans mes fers, l'insolent me menace !
Il mourra. Jugurtha, tu vas être vengé ;
Je vais rendre l'honneur à ton sang outragé :
Lorsqu'à son char orné d'un triomphe frivole,
L'orgueilleux te traînait au pied du Capitole,
Et qu'un peuple insolent, par d'injurieux cris,
Annonçait ta disgrace à l'univers surpris,
Il ne s'attendait pas, dans ces temps d'allégresse,
Qu'un jour je t'offrirais une main vengeresse ;
Et que, près d'épouser le reste de ton sang,
Je lui rendrais ensemble et sa gloire et son rang.
Le perfide ! il osait accuser ce que j'aime !
Ah ! je vois les détours de son vain stratagême ;
Sans doute il se flattait que mes soupçons aigris,
Dans ses bras, à l'instant, allaient mettre son fils :
A travers ses raisons j'ai vu qu'il était père ;

J'ai forcé la nature à trahir son mystère..
Je le tiens, vengeons-nous. Mais quel autre soupçon
Vient jeter dans mon ame un funeste poison ?
Du sort de Marius Arisbe est-elle instruite ?
Cherchait-elle du fils ou la mort ou la fuite ?
Voulait-elle tantôt, dans son emportement,
Ou perdre un malheureux, ou sauver son amant ?
Ah ! sans approfondir un odieux mystère,
Faisons couler le sang et du fils et du père :
Pourquoi chercher contre eux tant de prétextes vains ?
Tous deux sont criminels, et tous deux sont Romains ;
Point de pitié : suivons le transport qui m'anime ;
Et nous verrons après si c'est justice ou crime.

FIN DU QUATRIÈME ACTE.

ACTE V.

SCÈNE Ire.

ARISBE, *seul.*

Où porté-je mes pas ? errante en ce palais,
Je forme à chaque instant de contraires souhaits.
Marius va périr : le roi veut son supplice ;
Et la nuit seule encor lui peut être propice :
Profitons de ce temps. Que vais-je faire, hélas !
Que j'éprouve à la fois de funestes combats !
Dieux, qui voyez mon trouble et ma douleur extrême,
Que n'ai-je point tenté pour sauver ce que j'aime ?
Je vais m'en séparer. Puis-je le retenir ?
Son péril... je frémis à ce seul souvenir ;
Et quand je lui prépare une fuite secrète,
Mon cœur craint ce moment autant qu'il le souhaite.
Encor d'un tel succès qui pourra me flatter ?
Peut-être qu'Amyntas a voulu me tenter,

Lorsque, venant m'offrir son service et son zèle,
A mes seuls intérêts il se disait fidèle.
Juste ciel! s'il n'avait accepté cet emploi
Que résolu d'en faire un sacrifice au roi!
Mais non, ces trahisons sont d'une ame commune :
Il veut de Marius partager la fortune ;
Son ame est généreuse... Et quel cœur assez bas
Pourrait à Marius ne s'intéresser pas?
Non, non, ne craignons rien...

SCÈNE II.

ARISBE, PHÉNICE.

ARISBE.

                Ah ! ma chère Phénice,
Que m'apprends-tu ? Faut-il que Marius périsse?
PHÉNICE.
Non, madame ; et déjà tout semble préparé
Pour sauver les Romains d'un péril assuré :
Amyntas est fidèle ; il vous tient sa parole,
Et conduit Marius jusques au Capitole.
Tous ceux que le péril d'avoir manqué de foi
Laisserait exposés à la fureur du roi,
En suivant les Romains, vont braver la tempête ;
Et déjà pour partir la barque est toute prête.
Marius est gardé dans cet appartement ;
Dans cet autre son fils.

ARISBE.
        Que je crains ce moment!
PHÉNICE.
Madame, songez-vous en quels périls...
ARISBE.
                Cruelle!
Faut-il que ta rigueur encor me les rappelle?
Je dois à Marius immoler mon amour :
Sans une prompte fuite il va perdre le jour,
Je le sais ; et mon ame, en ses vœux incertaine,
A celui qui me sert promet presque sa haine :
Tout mon cœur en frémit; et je vois seulement
Qu'on m'enlève, et non pas qu'on sauve mon amant.

SCÈNE III.

ARISBE, CETHEGUS, PHÉNICE.

CETHEGUS.

Nous éprouvons les coups d'une main ennemie ;
Tout est perdu , madame , et vous êtes trahie.

ARISBE.

Dieux ! que m'apprenez vous ?

CETHEGUS.

					Au mépris de sa foi ,
Amyntas-nous immole à la fureur du roi ;
Le remords s'est saisi de cette ame vulgaire ;
Il a changé la garde et du fils et du père ;
Tous ceux qu'auprès de nous vos soins avaient placés,
Par son ordre cruel viennent d'être chassés :
Marius ne voit plus que des visages sombres
Dont l'aspect menaçant perce au travers des ombres ,
Et qui, fixant sur lui leurs avides regards ,
Annoncent le péril qui vient de toutes parts.

ARISBE.

Ah ! Phénice , va , cours ; à peine je respire ,
Informe-toi de tout , et reviens me le dire.
Mais qu'aperçois-je ?

SCÈNE IV.

ARISBE , MARIUS.

MARIUS.

					Enfin , avant ma mort du moins ,
Je pourrai respirer un moment sans témoins.
Mais je vois ma princesse ! ô ciel ! quelle est ma joie !

ARISBE.

Faut-il qu'en cet état Arisbe vous revoie ?

MARIUS.

Voici le lieu fatal où je dois expirer ;
Je n'attends que le coup qui va nous séparer ,
Madame : cette salle est partout investie ,
Et cent bras inhumains m'en ferment la sortie.

C'est peu, l'on va traîner mon père dans ces lieux ;
A voir couler son sang on veut forcer mes yeux.
Prévenons, s'il se peut, un moment si funeste :
Armez-moi de ce fer (1); je prendrai soin du reste.
Lorsqu'un péril pressant nous laisse sans appui,
C'est mériter la mort que l'attendre d'autrui.

ARISBE.

Qu'oses-tu proposer, cruel ? quelle furie !
Je t'armerais du fer qui doit trancher ta vie ?
Je conduirais le coup qui va percer ton sein,
Et mon amour serait ton premier assassin ?

MARIUS.

Il sauvera ma gloire. Adorable princesse,
Je sais tout ce qu'a fait pour moi votre tendresse ;
Je sais à quels périls, exposée en ces lieux,
Vous défendiez des jours condamnés par les dieux :
Vous m'ordonniez de fuir ; pour ne vous point déplaire,
Je m'arrachais de vous, et je suivais mon père.
Tout a changé de face, et le barbare sort
Ne laisse à votre main que l'honneur de ma mort ;
C'est l'unique faveur que de vous j'ose attendre :
Faites couler ce sang que le roi veut répandre,
Ou souffrez que mon bras prévienne sa rigueur.
Un Romain de sa fille osa percer le cœur,
Pour sauver sa vertu d'une immortelle injure :
L'amour fera-t-il moins que ne fit la nature ?

ARISBE.

Eh bien ! puisqu'il le faut, j'entre dans ta fureur ;
Laissons à l'univers un spectacle d'horreur :
Le trépas qui t'attend souillerait ta mémoire,
Et ce fer seulement peut conserver ta gloire.
Je ne résiste plus ; j'en vais armer ta main ;
Tout fumant de mon sang plonge-le dans ton sein :
Mourons ; puisque le ciel tant de fois nous sépare,
La mort qui nous unit nous sera moins barbare.

MARIUS.

Ah ! madame, vivez.

---

(1) Les femmes Numides portaient un poignard.

ARISBE.

Hélas ! tu vas périr !

MARIUS.

Je ne crains que pour vous... Quel objet vient s'offrir ?
Mon père...

SCÈNE V.

CAIUS MARIUS, ARISBE, MARIUS.

C. MARIUS.

ALLONS, mon fils, partons ; voilà tes armes :
Tout succède à nos vœux : dissipe tes alarmes.
Je vous dois tout, madame, et les jours de mon fils
Conservés par vos soins vont accroître leur prix,
Mais il faut vous quitter, la nuit vous favorise :
Amyntas à son but a conduit l'entreprise,
Il est dans le vaisseau qu'il tient prêt pour partir ;
Il nous attend : il vient de m'en faire avertir.

MARIUS.

Dieux ! pouvez-vous compter sur la foi d'un tel homme ?

C. MARIUS.

Oui, j'y compte mon fils ; il nous conduit à Rome :
Là je saurai payer son zèle officieux
Du service important qu'il me rend en ces lieux.

ARISBE.

De tout ce que je vois, ô dieux ! que dois-je croire ?
Seigneur...

C. MARIUS.

Ne croyez rien de contraire à sa gloire :
S'il a sans votre aveu retiré les soldats
Que vos soins généreux attachaient sur nos pas,
C'était avec raison qu'il soupçonnait leur zèle,
Et la seconde garde à nos vœux est fidèle.
Mais que vois-je ? tous deux vous répandez des pleurs !
Ah ! madame, évitons le plus grand des malheurs ;
Daignez fortifier mon fils contre vos charmes ;
Qu'il apprenne de vous à dévorer ses larmes :
N'allez point nous trahir, et perdre tout le fruit
D'un projet que vos soins avaient si bien conduit.

ARISBE.

Laissez couler mes pleurs : me font-ils tant de honte ?
C'est le dernier effort d'un feu qui se surmonte :
Quand d'un héros qu'on aime il faut se séparer,
Vos Romaines, seigneur, n'osent-elles pleurer ?
Mais n'appréhendez pas qu'une indigne faiblesse
De mon cœur ébranlé se rende la maîtresse ;
Et puisque tout est prêt pour sauver Marius,
Partez : adieu, seigneur, je ne vous verrai plus.

MARIUS.

Hélas !

SCÈNE VI.

ARISBE, *seul.*

Où suis-je ? ô ciel ! et quel sombre nuage
De mes yeux tout à coup me dérobe l'usage ?
Je ne vois qu'un vaisseau, des abymes, des mers,
La mort, et je me crois seule dans l'univers.
Marius est parti, le cruel m'abandonne !
Que dis-je, cher amant ? tu pars ; mais je l'ordonne :
Fuis lentement du moins, et que tes yeux distraits
Se retournent souvent vers ce triste palais ;
Que ta liberté même ait pour toi peu de charmes,
Et pour la mériter donnes-y quelques larmes.
Hélas ! où ma douleur va-t-elle s'égarer ?
Le destin pour jamais vient de nous séparer :
Je veux que Marius me soit encor fidèle,
Et sa perte à mon cœur en devient plus cruelle.
Mais Phénice revient.

SCÈNE VII.

ARISBE, PHÉNICE.

ARISBE.

Ah ! que m'annonces-tu ?

PHÉNICE.

Madame, le roi vient, armez-vous de vertu.

ARISBE.

Dieux ! faut-il en un jour éprouver tant d'alarmes ?

SCÈNE VIII.

HIEMPSAL, ARISBE, PHÉNICE.

HIEMPSAL, *au fond du théâtre.*

Ils mourraient glorieux en mourant sous les armes ,
Qu'on défende leurs jours de tout sanglant effort ;
Soldats , je veux leur honte encor plus que leur mort.
Quoi, madame ! c'est vous ? j'ai peine à le comprendre ,
Une telle rencontre a droit de me surprendre :
Que cherchez-vous ici dans l'instant précieux
Où le sommeil encor devrait fermer vos yeux ?
Vous ne répondez point. On me trahit : cruelle,
Que de justes raisons de vous croire infidèle !
Quel est votre pouvoir ! pour sauver mon rival
Avez-vous pu séduire Amyntas et Nerbal ?
Quoi ! sont-ils avec vous tous deux d'intelligence ?
Mais vous verrez bientôt éclater ma vengeance ,
Dût périr ce que j'ai de plus cher dans ma cour ,
J'en jure par le dieu qui nous donne le jour.

ARISBE.

C'est assez. Je me lie au serment que vous faites ;
Périssent les auteurs de vos peines secrètes !
Seigneur , je borne là mes vœux les plus sacrés :
Je me justifirai plus que vous ne voudrez.

HIEMPSAL.

Ah ! je vous aime encor ; tâchez d'être innocente,
Madame. Mais Nerbal vient remplir mon attente.

SCÈNE IX.

HIEMPSAL, ARISBE, NERBAL , PHÉNICE.

HIEMPSAL.

Que m'apprend-on, Nerbal ? qu'a-t-on fait des Romains ?
Tu te tais : se sont-ils échappés de tes mains ?

NERBAL.

De mon étonnement je ne reviens qu'à peine :
Oui , leur perte , seigneur, était presque certaine ;
Mais d'un bras invincible effet prodigieux !

De Caux.   5

J'ai vu... Ma raison cherche à démentir mes yeux.
HIEMPSAL.

Quel est donc l'embarras où ton ame est réduite ?
Que sont-ils devenus ?
NERBAL.

         Ardens à leur poursuite ,
Déjà nous approchions du détroit où la mer
Reçoit en mugissant le tribut du Rubér ;
La nuit nous opposait ses voiles les plus sombres ;
Mais l'aurore bientôt a dissipé ses ombres,
Et près de l'autre bord nous a fait entrevoir
Le vaisseau d'Amyntas prêt à les recevoir.
Lui-même, pour trahir votre juste vengeance ,
Vers les deux Marius dans la barque s'avance :
Le perfide voudrait les ravir à nos coups,
Quand nous les enfermons entre le fleuve et nous.
Le peuple , réveillé par le bruit de leur fuite ,
Accourt sur le rivage et marche à notre suite ;
Et bientôt le Ruber voit deux mille Africains
Occupés sur ces bords à prendre deux Romains.
Alors ces deux guerriers que la foule environne
Nous opposent un front qu'aucun péril n'étonne ;
Le désespoir les arme : ils s'élancent sur nous,
Et la parque a juré de suivre tous leurs coups.
Cependant nous frappons : plus d'un Romain succombe ;
Cethegus dans le choc frémit, chancelle , tombe ,
Quand Marius , qui voit sa défaite en héros ,
En combattant toujours , laisse échapper ces mots :
» Mon fils , c'est trop lutter contre les destinées ;
» J'immole mes vieux jours à tes jeunes années :
» Va , traverse les flots ; tandis que tu fuiras ,
» Seul de nos ennemis j'occuperai les bras ;
» Ta vie en sûreté suffit pour les confondre. »
Le fils à ce discours s'arrête , et , sans répondre ,
Dans ses bras tout sanglans saisissant ce héros,
Fier d'un si beau fardeau , s'élance dans les flots ;
On le voit, soutenant une tête si chère ,
D'un bras fendre les eaux , de l'autre aider son père ;
Et le père , à nos coups se livrant tout entier,
Ne couvrir que son fils avec son bouclier.

Tout les sert contre nous ; et le dieu qui les guide
Semble parer nos traits , rend l'onde plus rapide ;
Le flot impétueux qui vient de les porter
S'enfle au bord de la barque , et leur aide à monter ;
La rame fend les eaux ; et dans notre poursuite
Nous laisse seulement spectateurs de leur fuite.

ARISBE.

C'est assez. Il est temps de vous désabuser ,
Seigneur, et je n'ai plus rien à vous déguiser.
On vous trahit ; ma main a conduit l'entreprise :
Je connais mon forfait ; ma foi vous fut promise ;
Sans consulter mes vœux cet hymen fut conclu.
Je suivais cependant un pouvoir absolu ;
J'allais vous épouser : une vertu sévère
Me faisait immoler à mon devoir austère.
Marius vint , m'aima ; je l'aimai ; mon amour
Voit le devoir des dieux en lui sauvant le jour.
Après un tel aveu , seigneur, vous pouvez croire
Qu'il ne me reste plus que d'assurer ma gloire.
Cette gloire aujourd'hui me défend d'être à vous :
J'aurais trop à rougir aux yeux de mon époux.
J'ai brûlé d'autres feux : c'est cette gloire même
Qui m'avait ordonné d'éloigner ce que j'aime ;
Dans ce même moment j'entends encor sa voix ;
Elle parle ; et voilà l'ordre que j'en reçois.

(elle se frappe.)

HIEMPSAL.

Ah ! madame ! Elle expire... et je sens que mon ame
N'avait jamais brûlé d'une si vive flamme.
Dieux cruels, qui tenez notre sort en vos mains ,
Faut-il payer si cher le salut des Romains.

FIN DE MARIUS.

THÉATRE

DE

SAINTFOIX.

Edition-Touquet.

PARIS.

Chez l'Éditeur, rue de la Huchette, n°. 18.

1821.

L'ORACLE,

COMÉDIE

EN UN ACTE ET EN PROSE,

DE

SAINTFOIX;

Représentée, pour la première fois, en 1740.

Saintfoix.

~~~~~~

PERSONNAGES.

LA FÉE SOUVERAINE.

ALCINDOR, fils de la Fée.

LUCINDE, jeune princesse, aimée d'Alcindor.

La scène est dans le palais de la Fée.
~~~~~~

L'ORACLE,

COMÉDIE.

SCÈNE PREMIÈRE.

LA FÉE, ALCINDOR.

LA FÉE.

En vérité, mon fils, vous êtes bien insupportable !

ALCINDOR.

Mais, ma mère...

LA FÉE.

Mais, mon fils, d'où venez-vous ?

ALCINDOR.

D'admirer tout ce que la nature a jamais formé de plus beau.

LA FÉE.

De voir Lucinde ?

ALCINDOR.

Assoupie par la chaleur du jour, elle dormait sur un lit de roses...

LA FÉE.

Vous a-t-elle vu ?

ALCINDOR.

Eh ! madame, je vous dis qu'elle dormait. Un de ses beaux bras était passé sous sa tête, l'autre, étendu du côté où j'écoutais, semblait chercher des fleurs qui naissent autour d'elle ; quelque songe agréable l'agitait, et peignait son teint de couleurs vives et mêlées : dans mon ravissement il semblait à mon cœur que mes yeux étaient trop lents à lui porter tout le plaisir qu'ils goûtaient ; je n'ai pas été le maître de mon transport...

LA FÉE.

Mon fils !

ALCINDOR.

J'ai pris une de ses belles mains, que j'ai baisée avec
une ardeur... Mais à un mouvement qu'elle a fait, croyant
qu'elle s'éveillait, je me suis vite retiré sans qu'elle m'ait
aperçu. Madame, il est inutile que vous me comman-
diez de différer encore quelque temps à me présenter
devant elle ; je ne pourrais vous obéir. Je l'aime, je l'a-
dore, je veux la voir, le lui dire, m'en faire aimer, ou
mourir à ses pieds.

LA FÉE.

Mon art est bien puissant ; je suis la Fée Souveraine,
je puis en un instant bâtir des palais, exciter des tem-
pêtes, et changer un lieu charmant en un désert affreux ;
mais je vois qu'il est au-dessus de mon pouvoir de gou-
verner un jeune fou à qui l'amour tourne la tête. Eh
bien ! mon fils, perdez-vous, perdez Lucinde, et détrui-
sez par votre imprudence les mesures que j'ai prises jusqu'à présent pour assurer votre bonheur avec elle.

ALCINDOR.

Mais quelles raisons avez-vous pour ne vouloir pas
qu'elle me voie ?

LA FÉE.

Apprenez-les donc enfin. Au moment de votre naissance, je fis consulter l'oracle sur votre destinée :
« Le fils de la fée Souveraine, répondit-il, est menacé
» de grands malheurs ; mais il les évitera, et sera même
» heureux, s'il peut se faire aimer d'une jeune princesse
» qui le croira sourd, muet et insensible. »

ALCINDOR.

Sourd, muet et insensible !

LA FÉE.

Jugez, mon fils, par la tendresse que j'ai pour vous,
combien cette réponse m'affligea : cependant à force d'y
méditer j'espérai, en prenant certaines mesures, de détourner les malheurs qui vous menaçaient, et de voir
même l'accomplissement de l'oracle, quelque impossi-
bilité qu'il y parût.

SCÈNE I.

ALCINDOR.

Je n'ai pas, madame, la même confiance que vous dans la bizarrerie du goût des femmes; et je ne croirai jamais...

LA FÉE.

Écoutez-moi. Au moment que vous vîtes le jour naquit aussi une princesse, fille d'un roi voisin de cette île (c'est votre Lucinde); je l'enlevai, et la transportai dans ce palais inaccessible à tous les humains : elle y a été élevée et servie par des statues, et n'y a vu que des figures insensibles auxquelles, par la puissance de féerie, j'imprimais toutes sortes de mouvemens. J'ai souvent même affecté de prendre le ciseau, de tailler en sa présence un bloc de marbre, de lui donner une forme, et l'animant ensuite d'un coup de baguette, c'était aussitôt un petit chien qui jappait après elle, ou un singe qui l'amusait par ses grimaces et ses sauts : enfin j'ai tâché de parvenir à lui persuader qu'elle et moi sommes les deux seuls êtres qui parlent, qui pensent, qui connaissent et qui raisonnent, et que tous les autres, formés uniquement pour nous servir ou pour nous amuser, sont absolument insensibles, sans connaissance, et incapables également d'amour et de haine, de douleur et de plaisir.

ALCINDOR.

Quel a été et quel est le but de tous ces faux préjugés où vous avez élevé son enfance?

LA FÉE.

De lui faire croire, en vous présentant à elle...

ALCINDOR.

Ah! j'entends : que je ne suis qu'une poupée, une marionnette organisée au-dessus des tailles ordinaires. Cette idée me divertit, et peut réussir. Psyché ne voyait point l'Amour, elle le croyait un monstre; cependant elle l'aimait. L'imagination séduite par vos prestiges, Lucinde me croira tel que l'oracle exige qu'elle me croie, c'est-à-dire n'ayant une bouche et des yeux que pour l'agrément; cependant elle m'aimera. On peut tromper la raison, mais jamais le sentiment. Son cœur recevra de la nature des avis qu'elle goûtera sans les comprendre,

et qu'elle suivra par instinct, comme l'abeille va cueillir
le parfum des fleurs. Cette intelligence, cette chaîne,
cette force sympathique des cœurs active... Oui, madame, elle m'aimera, et je serai dans ce jour le plus
heureux des mortels. Allons la trouver : vous pouvez me
présenter à elle, et compter que, puisque l'intérêt de
mon amour l'exige, je suis une statue, une vraie statue... un marbre insensible.

LA FÉE.

Il n'est pas encore temps que vous paraissiez. J'aperçois Lucinde, retirez-vous vite, et passez par ce cabinet.
Dans la conversation que nous allons avoir ensemble je
vais préparer les choses, et tâcher de les amener à votre
satisfaction.

ALCINDOR.

Un mot. Quand elle badine avec son chien, il la caresse : ne pourrai-je pas aussi, si elle badine avec
moi?...

LA FÉE.

Bon ! Voilà l'homme de marbre ! Sortez donc, nous
verrons ; sortez donc.

(Alcindor se retire.)

SCÈNE II.

LA FÉE, LUCINDE.

LUCINDE, entre en rêvant profondément.

Ce n'est point une illusion.. ce n'est point un songe ;
il avait la bouche collée sur ma main.

LA FÉE.

Que dites-vous, Lucinde ?

LUCINDE.

Ah ! je ne vous voyais pas.

LA FÉE.

Il avait la bouche collée sur votre main ? Eh ! qui ?

LUCINDE.

Je ne sais. Il a disparu comme un éclair ; mais il
semble qu'en baisant ma main il y ait imprimé un trait
de flamme, qui depuis ce moment agite mon cœur....
Oui, depuis ce moment je ne suis plus la même ; in-

quiète, rêveuse, je cherche... Eh quoi? je ne puis me l'expliquer. Il semble que je respire un autre air. Toute la nature me paraît plus riante, plus animée.. Quelle union! quelle tendresse, ma bonne, je viens d'admirer dans deux petits oiseaux! ils étaient sur une même branche, ils chantaient l'un à l'autre; ils se regardaient, mais avec des regards que je n'ai encore vus qu'à eux, et que nous n'avons point ensemble vous et moi; quelques momens de silence succédaient à leur ramage, et ils recommençaient bientôt à chanter, ou plutôt à se répondre, avec une vivacité, avec une ardeur.... Vous riez?

LA FÉE.

Sans doute; car enfin pour se répondre il faut s'entendre.

LUCINDE.

Je crois bien aussi qu'ils s'entendaient.

LA FÉE.

Eh! croyez-vous aussi que votre clavecin ou votre basse de viole vous entendent, vous répondent, et sont sensibles aux doux accens de votre voix lorsqu'ils s'accordent si juste aux tons que vous prenez?

LUCINDE.

Belle comparaison! ce sont des machines.

LA FÉE.

Ne vous ai-je pas dit cent fois que vos oiseaux sont de pures machines, mais mieux organisées, parce que la nature, toujours plus industrieuse, toujours plus savante, et toujours supérieure à l'art, en a composé et arrangé elle-même les ressorts?

LUCINDE.

Répétez-le-moi encore mille fois, ma bonne et je n'en croirai rien; un sentiment intérieur qui m'a saisie à la vue de ces deux oiseaux répugne à ce que vous me dites : car enfin si j'avais pu les attraper, je les aurais caressés, baisés, flattés de la main, je les aurais mis ensemble dans mon appartement, et j'eusse été fort attentive à tous leurs besoins; au lieu qu'en vérité je n'ai jamais pensé à caresser ma viole ou mon clavecin, ni à regarder si ma guitare avait froid ou chaud.

LA FÉE, *à part.*

Il faut l'étonner par un nouveau trait de mon art. (*haut.*) Lucinde, regardez ces statues, examinez - les bien, touchez - les ; elles sont de marbre ; et vous ne croyez pas sans doute qu'elles soient sensibles : cependant je vais faire jouer certains ressorts qui produiront les mêmes mouvemens que vous admirez dans vos oiseaux, et qui vous font croire qu'ils sentent et qu'ils pensent. (*la fée touche de sa baguette trois statues ; celle du milieu commence une entrée par des mouvemens de surprise et d'admiration, et forme ses pas sur une sarabande jouée par les deux autres statues dont l'une tient un violon et l'autre une flûte allemande ; après la sarabande tout l'orchestre en sourdine se joint à la flûte et au violon, et joue un air gai et coulé, sur lequel la statue s'anime par degrés, et danse ensuite au tambourin par lequel l'entrée finit ; pendant ce divertissement Lucinde baisse les yeux et paraît triste.) Qu'avez-vous Lucinde ? Quelle sombre tristesse vous a saisie tout a coup ? il semblerait que ce petit divertissement vous fait de la peine ?*

LUCINDE.

Il m'en fait sans doute, il confond et détruit des idées où je m'entretenais avec plaisir... Ah ! mes pauvres petits oiseaux, n'êtes-vous donc que des machines ? Je m'imaginais que vous étiez sensibles, et que vous goûtiez une satisfaction infinie à vous trouver ensemble, le jour sur une même branche, et la nuit au fond de quelque arbre creux : (*à la fée.*) j'arrangeais ensuite dans ma tête une foule de réflexions. La nature, disais-je, pour ménager des plaisirs à ces oiseaux, leur inspire une union si tendre. Elle n'aura pas été moins bonne à mon égard, et il y a sans doute quelque être de mon espèce avec qui je suis destinée à vivre comme ces oiseaux vivent ensemble... Vous le savez, dites-le-moi, ma bonne, qui peut être venu me baiser la main tandis que je dormais ?

LA FÉE, *riant.*

Je soupçonne... un jeune homme dont je crois avoir aperçu les traces, et qui rôde depuis ce matin autour du

palais. Il sera d'abord accouru à vous comme à un être
de son espèce ; mais vos regards en vous éveillant l'ont
mis en fuite.

LUCINDE.

Un jeune homme !... Les hommes sont-ils aussi des
machines ?

LA FÉE.

Oui, mais plus parfaites et plus achevées que votre
singe même, à qui vous croyez tant d'esprit. Leur
couleur est ordinairement blanche, et ils ont la taille
de ces statues. J'en avais autrefois ici quelques-
uns ; mais ils ont tant de défauts que je m'en suis dégoûtée.

LUCINDE.

Les oiseaux chantent, ces statues dansent, mon clavecin rend des sons, et ma pendule indique l'heure qu'il
est ; que font les hommes ?

LA FÉE.

Ils sont divisés en plusieurs espèces. Ceux qu'on appelle guerriers, et qui plaisent le plus à l'apparence,
s'assemblent par milliers dans une plaine ; ils ont de
longs couteaux bien tranchans, et de petits globes de
fer où ils renferment du feu ; ensuite ils se précipitent
les uns sur les autres, s'égorgent, se taillent en pièces.

LUCINDE.

Cela est horrible ! oh ! ce sont des machines ! il n'y a
point de raison à tout ce carnage-là. Cependant je ne
serais pas fâchée de voir un homme, si je ne craignais sa
fureur et sa méchanceté.

LA FÉE.

Vous n'avez rien à craindre : nous sommes femmes,
tout fléchit devant nous ; ces hommes si furieux entre
eux rampent à nos pieds ; nous portons dans les yeux
un caractère qui les adoucit : cet aimant les attache et les
plie à tous nos mouvemens, ils les imitent, et y sont asservis à peu près comme cette figure qui s'offre à vous
dans un miroir.

LUCINDE.

Mais cette figure est la mienne.

LA FÉE.

Et cependant n'est pas vous. Les hommes aussi, sans être nous, deviennent d'autres nous-mêmes, se transforment dans nos sentimens, et prennent toutes nos passions.

LUCINDE.

Ma bonne, tâchez de me faire voir celui qui est venu me baiser la main tandis que je dormais.

LA FÉE.

Si vous ne l'avez point trop effarouché il est peut-être encore autour de ce palais ; je vais le chercher auparavant qu'il s'éloigne.

LUCINDE.

Allez vite ; j'attends votre retour avec impatience.

SCÈNE III.

LUCINDE, *seule.*

ELLE rit...... de mon impatience sans doute !....... elle a raison. Réellement ma curiosité va jusqu'à l'émotion : il me passe dans la tête des chimères et des illusions qui semblent être approuvées par mon cœur. Un homme......... Eh bien ! un homme !....... Oh ! je veux......... je veux jouer un air sur mon clavecin. (*elle va à son clavecin, et revient aussitôt.*) Je fais une réflexion : je suis une étourdie ; je devais accompagner Souveraine ; elle aurait guetté de son côté et moi du mien ; et s'il avait paru, nous nous serions doucement..... doucement rapprochées, et nous l'aurions pris. (*elle retourne encore à son clavecin et revient aussitôt.*) Quel cruel soupçon vient m'agiter ! pourquoi ne m'a-t-elle point proposé d'aller avec elle ? car enfin nous nous serions aidées l'une à l'autre : elle a dû le penser..... Quand elle a dit que les hommes avaient tant de défauts qu'elle s'en était dégoûtée, je me suis aperçue qu'elle souriait, et ne disait pas ce qu'elle pensait... Ne voudrait-elle point encore garder celui-ci pour elle, et me le cacher comme les autres ?... Oh ! ne soyons pas sa dupe : allons la joindre avant qu'elle ait le temps...... (*voulant sortir, elle aperçoit la fée qui entre.*)

SCÈNE IV.

LA FÉE, ALCINDOR, LUCINDE.

LUCINDE.

Ah! vous voilà! Eh bien! est-il pris ?

LA FÉE.

Oui , et je n'ai pas eu de peine à l'amener.

LUCINDE.

Où est-il donc?

LA FÉE.

Il me suivait.

LUCINDE.

Oh! vous l'aurez laissé échapper! (*elle court au fond du théâtre et aperçoit Alcindor.*) Ah!... ma bonne!.. Mais... comment ? en vérité... oui...

LA FÉE, *la contrefaisant.*

Ah !... ma bonne!... Mais... comment ?... en vérité... oui... Que voulez-vous dire?

LUCINDE.

Je ne sais : vous m'avez jeté un regard qui m'a tout-à-fait embarrassée.

LA FÉE.

Moi , je vous ai jeté un regard? Vous ne vous en seriez pas aperçue ; vous n'ôtez pas la vue de dessus lui.

LUCINDE.

Il est aussi grand que moi. Comme il regarde ! ses yeux sont doux et gracieux. Oh ! je suis persuadée qu'il n'est pas de ces furieux qui se battent et se déchirent : je le retiens pour moi.

LA FÉE.

Je vous le cède volontiers.

LUCINDE.

Il faut lui donner un nom : comment l'appellerons-nous ?

LA FÉE.

Comme vous voudrez.

LUCINDE.

Charmant.

LA FÉE.

Charmant, soit. Mais laissons pour quelques momens monsieur Charmant, et allons considérer un phénomène que je viens d'apercevoir au coucher du soleil.

LUCINDE.

Ma bonne, j'ai tant vu le soleil !...

LA FÉE.

Mais vous n'avez pas vu ce phénomène, et nous raisonnerons ensemble...

LUCINDE.

En vérité, madame, je raisonnerais fort mal.

LA FÉE.

En vérité, mademoiselle, restez avec votre Charmant, je ne veux point vous gêner : il faut espérer que cette fantaisie vous passera comme bien d'autres.

SCÈNE V.

LUCINDE, ALCINDOR.

LUCINDE , *regardant sortir la fée.*

ELLE sort ! tant mieux. Sa présence m'embarrassait : son esprit est aujourd'hui monté sur un ton raisonnable qui m'ennuie beaucoup. (*considérant Alcindor.*) Les beaux cheveux ! qu'il porte bien la tête ! sa taille est parfaite ! Il semble à mon cœur qu'il trouve enfin l'objet qu'il cherchait, et que des idées confuses lui traçaient il y a long-temps ! (*contrefaisant la fée.*) Cette fantaisie vous passera comme bien d'autres ! (*s'approchant d'Alcindor.*) Non, Charmant, je vous chérirai toujours. Fantaisie ! quel terme ! Il semblerait encore que ce n'est que quelques oiseaux qui m'occupent : ah ! quelle différence, et que je la sens bien ! (*elle prend un tabouret et s'assied.*) Venez, Charmant... Il vient, il se met à mes genoux. Oh ! cela est trop aimable (*tandis qu'Alcindor est à ses genoux, elle le regarde, et lui attache au cou un ruban fort long, et s'entortille le bras du reste.*) J'entends du bruit ; serait-ce déjà Souveraine ? (*elle se lève et court où elle croit entendre du bruit, tenant Alcindor en laisse.*) Elle ne vient pas : je me trompais ;

elle est attachée à considérer son nouveau phénomène. Puisse-t-elle y rester jusqu'à ce que j'aille la chercher ! (*elle va chercher un autre tabouret, le place auprès du sien, et fait signe à Alcindor de s'y asseoir.* Charmant, placez-vous là... Comment... il ne veut pas s'asseoir ! il se remet à mes genoux !..... Charmant, oui, vous êtes charmant. Je vous ai bien nommé... vous me charmez... vous m'enchantez... Hélas ! le plaisir que j'ai à le voir, séduit ma raison ; je lui parle comme s'il pouvait m'entendre et me répondre... Je me plais dans cette illusion. Je ne sais presque où je suis.... je soupire... un trouble, un désordre agréable s'empare de mes sens, et répand dans mon cœur une joie secrète... une agitation, une douceur qui jusqu'à présent m'a été inconnue......... Donnez la main, Charmant....... En vérité, le cœur lui bat comme à moi. (*elle se lève.*)

ALCINDOR, *à part, en se levant aussi et allant à l'autre bord du théâtre.*

Je n'y puis plus tenir ; cette situation est trop critique pour un amant.

SCÈNE VI.

LA FÉE, ALCINDOR, LUCINDE.

LA FÉE, *à part, en entrant.*

Je reviens, j'ai peur que mon étourdi n'ait oublié qu'il doit être sourd, muet et insensible.

LUCINDE, *courant à la fée.*

Ma bonne, accordez-moi une grace.

LA FÉE.

Quelle grace ?

LUCINDE.

Ah ! ma chère bonne, animez Charmant ; faites qu'il puisse penser, me parler, m'entendre et me répondre.

LA FÉE.

Vous demandez l'impossible.

LUCINDE.

L'impossible, madame ?

LA FÉE.

Oui, l'impossible, Lucinde.

LUCINDE.

Vous me désespérez.

LA FÉE.

Faut-il encore vous répéter que ces êtres qui vous amusent peuvent bien, par la liaison de leurs ressorts, imiter quelques-unes de nos actions; mais que ces ressorts, de quelque façon qu'on les arrange, ne peuvent jamais produire une pensée ?

LUCINDE, *d'un ton piqué.*

Je vous entends, madame, je vous entends; je pénètre fort bien dans vos idées.

LA FÉE.

Et qu'y voyez-vous?

LUCINDE, *avec beaucoup de vivacité.*

J'y vois, madame, que vous êtes très-savante; que vous voudriez que je devinsse une philosophe comme vous, pour avoir toujours quelqu'un avec qui raisonner, et que vous ne jugez pas à propos d'animer Charmant, parce que vous croyez que si nous pouvions nous entretenir ensemble, nous serions uniquement occupés du plaisir de nous voir et de nous aimer, et nous nous soucierions fort peu de nous rendre dignes de vos sublimes entretiens. Eh bien ! madame, une juste colère me saisit. Je vous déclare que je suis une ignorante, que je le serai toujours ; que j'ai la science en horreur, et que je vais à l'instant briser et mettre en pièces tous ces instrumens de philosophie qui me paraissent des meubles très-ridicules dans mon appartement.

SCÈNE VII.

LA FÉE, ALCINDOR.

ALCINDOR, *regardant sortir Lucinde.*

Adieu les globes, les sphères et les mappemondes. Cet emportement n'est-il pas charmant ?

LA FÉE.

Il est plaisant du moins : elle est aussi vive que vous, mon fils.

ALCINDOR.

Je l'en aimerai davantage : un sentiment tendre, vive-

ment exprimé, fait les délices du cœur. Mais je vous
dirai, madame, que vous êtes arrivée fort à propos :
je n'étais plus mon maître : j'allais parler...

LA FÉE.

Et l'oracle?

ALCINDOR.

L'oracle? J'avais la vue troublée, et ne voyais plus
que Lucinde. Prévenu, flatté, carressé par ses beaux
yeux, j'ai long-temps baissé les miens, je me mordais
les lèvres, toute ma personne m'embarrassait. Ah ! madame, qu'une bouche et des yeux sont à charge lorsqu'il faut les tenir inutiles avec ce que l'on aime !

LA FÉE.

Il faudra cependant bien vous contraindre encore
quelque temps. Peut-être que les sentimens que Lucinde
vous marque ne sont point de l'amour, mais de purs
mouvemens d'un caprice et d'une curiosité vive pour
un objet nouveau. Il est donc de la prudence d'examiner pendant sept ou huit jours....

ALCINDOR.

Sept ou huit jours !

LA FÉE.

Oui, mon fils.

ALCINDOR.

Sept ou huit jours ! Mais, mais... mais... madame,
pensez-vous à la situation ? Pensez-vous que dans son
appartement, à la promenade, au fond d'un bosquet,
Lucinde voudra m'avoir toujours avec elle, et que,
semblable au mouton chéri d'une bergère innocente, je
serai caressé à tous les momens du jour ? et vous voulez...

LA FÉE.

Je veux que le mouton soit sage.

ALCINDOR.

Dites plutôt me faire souffrir un genre de tourment
tout nouveau, et qui est en vérité trop au-dessus de mes
forces.

LA FÉE.

Eh ! comment font de jeunes filles qui pendant des
mois entiers résistent à leur penchant, cachent leur

Saintfoix.   2

amour, et paraissent non-seulement insensibles, mais même cruelles à un amant qui leur plaît?

ALCINDOR.

Oh! je ne suis ni fille, ni statue, et je vais le déclarer à Lucinde.

LA FÉE.

De grace, mon fils, différez encore quelques momens: laissez-moi faire subir à son cœur un nouvel examen: et ne risquez pas de vous découvrir mal à propos, puisque le bonheur de votre vie en dépend.

SCÈNE VIII.

LA FÉE, LUCINDE, ALCINDOR.

LUCINDE.

Je viens de briser le zodiaque et les pôles, et de jeter par les fenêtres le globe de l'univers.

LA FÉE.

Vous êtes bien vive!

LUCINDE.

Et vous, bien cruelle! Vous dites quelquefois que vous m'aimez, et cependant vous me refusez la seule chose qui peut me combler de joie, et me donner la satisfaction la plus sensible.

LA FÉE.

Pour vous prouver que je vais toujours au-devant de tout ce qui peut vous faire plaisir, je veux bien vous dire que votre Charmant étant parmi les hommes d'une espèce qu'on appelle petits-maîtres, il est impossible de le faire penser, et de lui inspirer la raison: mais que d'ailleurs il ira, viendra, rira, pleurera, se jettera à vos genoux, paraîtra tendre, soumis, complaisant, amoureux, inquiet, et cela machinalement, comme tous ceux de son espèce.

LUCINDE.

Machinalement?

LA FÉE.

Il fera plus: il sifflera, fredonnera et chantera même certains airs et des paroles...

LUCINDE, *avec transport.*

Ah! faites qu'il chante, je vous prie.

LA FÉE.

Volontiers : mais songez toujours que ces perroquets n'ont qu'un jargon, une suite de mots et de lieux communs qu'ils prononcent au hasard, et qu'ils répètent à presque toutes les femmes indifféremment, et comme ils les ont appris.

LUCINDE.

Vous me l'avez déjà dit : vous m'impatientez. Faites-le donc chanter.

LA FÉE, *bas, à Alcindor.*

Vous voyez le rôle que vous avez à jouer. (*haut.*) Il faut préluder un moment et l'exciter, comme l'écho. (*elle chante.*)

Tout ce qui respire...

ALCINDOR, *paraît ébranlé, ému, et comme un homme*
qui se réveille.

(*il chante.*)
Tout ce qui respire...

LUCINDE.

Ah! ma bonne!

ALCINDOR, *chante.*
Reconnaît l'empire
Du charmant Amour.

LUCINDE.

Le son de sa voix pénètre jusqu'au cœur.

ALCINDOR, *chante.*
Je perds le souvenir d'un oracle odieux...

LUCINDE.

Quel oracle? que veut-il dire?

LE FÉE.

Avez-vous déjà oublié que l'oiseau petit-maître répète au hasard, sans sentiment et sans raison, ce qu'il a entendu chanter?

LUCINDE, *d'un ton piqué.*

Oui, madame, je l'avais presque oublié : mais vous auriez été bien fâchée de ne m'en pas faire ressouvenir. Eh bien?

LA FÉE.

Eh bien ?

LUCINDE.

Pourquoi ne chante-t-il plus ?

LE FÉE.

Parce qu'apparemment on ne lui en a pas appris davantage. Il me semble que vous devez être bien contente : et je suis sûr que votre perroquet ne vous en a jamais tant dit.

LUCINDE.

Mon perroquet ! toujours mon perroquet ! vous ne faites ces comparaisons que pour tâcher de donner du ridicule au penchant qu'il m'inspire.

LA FÉE.

Et vous, mademoiselle, vous ne faites que gronder : vous avez bien de l'humeur aujourd'hui.

LUCINDE.

Qui n'en aurait pas ? Car enfin regardez-le, regardez-le bien : n'est-il pas cruel qu'il ne puisse connaître combien je l'aime ?

ALCINDOR, *bas, à la Fée, qui lui ferme la bouche, lui fait des signes, et le retient pendant cette scène.*

L'oracle est accompli : je veux répondre.

LUCINDE.

Que son insensibilité m'affligera de fois dans le jour !

LA FÉE.

Il est vrai : croyez-moi, chassez-le de ces lieux et de votre souvenir.

LUCINDE.

Le chasser ! chasser Charmant ! me priver de sa vue ! ô ciel !

LA FÉE.

Eh bien ! qu'il reste donc, et amusez-vous à lui apprendre des vers et des chansons que vous lui ferez répéter tant que les jours dureront.

LUCINDE.

Vous avez raison ; et je veux tout-à-l'heure lui donner la première leçon. Veyons, Charmant, si vous prononcerez bien mon nom. Lucinde !

SCÈNE VIII.

ALCINDOR.

Lucinde !

LUCINDE.

Ma chère Lucinde !

ALCINDOR.

Ma chère Lucinde !

LUCINDE.

Je vous aime.

ALCINDOR, *se débarrassant de la Fée qui veut encore l'arrêter, et se jetant aux genoux de Lucinde.*

Oui, je vous aime, je vous adore ; il n'est point de termes qui puissent exprimer mon amour. Lucinde !... ma charmante Lucinde !.... Que de choses à dire ! et cependant je ne puis que dire mille fois, je vous aime.

LUCINDE.

Ah ! ma bonne, il parle tout seul ! ce ne sont point là des chansons !

LA FÉE.

Vous voyez que votre première leçon l'a bien avancé.

ALCINDOR.

Ne cherchez point, madame, à prolonger son erreur, l'Oracle est accompli, et je puis enfin lui montrer toute la reconnaissance et tout l'amour dont mon cœur est pénétré.

LUCINDE.

Vous avez donc un cœur tendre et reconnaissant ? pourquoi me le cachiez-vous ?

ALCINDOR.

Forcé par un Oracle funeste, il fallait que je parusse insensible. Me reprocheriez-vous l'erreur où je vous ai jetée, lorsque l'intérêt de mon amour m'en faisait une nécessité ?

LUCINDE.

Ah puis-je vous la reprocher lorsqu'elle n'a servi qu'à faire mieux éclater mes sentimens pour vous ?

ALCINDOR.

Ma chère maîtresse !

LUCINDE.

Levez-vous.

LA FÉE.

Allons, mes enfans ; l'Oracle est accompli : qu'un heureux hymen vous unisse. Je vais vous transporter au milieu d'un peuple dont la politesse, le goût et la gloire, font l'émulation de toutes les autres nations. Après avoir été amant sourd, muet et insensible, soyez-y, Alcindor, époux empressé, tendre et complaisant : ce sera le constraste des mœurs du temps.

DIVERTISSEMENT.

———

Retenez bien, jeunes amans,
    Ces règles infaillibles :
Si vous voulez être charmans,
Paraissez pendant quelque temps
    Sourds, muets, insensibles.
Pour suivre ces sages décrets,
Il n'est pas besoin des apprêts
De la féerie et du miracle :
Soyez tendres, soyez discrets ;
    C'est le sens de l'Oracle.

Retenez bien, jeunes amans,
    Ces règles infaillibles :
Si vous voulez être charmans,
Paraissez pendant quelque temps
    Sourds, muets, insensibles.
Quand avec des yeux inquiets
A tous vos mouvemens secrets
Vous remarquez que l'on s'attache,
Alors cessez d'être muets ;
    C'est le sens de l'Oracle.

L'Amour vous tend, objets charmans,
    Des piéges invisibles :
Pour fuir les perfides amans,
Paraissez à tous leurs sermens
    Sourds, muets, insensibles ;
Mais après ces sages combats,
Aux cœurs tendres et délicats
N'opposez point d'injuste obstacle :
Eprouvez, ne rebutez pas ;
C'est le sens de l'Oracle.

FIN DE L'ORACLE.

THÉATRE

DE

DU VAURE.

———

Edition = Touquet.

———

PARIS.

Chez L'ÉDITEUR, rue de la Huchette, n°. 18.

1821.

LE FAUX SAVANT,

COMÉDIE

EN TROIS ACTES ET EN PROSE,

DE

DU VAURE;

Représentée, pour la première fois, en 1749.

PERSONNAGES.

DORIMAN , père de Lucile
POLIMATTE.
LISIDOR , amant de Lucile.
TIMANTONI , maître de langue italienne.
FORTUNÉ , valet de Polimatte.
LA FLEUR , laquais de Doriman.
LUCILE , fille de Doriman.
ARAMINTE , sœur de Doriman.
LISETTE , femme-de-chambre d'Araminte.
PLUSIEURS DOMESTIQUES DE SUITE.

La scène est à Paris, dans la maison de Doriman.

LE FAUX SAVANT,

COMÉDIE.

ACTE PREMIER

SCÈNE Ire.

LUCILE, *seule, tout éplorée.*

Non, je n'en puis revenir ; quelle surprise, justes
dieux ! à quelle extrémité me vois-je réduite ! Ah ! Doriman, ne vous montrerez-vous jamais mon père que
par votre autorité ? Raisons, prières, larmes, rien n'a
pu vous fléchir... Mille projets confus viennent s'offrir
à mon esprit, aucun ne me détermine ... Tantôt,
amante tendre et désespérée, je n'écoute que ma passion ;
tantôt, victime des bienséances, je ne veux suivre que
mon devoir. Que puis-je donc résoudre ? Ciel ! est-il
un combat plus cruel que celui de l'amour et de la vertu ?
Dois-je...

SCÈNE II.

LUCILE, TIMANTONI.

TIMANTONI, *mal vêtu ; il conserve la prononciation
italienne.*

Servitour très-houmble, mademiselle ; je vous prie
de m'excouser si je viens un po piou tard qu'à l'ordi-
nārio ; ma j'ai depouis avant-hier trois nouveaux accoliers : un milord, una vieilla duchessa et son joune perroquet, à qui j'ai l'honnour d'apprendre aussi l'italian.
Allons, commençons votre liçon ; *parliamo italiano.*
Vossignoria ha tradotto...

LUCILE.

Ah ! monsieur Timantoni, je ne suis point en état de prendre ma leçon ; vous me voyez accablée par les réflexions les plus tristes...

TIMANTONI.

Vous, mademiselle, des réflexions à votre âge, et tristes encore ! *Burlate, signora, burlate*

LUCILE.

Je parle très-sérieusement ; mon père est de retour.

TIMANTONI.

O caro Padron !... Loui serait-il arrivé quelque accidenté ?

LUCILE.

Non ; mais je touche au moment qui va me rendre la plus malheureuse personne du monde.

TIMANTONI.

Comment ?

LUCILE, *bas, à part.*

Le danger est pressant, parlons. (*haut.*) Il veut me forcer d'épouser un homme que je hais à la mort.

TIMANTONI.

Grandes dispositions à devenir sa femme !

LUCILE.

Puissé-je plutôt rester fille toute ma vie !

TIMANTONI.

Rester fille ! y pensez-vous, *cara signora ?* Quel est donc lou disgracié mortel qui vous oblige à faire oun vœu si difficile à remplir ?

LUCILE.

C'est monsieur Polimatte ; ai-je tort ?

TIMANTONI.

Oui, mademiselle, avec votre permissioue, vous avez tort, et très-grand tort ; vous ne devez point être si fâchée. Monsou Polimatte n'est point grand ; ma sa petite taille lui sied bien : il a, avec ounc physionomie d'esprit, un air jovial ; bien mis, et pouli, quoique savant, toujours occupé avec des livres, quelquefois à la cour ; souvent à la campagne ; c'est un demi-vourage : vous serez piou heureuse que vous ne pensez.

LUCILE.

Que vais-je devenir ! Quel coup pour un amant dont je suis si tendrement aimée !

TIMANTONI.

Ah , ah ! vous avez le cœur pris ! votre haine ni votre chagrin ne me surprennent piou ; cela est dans l'ordre.

LUCILE.

Voudriez-vous , mon cher monsieur Timantoui, me rendre un service essentiel, dont je conserverai un éternel souvenir ?

TIMANTONI.

Volóntiers ; je m'estimerai trop heuroux de vous être outile ; *son servitor* , *ma di core* , *signorina* : ordonnez. Quel est s tou servitcio ?

LUCILE.

Je ne puis m'adresser qu'à vous ; je le fais avec confiance : vous m'avez toujours paru si bon , si obligeant...

TIMANTONI.

Je souis ravi de faire plaisir quand je lou pouis , et surtout aux personnes que j'estime et que je respecte autant que vous , mademiselle.

LUCILE.

Voici une occasion de me prouver votre zèle , vous savez que monsieur Polimatte loge ici, il s'y est rendu le maître : tous les domestiques dépendent de lui: vous connaissez la contrainte où je suis. Le temps presse, oserais-je vous prier d'avertir le comte Lisidor ?...

TIMANTONI , *bas, à part.*

L'aventure est plaisante ; je le connais. (*haut.*) Comment diantre, mademiselle, me prenez-vous per un maître à chanter ou à danser ? Si je voulais les imiter, vous me verriez aussi bien équipé que la plupart des tou messieurs ; j'aurais de biaux habits, montre , tabatière, canne à pomme d'or ; peut-être j'aurais aussi (*imitant le son que fait celui qui veut exciter un cheval.*) k... k... k... la petite chaise. Ma je ne me mêle que d'enseigner l'italien.

LUCILE.

Monsieur...

TIMANTONI.

Il ne sera jamais dit dans le monde que Franchis-
chino Timantoni se soit amousé à oun commerce équi-
voque, entendez-vous, mademiselle! S'adresser à moi,
à moi! me croire capable!... Je suis dans une colère...
attaquer ma réputation!...

LUCILE.

Ne vous fâchez point, monsieur, écoutez-moi.

TIMANTONI.

Dans notre race, de père en fils, nous ne sommes
pas partagés des biens de la fortoune, à la vérité; ma,
en échange, nous possédons l'honnour, la probité, le
désintéressement : ce sont des vertous de famille.

LUCILE.

Ah! je n'en donte pas...

TIMANTONI.

N'ai-je pas refousé, il y a bouit jours, deux étouis
d'oro de la fille d'oun banquier, per rendre simplement
oun billet à oun mousquetaire? et oun gros caissier ne
voulait-il pas me donner cinquante louiggi, per lui faciliter oune entrevoue avec la femme d'oun financier qui
était aussi mon accolière? ma tout l'or dou Pérou ne
me rendrait pas corrouptible.

LUCILE.

Je le crois : ce que j'ai à vous proposer est différent...

TIMANTONI.

Non, je n'écoute rien : c'est monsou Polimatte à qui
je dois l'avantage honourable de vous enseigner : il me
procoure tous les jours des accoliers, et je pourrais le
trahir! quel cœur assez ingrat, assez bas! Oh, oh, oh!
il y aurait consciensa...

LUCILE.

Mais je vous promets une récompense si solide...

TIMANTONI.

Promesses, promesses inoutiles. J'ai une morale incor-
rouptible, vous dis-je.

LUCILE, *lui présentant une montre.*

Acceptez je vous prie, cette montre d'or.

TIMANTONI.

Est-elle à répétition ?

LUCILE.

Oui, monsieur : ces sortes de présens ne se refusent pas.

TIMANTONI, *prenant la montre, bas.*

Je n'ai garde. (*haut.*) Que les dames persouadent aisément ! Je ne la prends que per me trouver piòn assidou à votre houre.

LUCILE.

J'en suis convaincue. Courez vite chez Lisidor...

TIMANTONI.

Ma vous ne songez pas...

LUCILE.

Laissons à part votre délicatesse : je l'acheterai tout ce qu'elle peut valoir.

TIMANTONI.

C'est beaucoup.

LUCILE.

Apprenez-lui que mon père, à peine arrivé de la campagne, m'a déclaré le bizarre dessein qu'il a formé : qu'il me l'a annoncé d'un air absolu : que, furieux de ma résistance, il m'a quittée, et ne m'a donné qu'une heure pour me déterminer. Si le comte m'aime, qu'il agisse, qu'il parle, qu'il se déclare...

TIMANTONI.

Signora , si.

LUCILE.

Passez ensuite chez ma tante Araminte : dites-lui que je la conjure de tout employer auprès de mon père pour le dissuader : je suis certaine qu'elle lui parlera en ma faveur : elle hait Polimatte, connaît tout le frivole de son esprit, et m'a dit cent fois que ses intrigues et sa vanité lui tenaient lieu de mérite.

TIMANTONI.

Si, signora.

LUCILE.

Que Lisidor surtout fasse agir ses amis : que mon père soit accablé de sollicitations.

TIMANTONI.

Vous aimez fourieusement stou jonne homme.

LUCILE.

Ne mérite-t-il pas bien de l'être?

TIMANTONI.

Oui vraiment: il a l'air nobile, la jamba bien faite, beau: il me rassemble oun pou de visage. Il a été mon accolier; et, malgré sa naissance et la profession des armes il coultive les sciences et les beaux arts. Votre choix ne pout être blâmé, *lasciate far a mi.* Je vais de ce pas chez lui; s'il n'y était pas, je loui laisserai ounne lettre qui l'informera de tout.

LUCILE.

Que ne devrai-je point à vos soins?

TIMANTONI.

Vous y pouvez compter sourement: ce n'est pas per votre montre; ma je vois dans votre amour una délicatessa, una franchisa, una vivacita qui me gagnent lou cor; et per commencer à vous prouver mon zèle, souivez cet avis: paraissez soumise à la volonté de monsiour Doriman; faites piou, témoignez de la tendresse à Polimatte.

LUCILE.

Moi, affecter de la tendresse pour lui? Je n'ai point l'art de masquer mes sentimens; je suis née sincère.

TIMANTONI.

Per pou que vous lui fassiez bonne mine, son amour-propre fera le reste; allons, dissimoulez un pou; cela ne coûte rien aux dames.

LUCILE.

Quand je pourrais m'y résoudre, à quoi cela aboutirait-il?

TIMANTONI.

A tout; vos démarches ne seront point examinées, on ne se méfiera pas de vous, et nous serons à portèc de prendre des misoures.

LUCILE.

Je me rends, je suivrai vos conseils. Allez donc, courez, volez chez Lisidor et chez Araminte, et que j'aie sur-le-champ de vos nouvelles.

TIMANTONI, *en s'en allant.*

Basta ! cosi, *subito,* subito. Voilà ouna liçon bien proufitable. *Oh natura ! natura !...*

SCÈNE III.

LUCILE, *seule.*

Je ne sais quel heureux pressentiment me flatte contre toute apparence ! J'entends mon père...

SCÈNE IV.

DORIMAN, LUCILE.

DORIMAN.

Eh bien ! mademoiselle , quelle est votre résolution ? La mienne est prise , comme vous savez.

LUCILE.

Mon père...

DORIMAN.

Quoi, mon père ? Vous n'êtes pas déterminée ? Vous avez entendu mes ordres , et je ne manquerai pas de moyens pour les faire suivre.

LUCILE.

Ils seront inutiles , mon père...

DORIMAN.

Inutiles ! Comment ? vous avez la hardiesse...

LUCILE.

Oui, votre autorité ne vous est plus nécessaire ; mes réflexions m'ont changée , je ne m'écarterai jamais de mon devoir.

DORIMAN.

Je voudrais bien voir le contraire ! Ah! si vous compreniez l'excès du mérite de monsieur Polimatte...

LUCILE.

J'en connais toute l'étendue.

DORIMAN.

Cela ne se peut pas ; il n'y a qu'à moi qu'elle ne peut échapper. Préparez-vous à lui faire un accueil digne de lui.

LUCILE.

Je le recevrai le mieux qu'il me sera possible.

DORIMAN.

En ce cas, je veux bien oublier mes sujets de plaintes
là-dessus; je vous pardonne.

LUCILE.

Quelle bonté !

DORIMAN.

Vous en sentirez toujours les effets, quand vous
serez soumise à mes volontés. Allez, je suis content de
vous.

SCÈNE V.

DORIMAN, *seul.*

Voila ce que produit une bonne éducation : grace à
mon autorité employée à propos, tous mes désirs sont
comblés... Mais que me veut ma sœur? Sa jalousie
contre Polimatte lui fait rabaisser les talens de ce
grand génie, toutes les fois qu'elle en trouve l'occasion.

SCÈNE VI.

DORIMAN, ARAMINTE.

ARAMINTE, *vers la coulisse.*

Non, non, monsieur Timantoni, ce mariage ne se
fera point; il faudrait que mon frère fût le plus imbécille... le plus... (*apercevant Doriman.*) Ah! vous
voilà, Doriman! soyez le bien revenu. Votre séjour à
la campagne a été long ; vous devez vous y être bien
ennuyé?

DORIMAN.

Peut-on s'ennuyer un seul instant où est monsieur
Polimatte? quelles ressources n'a - t - on pas avec un
homme si admirable? C'est une bibliothèque vi nte
il parle de tout en maître, il raisonne de tout, .. sait
tout.

ARAMINTE.

Permettez-moi de n'être pas de votre sentiment. Eh !

mon frère, si la vie d'un homme suffit à peine pour approfondir un art ou une science, devez-vous croire qu'il y ait quelqu'un qui les possède toutes?

DORIMAN.

Je crois ce que je vois; c'est un génie privilégié; il est universel, vous dis-je: toutes les sciences semblent être nées avec lui, c'est le roi des beaux esprits.

ARAMINTE.

Quelle prévention!

DORIMAN.

Prévention! n'en est-ce pas une horrible de ne pas penser comme moi, de l'auteur illustre de tant d'ouvrages différens? Plus je l'approfondis, plus je le trouve au-dessus de sa réputation.

ARAMINTE.

Sa réputation n'est pas si bien établie que vous le pensez. J'ai entendu dire à une infinité de personnes éclairées dont il est fort connu, qu'il court sans cesse après l'esprit; qu'il est captieux dans ses raisonnemens, recherché, précieux même dans ses expressions, bizarre dans ses idées; ils soutiennent qu'il se pare des pensées d'autrui; qu'il a plus de manége que de science; ils veulent que sa présomption et ses airs suffisans soient une preuve certaine de son ignorance.

DORIMAN.

Ces gens, et tous ceux qui raisonnent comme eux, sont eux-mêmes des ignorans, des envieux, des extravagans.

ARAMINTE.

Pourrais-je obtenir d'être écoutée sans emportement?

DORIMAN.

Peut-on, de sang-froid, entendre appliquer à un si galant homme, le portrait d'un pédant?

ARAMINTE.

Ne vous y trompez pas, la pédanterie est plus souvent attachée à l'esprit qu'à la profession; le monde, je dis même le grand monde, en a autant que le collége; et ce nom me semble dû à ceux qui, décidant toujours avec autorité, prennent l'air de maîtres dans les con-

versations : gens d'un esprit singulier et satirique, rien
ne leur plaît ; ils donnent leur goût pour règle ; ils se
croient les seuls dispensateurs de la gloire ; enorgueillis
d'une teinture superficielle et de quelques termes de
l'art, ils prétendent passer pour universels; ils sont en
liaisons avec les savans les plus célèbres; ils connaissent,
il est vrai, les noms de tous les auteurs, la matière
qu'ils ont traitée, les bonnes éditions, le titre de tous
les livres ; mais ils ignorent ce qu'ils contiennent, ou,
s'ils en savent une partie, ils en font un si mauvais
usage, qu'on doit, ce me semble, préférer une ignorance modeste et aimable à un savoir orgueilleux et
badin.

DORIMAN.

On ne doit point appeler de vos décisions ; une savante telle que vous...

ARAMINTE.

Je serais fâchée qu'on m'accusât de vouloir le paraître : c'est un titre que l'usage interdit à mon sexe;
mais ce même usage ne m'ordonne point d'apprécier
plus qu'il ne faut un homme très-médiocre.

DORIMAN.

Allons, ferme, courage, madame le bel-esprit!

ARAMINTE.

De grace, point d'injures.

DORIMAN.

Savez-vous bien, madame, qu'il ne me convient pas
d'entendre ainsi parler de quelqu'un qui doit être mon
gendre ?

ARAMINTE.

Votre gendre?

DORIMAN.

Il le sera dès demain.

ARAMINTE.

Cela ne se peut pas.

DORIMAN.

Non?

ARAMINTE.

Non, vraiment ; son alliance ne vous convient en
aucune manière ; et sans parler des autres avantages

que vous devez chercher dans l'époux de ma nièce,
songez que le bien de celui-ci...

DORIMAN.

Ah ! c'est où je vous attendais. Comme j'ai toujours
pensé que les riches étaient moins heureux par le bien
qu'ils ont, que par celui qu'ils peuvent faire , je n'ai
jamais senti le prix des richesses si vivement que dans
cette occasion.

ARAMINTE.

Ce sentiment est noble ; mais il perd bien de son prix
par la personne à qui vous l'appliquez.

DORIMAN.

Brisons là-dessus : il a ma parole , rien ne peut m'é-
branler.

ARAMINTE.

Quel entêtement ! Je n'ai plus qu'un mot à vous dire ;
vous savez que j'aime ma nièce, et que je n'ai d'autre
dessein que celui de la faire mon héritière.

DORIMAN.

Eh bien ?

ARAMINTE.

Vous ne devez plus compter sur ma succession.

DORIMAN.

Eh ! pourquoi ?

ARAMINTE.

Je ne veux point, en un mot, qu'un gendre si peu
estimable la partage.

DORIMAN.

Madame...

ARAMINTE.

Et je me remarierai, s'il le faut, pour vous en ôter
l'espérance. (*à part, en s'en allant.*) Allons préparer
notre stratagème.

SCÈNE VII.

DORIMAN , *seul.*

La calomnie et l'envie s'armeront-elles toujours contre
le mérite et la vertu ? Pour éviter de nouvelles persécu-

tions, retournons à la campagne, j'y serai plus paisible
(*il appelle.*) Lucile ! Lucile !

SCÈNE VIII.

DORIMAN , LUCILE.

LUCILE.

Mon père ?

DORIMAN.

J'avais oublié de vous dire qu'il faut vous préparer à
aller demain à la campagne.

LUCILE , *à part.*

Juste ciel ! qu'entends-je ?

DORIMAN.

Nous y terminerons votre mariage avec plus de tran-
quillité...

SCÈNE IX.

TIMANTONI, LUCILE, DORIMAN.

DORIMAN.

Ah ! c'est vous, monsieur Timantoni : que n'entrez-
vous ?

TIMANTONI.

Je vous croyais en affaires , monsou , et la discrétion
que je dois à oun signor aussi respectable...

DORIMAN.

Voilà qui est fini.

TIMANTINI.

Je souis sourpris très-agréablement de vous voir de
retour en bonna santé.

DORIMAN.

Fort bonne.

TIMANTONI.

Au moins, monsou, j'ai été fort assidou ; mademi
selle n'a pas perdou son temps : soubaitez-vous que je
loui donne sa liçon en votre présence ? Vous venez ?...

DORIMAN.

Non, ma fille n'en prendra point ; nous parlons de

main pour la campagne ; et , à la veille d'un départ, on
a des arrangemens...

TIMANTONI.

Elle ne prend point de liçon ? (à part.) Ce n'est pas
là mon compte. (bas , à Lucile.) J'ai à vous parler.
(à part.) Je ne sais qu'imaginer. (à Doriman.)
Pourrai-je avoir l'honnour de voir monsou Polimatte ?

DORIMAN.

Il n'est pas revenu.

TIMANTONI.

J'en souis fâché ; je voudrais qu'il soit céans.

DORIMAN.

Pourquoi ?

TIMANTONI.

Per ouna question très-importante.

DORIMAN.

De science, sans doute ?

TIMANTONI.

C'est ouna question fort singoulière.

DORIMAN.

Vous n'aurez qu'à revenir.

TIMANTONI.

Il faut que je reste, sa décision est nécessaire : je l'attendrai ici , si vous lou trouvez bon.

DORIMAN.

Vous êtes le maître. (à Lucile.) Ne perdez point
de temps , donnez les ordres pour notre départ.

TIMANTONI.

Avec votre permission , monsou, mademiselle , ayant
beaucoup d'esprit et oun grand usage du monde, ainsi
que vous , monsou, je souis bien aise , en attendant
monsou Polimatte , de savoir aussi votre sentiment à
l'oun et à l'autre ; voici lou fait : Je sors de chez oun
de mes accoliers , (bas , à Lucile.) de chez monsou
Insidor , (haut.) où il y avait bonne et nombreuse
compagnie. (bas, à Lucile.) Je l'ai trouvé seul. (haut.)
On a mis la conversation sur le retour qu'exigeait la reconnaissance ; écoutez bien , mademiselle , la reconnaissance. On souppose que quelqu'oun eût les piou
essentielles obligations à oun homme, comme de l'avoir,

Du Vaure.   2

par sa borsa, mis à son aise... (*bas*, *à Lucile*.) Il m'a
donné la sienne... (*haut.*) l'avoir, par son crédit et par
ses soins, tiré de prison... (*bas*, *à Lucile*). Je pourrais bien y aller, si tout ceci était découvert... (*haut.*)
avoir exposé sa vie per loui, et autres cas semblables.
On demande si celoui qui a reçou tant de plaisir, pout,
sans se déshonorer, être médiateur de ses amours, les
favoriser, loui faciliter les moyens de voir sa maîtresse ;
loui dire, en présence des sourveillans, qu'elle verra son
amant, qu'elle le verra tendre, fidèle, prêt à tout entreprendre. (*à Lucile.*) Avez-vous compris, signora? (*bas*,
à Lucile.) Prêt à tout entreprendre ! (*haut.*) Voulez-
vous que je répète ?

LUCILE, à Timantoni.

Il n'en est pas besoin, j'ai tout compris à merveille.

TIMANTONI.

Bon ! marque de grand jugement ! Après donc plu-
siours discours fort animés entre oun vieux commau-
dour et oun jeune colonel, ils ont fait ouna gajoura de
deux cents louiggi d'oro. Lou commandeur soutient
ces démarches pou convenables à la probité; lou militaire prétend lou contraire. L'assemblée a été si parta-
gée, qu'ils s'en sont remis tous les doux à la décision
de l'illoustre monsou Polimatte, et ils m'ont prié de la
loui venir demander.

DORIMAN.

Ils ne pouvaient pas mieux s'adresser.

TIMANTONI.

C'est de quoi tout le monde convient. Quel est votre
sentiment là-dessus, mademiselle ? (*à Doriman.*) Je
demande, en premier lieu, l'avis de mademiselle : *perche*, je le demande ? *Perche*? il faut qu'oune jeune
personne s'accoutoume à prendre son parti d'elle-même
dans des circonstances aussi délicates (*à Lucile.*) Ainsi
que pensez-vous ?

LUCILE.

Je crois que le motif doit justifier les démarches de
cet ami, le faire persévérer, agir vivement.

TIMANTONI.

Oh ! *ché brava, signora* ! Et vous, monsou, qu'en dites-vous ?

DORIMAN.

J'imaginerais l'honneur un peu blessé. Mais, vous-même, quel est votre sentiment ?

TIMANTONI.

Le mien a été, sans contredit, celui de mademiselle et dou colonel. Je hais si fort l'ingratitude, qu'il y a oune personne dans le monde per qui je pousserais les choses piou loin : à l'exemple de ce Romain, je lui céderais ma femme, s'il en était amoureux.

DORIMAN.

Ce ne serait peut-être pas là un service d'ami. (*à Lucile.*) Allez.

TIMANTONI.

Mademiselle, n'oubliez pas ce que je vous ai appris : par cet effet, tradouisez, lisez, rappelez-vous mes liçons, et surtout la dernière.

LUCILE.

Je ne négligerai pas vos avis.

TIMANTONI.

C'est lou moyen de faire des progrès.

SCÈNE X.

DORIMAN, TIMANTONI.

TIMANTONI, *continuant.*

Qui n'avance pas en bien de chose, recoule : n'est-il pas véritable, monsou ?

DORIMAN.

Oui, rien de plus vrai.

TIMANTONI.

Vous voyez, monsou, mon attention à remplir mon petit devoir : il faut toujours s'acquitter avec distinction des choses qu'on nous confie.

DORIMAN.

Je sais à quoi m'en tenir ; aussi, à notre retour, vous commencerez à enseigner mon fils aîné.

TIMANTONI.

Mon zèle per loui sera égal, persouadé qu'il me con-
tentera aussi bien que mademiselle. Ma, à propos de
monsou votre fils, avez-vous remplacé son préceptour?

DORIMAN.

Non, pas encore. En connaîtriez-vous quelqu'un capable?

TIMANTONI.

Oui, monsou, j'en sais oun, si par bonheur il n'était
pas placé; car trois ou quatre seigneurs le sollicitent:
c'est oun excellent sujet, il a piou d'un talent: il serait
très-outile à mademiselle votre fille.

DORIMAN.

A ma fille! Il ne s'agit point...

TIMANTONI.

Je vous demande pardon, je confondais.

DORIMAN.

Informez-vous-en, sans perdre de temps; vous me ferez plaisir.

TIMANTONI.

Attendant l'arrivée de monsou Polimatte, je vais passer
chez notre homme; s'il n'est pas placé, je vous l'en-
verrai: il vous ravira, vous sourprendra.

DORIMAN.

Je souhaite qu'il convienne à notre illustre ami. J'ai
quelques ordres à donner. Allez au plus tôt. (*il va pour
sortir.*)

TIMANTONI.

J'y vais de ce pas, je vous joure.

DORIMAN, *revenant.*

Hem! hem! assurez-le que je lui ferai des conditions
si avantageuses, qu'il me donnera la préférence.

TIMANTONI.

C'est oun virtouoso qui n'agit, comme moi, que per
honnour, et point dou tout per intérêt.

DORIMAN.

N'importe, chacun doit vivre de ses talens.

(*il sort.*)

TIMANTONI.

Chacun doit vivre de ses talens.

SCÈNE XI.

TIMANTONI, *seul.*

Oui, c'est fort bien dit, chacun doit vivre de ses talens : allons mettre les nôtres en ousage per servir nos
deux amans.

SCÈNE XII.

TIMANTONI, FORTUNÉ, *chargé d'une sphère,*
d'un astrolabe, d'une lunette d'approche, de cartes,
etc., qu'il pose sur la table.

TIMANTONI, *à lui-même.*

Je crois voir le valet de monsou Polimaite; sondons
adroitement ses dispositions per son maître : il peut
nous être outile. (*haut.*) Ah! c'est vous, monsou Fortuné : qu'apportez-vous là ? Vous êtes bien essoufflé.

FORTUNÉ.

On le serait à moins ; je porte le monde entier sur
mes épaules.

TIMANTONI.

Ah! je vois ce que c'est.

FORTUNÉ.

J'avais peur de trouver mon maître de retour, j'ai fait
diligence; il ne me donne pas un moment de repos. Depuis notre arrivée, j'ai couru la moitié de la ville ; il
m'a chargé de vingt commissions : à peine ai-je pu sabler
une bouteille de vin tout seul; je n'ai pas seulement eu
le temps de voir l'objet de ma tendresse. Mon maître
connaît tout Paris. Ouf!

TIMANTONI.

C'est oun illoustre fort estimé, oun savant dou premier ordre, qui a beaucoup de puissans amis ; il vous
fera parvenir.

FORTUNÉ.

En effet, je m'en aperçois; depuis que je suis à son
service, il a changé mon nom; au lieu de Normand, il
m'a baptisé Fortuné : voilà, je crois, la seule preuve de
crédit que j'aurai de lui.

TIMANTONI.

Votre condition, chez un pareil maître, doit être un poste bien brillant.

FORTUNÉ.

Je voudrais que quelque curieux en eût envie. Savez-vous bien, signor Timantoni, que vous voyez, en moi, son laquais, son intendant, son valet-de-chambre, son cuisinier, son secrétaire et son lecteur?

TIMANTONI.

Avec tant d'emplois, votre fortoune sera bientôt faite.

FORTUNÉ.

Effectivement, je suis laquais sans gages, intendant sans régie, valet-de-chambre sans profit, cuisinier sans provisions, secrétaire sans tour de bâton, et lecteur de mauvais ouvrages.

TIMANTONI.

De mauvais ouvrages!

FORTUNÉ.

Oui, ce sont les siens qu'il me fait lire. Oh! que je me repens bien d'avoir quitté le maître que je servais au Mans! Il voulait me faire de robe; je serais à l'heure qu'il est sergent ou greffier; peut-être je serais parvenu jusqu'au rang distingué de procureur! J'ai toujours eu de bonnes inclinations : je me verrais dans le chemin de la fortune; et, depuis deux ans que je sers celui-ci, je suis encore à toucher le premier mois de mes gages.

TIMANTONI.

Vous me sourprenez.

FORTUNÉ.

Vous ne connaissez pas mon maître : il est savant, c'est tout dire; il ressemble à tous les autres. Ces messieurs sont-ils mal dans leurs affaires? ils ne sauraient payer. Sont-ils riches? ils sont avares. Mais je n'en serai plus la dupe; et, si jamais je sers encore un auteur, il faudra qu'il me donne un bon répondant.

TIMANTONI.

Comment?

FORTUNÉ.

Oui, une caution pour mes gages.

TIMANTONI.

Cela est de fort bon sens. (*à part.*) Je crois qu'il ne
sera pas impossible de le mettre dans nos intérêts.

FORTUNÉ.

J'aurais déjà quitté celui-ci, sans la facilité qu'il me
donne à voir souvent une fille que j'adore.

TIMANTONI.

Une fille aimable, sans doute? car un vainquour tel
que vous, fait, per son choix seul, l'apologie de sa conquête.

FORTUNÉ.

Aimable! Pouf... vous êtes à cent piques de sa juste
valeur. C'est une taille d'impératrice, des yeux de reine,
un nez de princesse, une bouche de marquise, une
gorge de grisette, une jambe et un pied de danseuse.

TIMANTONI.

Voilà un portrait bien noble.

FORTUNÉ.

Et ragoûtant, n'est-ce pas? Mais son esprit est encore plus parfait que sa figure : elle parle de tout, elle
lit les livres nouveaux, elle fait quelquefois de petites
chansons très-jolies, elle sait fort bien jouer la comédie,
elle raille avec finesse les sots qui s'en font accroire, elle
ne parle mal de personne, pas même de ses maîtres;
et, quoiqu'elle ait autant d'esprit qu'on en puisse avoir,
quand nous sommes tête-à-tête, elle n'en a pas plus que
moi.

TIMANTONI.

C'est là lou véritable. Pout-on vous demander lou
nom de sta personna charmante?

FORTUNÉ.

Je vous ai dit que mon maître me facilitait les moyens
de la voir : c'est la suivante de madame Araminte; nous
allons chez sa maîtresse; sa maîtresse vient ici; cela
forme un cours de visites agréables qui me dédommage
des désagrémens de ma servitude.

TIMANTONI.

Quoi! c'est Lisette, cette graciouse personne?

FORTUNÉ.

Elle-même.

TIMANTONI.

Ah! malheureux Fortuné!

FORTUNÉ.

Qu'y a-t-il donc?

TIMANTONI.

Vous êtes perdou.

FORTUNÉ.

Eh! pourquoi?

TIMANTONI.

Il n'y a plous de Lisette per vous.

FORTUNÉ.

Ah! la perfide! l'ingrate! la coquette!

TIMANTONI.

Que vous a-t-elle fait?

FORTUNÉ.

Je n'en sais rien : c'est vous qui me dites que je la perds.

TIMANTONI.

Apprenez l'obstacle invincible qui vous sépare de sta pauveretta Lisetta. Madame Arauinte, sa maîtresse, ne saurait souffrir monsou Polimatte; tout ce qui loui appartient loui déplaît; elle défendra à sa souivante de vous parler, de vous voir : ah! pauveretto!

FORTUNÉ.

Eh! que faudrait-il faire pour empêcher tout cela?

TIMANTONI.

Trahir votre maître.

FORTUNÉ.

Que le diable l'emporte, s'il veut! qu'est-ce que cela me fait à moi?

TIMANTONI.

Et vous serez soûr, en le trahissant, d'ouna bona récompense.

FORTUNÉ.

Ce n'est pas là la question : je le trahirai pour rien, et la récompense sera par-dessus le marché.

TIMANTONI, *à part.*

Il est à nous. (*haut.*) Voici lou fait. Madame Araminte s'intéresse per oun comte, bien gentilhomme, de

mes amis., nommé Lisidor, qui est amouroux de mademiselle Loucile.

FORTUNÉ.

Elle fait fort bien.

TIMANTONI.

Monsou Doriman, entêté de ton maître, loui veut
donner sa fille.

FORTUNÉ.

Il fait fort mal.

TIMANTONI.

Il s'agit, per rompre stou mariage, de trouver quelque
expédient; ma, per agir avec plou de soûreté, il faut
que tou sois des nôtres.

FORTUNÉ.

Il est vrai que je puis vous aider beaucoup.

TIMANTONI.

Pouvons-nous compter sour toi ?

FORTUNÉ.

Oui. Je suis tout à vous, pourvu que Lisette soit à
moi.

TIMANTONI , *d'un air important.*

Je te la donne.

FORTUNÉ.

Est-ce vous qui donnez aussi la récompense?

TIMANTONI.

Non, c'est mousou Lisidor.

FORTUNÉ.

Ah! tant mieux ; car vous auriez l'air de la garder
pour vous. Allons, que faut-il faire pour tromper le
généreux Polimatte ?

TIMANTONI.

Avertir mademoiselle Loucile que tou es dans nos
intérêts! loui diré qu'elle imagine quelque stratagême
per non point partir (car son père veut la mener en
campagne dès ce soir) ; qu'elle feigne des coliques , des
migraines... des vapours... là... quelqu'oune de ces ma-
ladies qui obéissent aux dames. Dis-loui aussi que , sous
quelque figoure que paraisse son amant, elle ne témoigne
point oune sourprise qui pourrait la trahir.

Du Vaure.   3

FORTUNÉ.

Cela sera mon premier soin.

TIMANTONI.

S'il faut porter des lettres, rendre les réponses...

FORTUNÉ.

Oui, en faire même, je suis votre homme. Mais, à propos de porter des lettres, vous me paraissez pour le moins aussi habile à ce métier-là que moi.

TIMANTONI.

Je ne serai pas toujours à portée d'être outile à ces jeunes gens; et toi; tou doumoures dans la maison, tou nous tiendras sour les avis.

FORTUNÉ.

Je vous entends, je serai comme troupe légère et auxiliaire.

TIMANTONI.

Sois-nous fidèle, tou seras houroux. Je vais avertir madame Araminte que tou es entré dans notre parti, et qu'elle se prépare à t'accorder Lisette. Va t'acquitter de la commission que je t'ai donnée per Loucile, et sois soûr de ton mariage avec ta belle maîtresse.

SCÈNE XIII.

FORTUNÉ, *seul.*

Oui, oui, monsieur le maître de langue, j'y cours; mais soyez sûr, vous, que vous ne montrerez jamais l'italien à ma femme ni à mes filles.

FIN DU PREMIER ACTE.

ACTE II.

SCÈNE Ire.

ARAMINTE, *seule.*

Oui, la résolution en est prise ; je veux servir mon frère, malgré lui - même : ma nièce m'est trop chère pour que je néglige rien de ce qui peut faire sa félicité.

SCÈNE II.

ARAMINTE, LISETTE, *vêtue superbement en femme de qualité.*

ARAMINTE, *apercevant Lisette.*

Approchez, Lisette. Que vous voilà brillante !

LISETTE.

Vous m'avez ordonné de l'être, madame : mais je suis moins sensible au plaisir de vous paraître telle qu'à celui de vous obéir.

ARAMINTE.

Le plaisir d'obéir est grand, quand il flatte notre vanité. Vous voilà mise à merveille ; et, avec un minois si joli, je doute que Polimatte vous résiste.

LISETTE.

J'espère de remporter la victoire sur lui, puisque je plais à une personne de mon sexe.

ARAMINTE.

Songez enfin que le bonheur de ma nièce dépend du succès de notre entreprise : votre récompense est certaine. J'ai voulu prévenir Lucile sur ce que nous allons faire ; mais il ne m'a pas été possible : on m'a dit qu'elle était avec son père. Il faut, en attendant, qu'elle vous cache dans son appartement, jusqu'à ce que vous trouviez l'occasion favorable de vous montrer à Polimatte

SCÈNE III.

ARAMINTE, LISETTE, FORTUNÉ.

ARAMINTE, *apercevant Fortuné.*

Ah ! te voilà , Fortuné.

FORTUNÉ.

Vous voyez en moi, madame, un des chefs principaux
de la conjuration.

ARAMINTE.

Monsieur Timantoni vient de m'assurer que tu nous
servirais contre ton maître.

FORTUNÉ.

Oui , oui , ne doutez point de ma fidélité à le bien
trahir. Mais qui est cette dame ?

ARAMINTE.

Une comtesse arrivée depuis peu de province : elle
est de mes amies , fort discrète, et nous pouvons tout
dire devant elle.

FORTUNÉ.

Une comtesse ! vous vous moquez, c'est Lisette... Ah!
je suis perdu! elle a fait fortune... (*à Lisette.*) Qui t'a
si bien équipée , dis-moi.

LISETTE, *à Araminte.*

Quel est cet impertinent , ma chère ?

ARAMINTE.

Il vous prend pour ma femme-de-chambre ; cela est
trop plaisant.

LISETTE.

Pour votre femme-de-chambre ? quelle insolence !
suis-je donc taillée en soubrette ? une dame comme moi,
une personne de ma qualité! (*à Fortuné.*) Si j'appelle
mes gens , je vous ferai donner cent coups d'étri-
vières.

FORTUNÉ.

Apprenez, madame la comtesse; si vous l'êtes, (car
cela me ferait donner au diable !) apprenez, dis-je, que
je vous fais bien de l'honneur, en vous prenant pour ce
qu'il y a de plus aimable dans le monde.

LISETTE.

Cela étant je te le pardonne.

FORTUNÉ.

Et que la seule différence qu'il y ait de vous à elle, c'est qu'elle a des graces de l'impromptu, et que les vôtres sont étudiées.

LISETTE,

Tu te trompes, mon cher, je ne suis point affectée.

FORTUNÉ.

Ah! parlez-moi de ce petit geste-là; il vous rapproche de Lisette, elle ne perd plus rien à vous ressembler. Alllons, allons, finissons cette mascarade; reprends tes habits, et regagne ma confiance que ceux-ci pourraient bien te faire perdre.

ARAMINTE.

Tu la reconnais donc absolument.

FORTUNÉ.

Voyez, que cela est difficile! Ceux qui changent d'état et d'habits, se méconnaissent souvent eux-mêmes; mais ils sont toujours reconnus des autres.

ARAMINTE.

Lisette, mettez-le au fait de ce déguisement.

LISETTE, *à Fortuné.*

On t'a dit que madame voulait rompre le mariage de sa nièce avec ton maître, et la donner à un jeune homme riche, aimable, et de condition.

FORTUNÉ.

Qu'est-ce que ces beaux habits ont de commun avec cela?

LISETTE.

Je suis une jeune veuve de province.

FORTUNÉ.

Je te croyais fille?

LISETTE.

L'animal!

FORTUNÉ.

Allons, c'est la même chose.

ARAMINTE.

Elle a soixante mille livres de rente.

FORTUNÉ.

Cela n'est pas mauvais.

LISETTE.

Et je suis amoureuse de Polimatte.

FORTUNÉ.

Ah, coquine !

LISETTE.

Laisse-moi donc achever. Je lui offre ma main.

FORTUNÉ.

Je n'écoute plus rien : comment donc ! c'est sur moi que tout cela retombe ; oh ! je vais y mettre bon ordre.

LISETTE.

Que vas-tu faire ?

FORTUNÉ.

Avertir monsieur Doriman de tout afin que mon maître épouse la nièce de madame. Va, infidèle, tu attendras du moins qu'il soit veuf, pour l'épouser, lui.

ARAMINTE.

Ne vois-tu pas que c'est un stratagême pour tromper Polimatte ? il est vain et très-intéressé ; il faut en convaincre mon frère, lui faire voir que ton maître n'a pour lui qu'une fausse amitié : nous aurons peut-être d'autres moyens pour le dissuader de sa science. Si nous venons à bout de ces deux choses, Lisidor obtient Lucile dès ce soir. Je vais chez moi attendre le succès de tout ceci.

SCÈNE IV.

LISETTE, FORTUNÉ.

LISETTE.

Me croyais-tu capable d'aimer ton maître tout de bon.

FORTUNÉ.

Ce ne sera donc qu'une feinte ?

LISETTE.

Vraiment non ; tu vois que tout ceci n'a que l'ombre de l'infidélité.

FORTUNÉ.

Ah ! ma chère Lisette, je tremble : l'ombre de l'infidélité se réalise, en passant par l'esprit d'une femme.

LISETTE.

Je te conseille de moraliser : c'est bien à un homme de ton état que tant de délicatesse est permise.

FORTUNÉ.

Future moitié de moi-même, je vous avertis que je suis très-chatouilleux sur l'article de l'honneur...

LISETTE.

Tes craintes avec moi seront mal fondées.

FORTUNÉ.

Que je pense là-dessus en petit bourgeois.

LISETTE.

Va, va, je t'aimerai trop pour te tromper.

FORTUNÉ.

Paroles charmantes!..... geste amoureux!..... (*il lui baise la main.*) main aimable!

LISETTE.

Allons, finis donc... petit badin...

FORTUNÉ.

Plus je te vois, et plus je sens... ta parure augmentant encore tes charmes... j'ai là une émotion... le contentement... la joie... un désir violent... minois friand! (*il veut la baiser.*) Que je t'embrasse!

LISETTE.

Petit bourgeois, vous vous émancipez.

FORTUNÉ.

Pardon , madame la comtesse...

LISETTE.

Ne perds point de temps , tâche de m'introduire dans le cabinet de mademoiselle Lucile.

FORTUNÉ.

Ne serais-tu pas mieux dans le mien?

LISETTE.

Et d'abord que Polimatte sera seul, tu m'annonceras.

FORTUNÉ.

Joli emploi! Je t'écouterai, au moins, je verrai tout.

LISETTE.

Va, tu ne serais pas le premier jaloux que l'on aurait attrapé en sa présence.

FORTUNÉ, *en conduisant Lisette.*

Cela est fort heureux. Bonnes dispositions !

SCÈNE V.

TIMANTONI , *seul, bien vêtu.*

Notre précepteur sera ici dans oune hora ; je viens en avertir monsou Doriman. Le signor Lisidor m'a gratifié de cet habit ; je l'ai accepté per lui faire plaisir. Mes accoliers no marchanderont plou avec moi : l'aquipage donne don poids au mérite. Quand je songe que trois années de peines et de soins ne m'auraient pas valou ce que je viens de gagner en oun quart d'hora d'ambassade amourouse, je ne m'étonne piou si tant d'honnêtes gens font ce métier : il est bon, lucratif. Je me repens de ne m'en être pas mêlé plous tôt : je tâcherai de réparer le temps perdou ; et d'abord que je serai riche, je redeviendrai honnête homme. Les houmains se donneraient tout entiers à la virtou, si elle était accompagnée de la fortoune, mais elle n'est pas toujours récompensée.

SCÈNE VI.

TIMANTONI, FORTUNÉ.

FORTUNÉ, *prenant Timantoni pour un autre.*

Monsieur demande-t-il quelqu'un ici ? (*le reconnaissant*) Comment diantre, je ne verrai que des métamorphoses !

TIMANTONI , *fièrement.*

Tiens, mon ami, voilà cinquante pistoles que je te donne de la part de monsiou Lisidor.

FORTUNÉ.

Ne vous a-t-il donné que cela ?

TIMANTONI.

Non, en conscience.

FORTUNÉ.

Fouillez-vous.

TIMANTONI.

Je suis exact.

FORTUNÉ.

Mais savez-vous bien que vous voilà déguisé à merveille?

TIMANTONI.

Ce n'est point oun déguisement, c'est ounna paroura : j'avais tantôt mon habit de campagne. Madame la comtesse est-elle ici?

FORTUNÉ.

Je viens de la conduire dans la chambre de Lucile... Mais voici monsieur Doriman.

SCÈNE VII.

DORIMAN, TIMANTONI, FORTUNÉ.

DORIMAN, *à Fortuné*.

Ou as-tu laissé ton maître?

FORTUNÉ.

Chez son libraire.

DORIMAN.

Ah ! monsieur Timantoni.,.

TIMANTONI.

Monsou, j'ai trouvé notre joune homme; je loui ai proposé d'être lou préceptour de monsou votre fils. « Quoi ! « a-t-il dit, du fils de monsou Doriman, de ce gentil-« homme dont tout le monde dit tant de choses avan-« tageuses? J'accepte lou parti, j'infouse ma science à » toute sa famille. »

DORIMAN.

Que je vous ai d'obligation, qu'il vienne donc, je l'attends.

TIMANTONI.

Vous l'allez voir bientôt ici, en bonne et nombrouse compagnie.

DORIMAN.

Quoi?

TIMANTONI.

Il amène avec loui la Grèce, Rome, l'Egypte, l'Arabia....

DORIMAN.

Où veut-il que je loge tout cela?

TIMANTONI.

Monsou, c'est sa bibliothèque.

DORIMAN.

Ah! je vous entends. Faites-le venir, je vous prie.

TIMANTONI.

Je vais le chercher : je souhaite qu'il soit du goût de monsou Polimatte.

DORIMAN.

Je brûle d'impatience de le lui voir examiner ; car il n'est rien que monsieur Polimatte ignore.

TIMANTONI.

Et notre précepteur sait tout.

FORTUNÉ.

Voilà un homme unique.

TIMANTONI.

Il entend les langues, la philosophia, l'architectoura, la scoultoura, la musiqua, la peintoura ; il sera ici dans demi-houra.

SCÈNE VIII

DORIMAN, FORTUNÉ.

DORIMAN.

Quand il ne posséderait que le demi-quart de ces sciences, ce serait encore un homme très-profond.

FORTUNÉ.

Il ne lui manque plus que de savoir l'arithmétique et l'orthographe comme moi... Mais voici mon maître.

SCÈNE IX.

POLIMATTE, DORIMAN, FORTUNÉ.

DORIMAN.

Ah! mon cher ami!

POLIMATTE, *apercevant Doriman vers la coulisse.*
Persécutions en pure perte : la cour, la ville, les étran-
gers attendront... laissez-moi.

DORIMAN, *allant voir à qui il parle.*
Qu'est-ce ?

POLIMATTE.
Il part ; que je suis soulagé ?

DORIMAN.
A qui en avez-vous ?

POLIMATTE.
Il y a des instans, où je voudrais être le plus ignoré,
et le plus ignorant des mortels. Si j'étais moins estimé,
je serais plus heureux.

DORIMAN.
Comment ? Qu'est-il arrivé ?

POLIMATTE.
Oui : la haute considération où je suis, prend trop sur
mon repos : j'y mettrai ordre.

DORIMAN.
Pourquoi cela ?

POLIMATTE.
Argante, le tenace Argante...

DORIMAN.
Eh bien, Argante ?

POLIMATTE.
Me rencontrer, me prier, me presser, m'obséder, a
été même chose ; il veut me graver malgré moi. Quel
acharnement !

DORIMAN.
Vous devez cette satisfaction à vos amis, vous la devez au public avide de voir votre portrait à la tête de
vos ouvrages.

POLIMATTE.
Je ne suis point assez décidé...

DORIMAN.
Quelle modestie ! C'est un homme comme vous qu'il
faut transmettre à la postérité.

POLIMATTE.
Il va m'arriver pis... On me menace d'une statue.

DORIMAN.

Comment?

POLIMATTE.

Quelques gens en place, et plusieurs seigneurs, ont escamoté ma figure.

DORIMAN.

Qu'est-ce à dire?

POLIMATTE.

Non contens d'avoir fait faire furtivement mon buste, ils ont ordonné ma statue. Ce tour est cruel, épouvantable!

DORIMAN.

Tant mieux, morbleu, tant mieux! Cela prouve leur estime pour vous, et fera honneur à la nation.

POLIMATTE.

Votre amitié vous fait illusion.

DORIMAN.

Ah! point... Avoir un gendre auquel on élève des statues! Quel gloire! Je ne me sens pas d'aise. Mon cher ami, vous êtes digne de bien d'autres récompenses.

POLIMATTE.

Venons à ce qui me touche de plus près, vous avez, sans doute annoncé mon mariage à mademoiselle Lucile?

DORIMAN.

Oui, dès que j'ai été de retour.

POLIMATTE.

Comment a-t-elle reçu la proposition?

DORIMAN.

Comme elle le devait; soumise à ma volonté, sensible à votre mérite.

POLIMATTE.

Je n'ai point connu de filles de son âge dont l'esprit fût si éclairé. (à Fortuné.) Que vous a dit mon im-imprimeur?

FORTUNÉ.

Rien, monsieur, il n'était pas chez lui.

POLIMATTE.

Vous y retournerez, et vous lui direz qu'il accélère les épreuves de ma mythologie chronologique. Un mi' rd anglais, qui veut la traduire, suspend son départ pour

d'emporter. Le colporteur viendra-t-il prendre ces petites brochures imprimées en Hollande? (*à Doriman.*)
Pardon.

DORIMAN.

Ah! faites.

FORTUNÉ.

Oui, monsieur.

POLIMATTE.

Ces deux auteurs surnuméraires viendront-ils me parler? J'ai de l'ouvrage à leur donner.

FORTUNÉ.

Monsieur Sommaire viendra ; mais monsieur Mor-
lican a de petites raisons pour ne point sortir de chez
lui.

POLIMATTE.

Comment ?

FORTUNÉ.

Il a eu une dispute vive avec un jeune officier ; et il
garde la chambre.

POLIMATTE.

Sa prudence tyrannise sa valeur ; je reconnais les enfans d'Apollon. Descendez à mon laboratoire.

FORTUNÉ.

J'y cours.

POLIMATTE.

Demeurez, et écoutez avant d'agir... Sont-ce des
êtres pensans que ces animaux-là? Homère, ce dieu
des poëtes, a dit fort sensément: « Jupiter a ôté la moitié de la cervelle aux valets. »

FORTUNÉ.

C'est donc Jupiter qui a tort.

POLIMATTE.

Montez cet astrolabe, cette sphère, ce globe céleste ,
et mes grandes lunettes d'approche au belvéder.

FORTUNÉ.

Je ne sais pas où il faut...

POLIMATTE.

Quoi! toujours plus ténébreux ! Depuis que vous êtes
à moi, votre esprit ne se développe pas.

FORTUNÉ.

Au contraire, monsieur, mais vous vous servez souvent de certains mots qui m'embrouillent.

POLIMATTE.

C'est un automate.

FORTUNÉ.

Celui-là, par exemple, je ne l'entends point ; mais je me doute bien que c'est une injure.

DORIMAN.

Automate... automate... Tenez, mon enfant... automate... c'est une machine... qui se remue dans les animaux, par des ressorts... comme une montre... Ah ! les tourbillons .... la matière subtile... produisent de beaux effets.., (à *Polimatte.*) Nous savons un peu la philosophie de Descartes.

POLIMATTE.

Savez-vous bien que vous devenez habile ?

DORIMAN.

Je m'en aperçois, graces à vos conversations.

POLIMATTE.

Voulez-vous vous rendre profond ? ayez de fréquens entretiens avec moi, quand je vous aurai expliqué Aristote, Mallebranche, Newton et Leibnitz, vous comprendrez des choses... des choses qui... Ah, des choses incompréhensibles.

DORIMAN.

Voyons, par exemple...

POLIMATTE.

Avec votre permission, remettons cela à une autre fois. (à *Fortuné.*) Belvéder est un mot analogue à lui-même : c'est le donjon que j'ai fait construire au plus haut de l'hôtel pour mes observations astronomiques. Entendez-vous ?

FORTUNÉ, *voulant sortir.*

Je comprends à présent.

POLIMATTE,

Non, non, laissez cela, faites les commissions du dehors : on ne saurait penser à tout. J'ai promis à Damon de lui faire débiter cent souscriptions de son histoire, dites-lui de me les envoyer.

DORIMAN.

N'est-ce pas cet officier qui vient quelquefois ici ?

POLIMATTE.

Oui.

DORIMAN.

Quel jugement portez-vous sur son livre ?

POLIMATTE.

Il écrit comme il combat ; s'il m'en croyait, il ferait de ses écrits ce que les Grecs firent de Troye.

DORIMAN.

L'érudition coule de source chez vous : ce que les Grecs firent de Troye.... Où est cette Troye dont en parle tant ?

POLIMATTE.

Troye est...

FORTUNÉ.

En Champagne.

POLIMATTE.

Eh ! non. Troye est... où elle était... dans l'Afrique.

DORIMAN.

Dans l'Afrique ! En quel endroit, s'il vous plaît ?

POLIMATTE.

En quel endroit ?... en quel lieu ?... elle était où est maintenant Constantinople.

DORIMAN.

On s'instruit toujours avec vous.

POLIMATTE, à *Fortuné.*

Tout de suite vous irez sur le quai ; nous direz à Robert que, quelque pressé qu'il soit, je ne puis corriger ses cartes et son livre de géographie, de deux mois ; allez, expédiez.

FORTUNÉ, *à part, en s'en allant.*

Allons plutôt épier le moment d'introduire Lisette.

SCÈNE X.

DORIMAN, POLIMATTE.

DORIMAN.

A propos, nous repartons incessamment pour la cam-

pagne ; j'ai fait réflexion que vous seriez accablé de visites , de complimens.

POLIMATTE.

Tenons mon mariage secret pour quelques jours.

DORIMAN.

Il n'est plus temps, il me faisait trop de plaisir pour
le taire.

POLIMATTE.

Tant pis. (*bas.*) Sa famille pourra s'y opposer.
(*haut.*) Eh bien , partons ; cela m'épargnera la lecture
d'un nombre infini d'épithalames qui vont me pleuvoir
de tous côtés. Je vous laisse aller seul chez le dépositaire
de la foi publique, en vous attendant, je travaillerai à
quelques dissertations pour toutes les académies de l'univers ; ou plutôt je finirai une ode qui doit remporter le
prix aux jeux Floraux , que me demande un gentil-
homme gascon.

SCÈNE XI.

POLIMATTE , *seul.*

Je m'abandonne tout entier au parti que l'on me propose ; n'est-ce pas s'y livrer avec trop de précipitation ?
Ce mariage est avantageux ; mais est-ce le meilleur que
je puisse faire ? Puisque Doriman , ce génie borné, a
lui-même assez de connaissance pour m'acheter d'une
partie de son bien, que ne dois-je point attendre d'un
esprit plus éclairé que le sien ? D'ailleurs, j'aperçois dans
Lucile une indifférence... j'entrevois même un éloignement...

SCÈNE XII.

POLIMATTE , FORTUNÉ.

FORTUNÉ , *à part, en arrivant.*

Ouf ! Chienne de commission ! Il faut pourtant la
faire. (*haut.*) Monsieur , madame la vicomtesse de Kerbadin demande à vous voir.

POLIMATTE.

Madame la vicomtesse de Kerbadin ? Je ne connais personne de ce nom-là.

FORTUNÉ.

C'est une jeune dame fort jolie, qui a un carrosse des plus beaux, avec quantité de laquais.

POLIMATTE.

Beaucoup d'honneur... Je vais au-devant d'elle.

FORTUNÉ.

Il n'est pas nécessaire, la voilà.

POLIMATTE.

Retire-toi.

FORTUNÉ.

Monsieur, je ne suis pas de trop.

POLIMATTE.

M'obéira-t-on ?

FORTUNÉ, *en s'en allant.*

Jarni !

SCÈNE XIII.

POLIMATTE, LISETTE, *en femme de qualité,* suivie de PLUSIEURS LAQUAIS, UN ÉCUYER *lui donnant la main.*

LISETTE.

Vous serez peut-être étonné de ma visite, monsieur. Je n'ai pas l'honneur d'être connue de vous.

POLIMATTE.

Madame, la surprise est honorablement flatteuse. (*Lisette fait signe à ses gens de sortir.*)

SCÈNE XIV.

POLIMATTE, LISETTE.

LISETTE.

Je suis Bretonne, très-vive ; (ma démarche vous le prouve.) femme de condition ; (mes manières le per-suadent.) alliée à tout ce qu'il y a de mieux dans ce pays ; (tout le monde le sait.) sage, quoique libre,

Du Vaure.   4

jeune et jolie. (il n'y a qu'une voix là-dessus.) Je possède l'art de me bien mettre ; j'invente les modes. (personne ne me le conteste.) Mon commerce est aimable,
mon goût délicat , mon esprit cultivé. (vous en jugerez.)
J'ai de la politesse , de l'enjouement , de la vivacité,
des graces; tout cela m'est naturel ; mais on ne doit jamais faire son éloge soi-même : aussi je me garde de
parler de tant d'avantages.

POLIMATTE.

Madame...

LISETTE.

L'esprit et la science ont des charmes si puissans pour
moi , qu'impatiente d'être en liaison avec vous , monsieur , je franchis les usages pour avoir quelques instans
plus tôt ce plaisir. Mon premier soin , en arrivant de
ma province, a été de m'informer où vous étiez. Je vous
préfère au jeu , aux spectacles, aux promenades , et à
des visites de bienséance.

POLIMATTE.

Madame...

LISETTE.

Oui , monsieur , vos ouvrages m'ont fait concevoir
de vous une si haute idée , qu'ils ont occasionné mon
voyage de Paris, où je suis pour la première fois depuis deux jours. Vous n'avez jamais rien composé qui
ne m'ait été envoyé. Je découvre dans tout ce que vous
faites , une science... un style... des sentimens étonnans,
des expressions singulières qu'on n'entend point ; mais
c'est ce qui en fait le mérite.

POLIMATTE.

Quelle pénétration ! En effet , y a-t-il quelque gloire
à écrire et à parler comme tout le monde ? Du neuf, du
brillant, des idées , du distingué, du beau, du piquant,
des saillies , des traits , des éclairs. On n'acquiert le
sublime de la réputation que par là.

LISETTE.

Je n'ai point pour les sciences un amour stérile. J'ai
produit plusieurs ouvrages qui ont fait beaucoup de bruit
dans l'Europe : les Mercures en sont pleins.

POLIMATTE.

Vos lumières sur ceux des autres, forment un préjugé convaincant... Quel genre ?

LISETTE.

Aucun en particulier ; tous en général : romans, historiettes, contes, fables, chansons...

POLIMATTE.

S'il est décidé qu'un auteur se peint lui-même dans ses ouvrages, par une conséquence absolue, vos productions doivent être la perfection même.

LISETTE.

Que d'esprit ! quels fonds de politesse !... Je réussis assez bien dans les comédies ; je les joue encore mieux que je ne les fais : c'est mon plaisir dominant, et la seule chose qui puisse me consoler dans mon triste état, et depuis deux ans de veuvage...

POLIMATTE.

Vous êtes veuve, madame ? Depuis deux ans, à votre âge !

LISETTE.

Ah ! ne rappelons point cette idée ; je tâche à m'en distraire par des plaisirs innocens ; mais le souvenir d'un époux vient toujours à la traverse : quoique je n'aye été que deux mois avec lui, qu'il fût vieux, goutteux, et toujours malade,.. C'est quelque chose de bien tyrannique que le pouvoir de l'hymen.

POLIMATTE.

Tant de charmes ne sont point faits pour être infructueusement admirés, il faut changer d'état, madame, il faut changer d'état au plus tôt : il faut se remarier.

LISETTE.

Eh! à qui se fier, monsieur ? les jeunes gens aujourd'hui sont si étourdis, si dissipés, si libertins, dit-on, en ce pays... Ah! je serais trop difficile dans le choix que je pourrais faire : je voudrais unir les sentimens, la figure, la conduite, la politesse, l'esprit, le bons sens, à une science universelle : voyez si cet assemblage est aisé.

POLIMATTE.

Il est des plus rares. Je connais pourtant un cavalier.

dans l'été de ses jours, à qui ce portrait ne ressemb
pas mal.

LISETTE.

Ne me le nommez pas, monsieur : je le connais peu
être aussi bien que vous-même ; mais je lui cacher
ma faiblesse, je l'aimerais trop pour l'associer à ma de
tinée. Serait-ce avec soixante mille livres de rente q
je pourrais faire son bonheur et celui des héritiers q
je lui donnerais ? On me dira que j'attends d'autres su
cessions : j'ai deux sœurs mariées, à la vérité ; ma
elles sont si vives, si vives... je suis la moins sémillan
de la famille.

POLIMATTE, *à part.*

Soixante mille livres de rente ! quel lénitif à la do
leur qu'on ne sent point ! (*à Lisette.*) Vous êtes ado
ble ; on ira pour vous jusqu'à l'idolâtrie.

LISETTE.

Eh ! que me serviraient les vœux de tout l'univer
je ne serais sensible qu'aux transports d'un seul homm
il n'en est qu'un au monde qui pût flatter mon cœur
ma vanité. Mais que dis-je, ma vanité ! folle que
suis, il la rabaisserait plutôt. Serais-je venue m'offrir
si loin aux fers d'un vainqueur ? Non pas, non pas, mo
sieur ! une passion naissante est aisée à vaincre ; on r
qu'à ne s'y point livrer, l'étourdir, la distraire par d
passions opposées Aidez-moi vous-même à la surmonte
venez souper ce soir chez moi ; vous y trouverez u
compagnie choisie dont vous ferez l'ornement ; et si
conversation, par hasard, tombe sur l'amour, serve
vous de tout votre esprit pour le chasser du mien ; r
parez, s'il se peut, le mal que vous m'avez fait... Ah
j'en dis trop.

POLIMATTE.

Moi ! madame ! je serais assez heureux !... (*à part.*
Je ne puis plus en douter... (*haut.*) Mais, madame
où faut-il que je me rende, pour avoir l'honneur de so
per avec vous ce soir ?

LISETTE,

Je viendrai vous prendre ici tantôt ; je vais, en atte
dant, finir une affaire pressée.

POLIMATTE.

Que les momens vont me paraître longs ! De grace ,
madame , terminez au plus vite.

LISETTE.

Je ne perdrai pas un seul moment... Je veux auparavant vous confier mes arrangemens ; vous déciderez s'ils
sont judicieux. J'ai dessein d'acheter près de Paris un
château superbe, ou nous irons nous recueillir , cultiver
les muses ; nous y serons accompagnés de quelques savans illustres, de plusieurs musiciens , et de beaucoup
d'acteurs fameux ; car c'est ma folie que la comédie ; j'ai
la folie du jour.

POLIMATTE.

Et folie raisonnable. Rien ne forme plus essentiel-
lement le corps, l'esprit et le cœur que le théâtre. Vous
en voyez en moi un exemple bien frappant. Je ne me
suis rendu si aimable, si souhaité dans le grand monde ,
que depuis que je joue la comédie.

LISETTE.

Vous jouez la comédie ! vous êtes unique. Ciel ! quelle
conformité entre nous d'inclinations, de talens ! Quels
sont vos rôles ?

POLIMATTE.

Je les remplis tous à ravir.

LISETTE.

Avec un esprit aussi vaste, on réussit à tout ce qu'on
entreprend.

POLIMATTE.

Je brille dans les valets ; je fais quelquefois des ca-
ractères originaux.

LISETTE.

Vous devez les rendre d'après nature : je vous trouve
un original parfait.

POLIMATTE.

Je me distingue aussi dans le tragique.

LISETTE.

Dans le tragique ! je ne m'en serais pas doutée ; vous
êtes universel.

POLIMATTE.

Je le crois. Mais quel est votre genre , madame.

LISETTE.

Je ne vous approche que de loin ; je suis bornée au comique. Je joue ordinairement les soubrettes, rare-mement les amoureuses ; quelquefois je me travestis en femme de condition.

POLIMATTE.

Votre figure noble est taillée exprès pour l'amour...

LISETTE.

Nous essaierons au premier jour nos talens : pour diversifier nos plaisirs et nous délasser, nous ferons, de temps en temps, quelque partie de chasse ; car je monte à cheval avec autant de grace que de hardiesse. De toutes les chasses, celle qui me procure le plaisir le plus piquant, c'est celle du renard : c'est un animal bien fin qu'un renard. Le dernier que je chassai dans mes terres était un des plus rusés qu'on ait jamais vu. Il me donna beaucoup de peine ; j'en vins pourtant glorieuse-ment à bout ; il donna à la fin dans tous les piéges que je lui avais tendus.

POLIMATTE.

Ah ! madame, vous réunissez tout le mérite des deux sexes.

LISETTE.

Ah ! monsieur...

POLIMATTE.

Oui, madame... Vous avez l'air d'un sentiment.

LISETTE.

Cela est beau ! Comment avez-vous dit, monsieur ?

POLIMATTE.

Je soutiens, madame, que vous avez l'air d'un sen-timent.

LISETTE.

J'ai l'air d'un sentiment ! Apparemment voilà du neuf, du sublime ; je n'ai point assez d'esprit pour l'entendre ; mais je l'admire. Enfin je ne veux me régler que par vos avis, non-seulement sur mes ouvrages, mais encore pour les soins de ma maison : vous guiderez même ma conduite ; et je vous regarderai comme un véritable ami.

POLIMATTE.

Je sens tout le mérite de cette préférence ; mais je crains de ne pas conserver long-temps le titre flatteur d'ami dont vous m'honorez.

LISETTE.

Pourquoi, monsieur ?

POLIMATTE.

La preuve en est simple, mais victorieuse : regardez-vous, madame : votre miroir vous persuadera que tous vos amis vous sont quelque chose de plus.

LISETTE.

Quelle délicatesse ! l'on ne tient point à cela : ne m'en dites pas davantage ; je crains ce plus ; ce plus m'alarme... qu'il est séduisant vis-à-vis de vous ! Commerce d'esprit, conversations savantes, amitié tant qu'il vous plaira, rien au-delà... les peines de l'amour étouffent ses plaisirs ; vous ne me persuaderez pas le contraire ; votre éloquence est vaine, votre peine inutile... Finissez.... de grace, finisssz donc... (*Polimatte fait plusieurs lazzis qui répondent aux discours de Lisette.*) Quoi ! vos soupirs s'en mêlent ? ils agissent en vain ; ils n'obtiendront rien, par le moindre retour ; j'y suis insensible, vous dis-je, ne les prodiguez pas... Encore !.... Ciel ! vos yeux se mettent de la partie ; ah ! quelle trahison ! tentative superflue... je ne suis point faite à ce langage... regards en pure perte, je ne les entends point ; je ne veux point les entendre. Non, monsieur, je ne les entends point, je ne les entendrai jamais. Je vous quitte, adieu, monsieur, adieu.

POLIMATTE, *voulant lui donner la main.*

Madame, souffrez...

LISETTE.

Ne triomphez pas de ma confusion ; ne m'accompagnez point... Songez que je vous attends ce soir à souper.

SCÈNE XV.

POLIMATTE , *seul.*

QUELLE pétulante et gracieuse vivacité ! quelle con-

quête aimable ! Elle est également frappée de ma personne et de mes écrits.... Ménageons cependant Doriman et Lucile jusqu'à la conclusion de mon mariage
avec la vicomtesse ; et allons faire tenir un contrat tout
prêt pour notre seconde entrevue, Plutus et l'Amour ne
sont point aveugles, ils me comblent de leurs bienfaits.

FIN DU SECOND ACTE.

ACTE III.

SCÈNE Ire.

DORIMAN , POLIMATTE.

DORIMAN.

Eh bien ! vous avez vu ma fille ; êtes-vous content ?

POLIMATTE.

On ne peut l'être d'avantage.

DORIMAN.

Je suis ravi des dispositions où Lucile est pour vous.
On travaille au contrat : nous partirons ce soir : je suis
impatient de vous voir mon gendre.

POLIMATTE.

Je le suis plus que vous , je vous jure. Cependant
mon étoile me force à différer mon bonheur de deux
ou trois jours.

DORIMAN.

D'où vient ?

POLIMATTE.

On se doit à ses amis ; la fortune de quelqu'un, qui
m'est bien cher, dépend de ce retardement.

DORIMAN.

Le motif est trop beau , j'y souscris.

POLIMATTE , *à part.*

Tout réussit au gré de mes vœux.

SCÈNE II.

DORIMAN, POLIMATTE, LA FLEUR.

LA FLEUR, *à Polimatte, lui rendant plusieurs lettres
et billets*

Voici des lettres pour monsieur.

POLIMATTE.

On me sait arrivé : toujours accablé ! tout me rappel-
lera cette maudite science ! (*La Fleur sort.*)

SCÈNE III.

FORTUNÉ, POLIMATTE, DORIMAN.

FORTUNÉ, *à Doriman.*

Monsieur, on demande si vous y êtes.

DORIMAN.

Qui est-ce ?

FORTUNÉ.

Il n'a pas voulu dire son nom : il a aussi demandé
si monsieur y était.

POLIMATTE.

Comment est-il fait ?

FORTUNÉ.

C'est une espèce d'abbé.

POLIMATTE.

Un abbé ? Il y en a des légions en ce pays : on n'y
voit autre chose. Ne vous a-t-on pas dit mille fois que
je n'y suis jamais pour tout ce qui porte une figure su-
balterne, un visage d'auteur ? Je ne puis donner audience qu'à mon retour : dites que je n'y suis pas.

FORTUNÉ.

Monsieur, celui-ci a aussi bonne mine que vous pour
le moins ; il dit qu'il vient de la part de monsieur Timantoni.

POLIMATTE.

Comment donc, insolent ?

DORIMAN.

Ah ! je sais : c'est le précepteur que l'on m'a proposé

Dn Vaure.   5

pour mon fils ; on m'en a dit beaucoup de bien : il pourrait se placer ailleurs. Examinez-le à fond.

POLIMATTE.

Qu'on le fasse entrer.

SCÈNE IV.

DORIMAN, POLIMATTE, LISIDOR, *en*
précepteur.

POLIMATTE, *à Doriman.*

Je le vois, pendant que je parcourrai quelques-unes
de ces lettres, commencez à l'interroger.

LISIDOR, *à Doriman.*

Monsieur, le signor Timantoni me procure l'honneur
de vous faire la révérence : il a eu celui de vous parler
de moi, pour monsieur votre fils.

DORIMAN.

Vous avez, sans doute, été près de quelques enfans ?

LISIDOR.

Non, monsieur : ma naissance paraissait bien éloignée
d'un tel métier ; aussi puis-je vous protester que vous
ne trouverez en moi de précepteur que l'habit.

DORIMAN.

Comment, monsieur ?

LISIDOR.

Je me vois contraint à chercher dans mes talens, de
quoi prévenir le malheur que je crains : heureux cependant si je puis vous agréer, monsieur, puisque, par là,
je me verrai en état de m'instruire, d'apprendre ce que
je ne sais qu'imparfaitement !

DORIMAN.

Oui, vous serez ici à la source de toutes les sciences

POLIMATTE, *après avoir lu, à part.*

Des repas, des soupers ! ils n'ont pas pris date seulement. Ah ! des lectures de pièces ! leur tour est bien loin.

LISIDOR.

Monsieur, c'est encore plus par rapport à vous que
par ma situation, que je me présente à monsieur avec

pressement ; car, sans doute, vous êtes monsieur
Polimatte ?

POLIMATTE.

Oui, c'est moi-même.

LISIDOR.

Ah ! monsieur, tout m'obligeait à le penser ; votre air,
votre maintien, le feu de vos regards, votre silence ;
tout annonce en vous un savant à qui on doit donner le
nom de savant par excellence, de maître savant, de savant... savant.

POLIMATTE, *bas, à Doriman.*

Je lui crois du bon sens.

LISIDOR.

Tous vos écrits vous ont acquis, avec justice, la réputation d'auteur véritablement extraordinaire.

POLIMATÉ, *bas, à Doriman.*

Je suis assez content de lui.

DORIMAN, *bas.*

Je vous avoue qu'il prévient en sa faveur. Voyez ce
qu'il sait.

POLIMATTE, *bas.*

Soit. L'examen sera long. Si vous avez quelque affaire,
je l'examinerai seul.

DORIMAN, *bas.*

Non vraiment ; d'ailleurs, je ne me lasse jamais de
vous entendre.

POLIMATTE, *bas.*

Vous avez du goût. (*à Lisidor.*) Possédez-vous vos
auteurs classiques ? Cicéron, Virgile, Horace, Perse,
Juvénal ?

LISIDOR.

Quelques-uns ont des endroits obscurs, difficiles...

POLIMATTE.

C'est-à-dire que vous ne les entendez pas toujours ; j'en
vais juger sur-le-champ.

LISIDOR.

Leurs difficultés ont redoublé mes soins ; je puis me
flatter...

POLIMATTE.

Je vous crois. Êtes-vous versé dans le grec ?
Voyons.

LISIDOR.

Je l'ai appris avec beaucoup d'application.

POLIMATTE.

C'est une langue dont je fais grand cas. Passons :
l'italien, le savez-vous ? hem ! il est difficile de m'en in
poser.

LISIDOR.

Je m'en aperçois. *Vuole, vossignoria, che provian
a parlar italiano.*

POLIMATTE.

Pas mal, pas mal ! Bravo ! Venons aux talens do
Timantoni a parlé. Quels sont-ils ?

LISIDOR.

Je sais passablement la musique.

DORIMAN.

Tant mieux, vous nous serez utile.

POLIMATTE.

Vous êtes musicien comme les autres, machinal
ment : je savais cela. Fort bien, fort bien. Que save
vous de plus ?

LISIDOR.

Je m'amuse avec beaucoup de plaisir à manier
pinceau.

DORIMAN.

Vous trouverez ici de quoi vous occuper ; car, depi
que nous vivons ensemble, j'ai de tout ; par conséque
je me connais à tout.

POLIMATTE, *à Lisidor.*

La peinture est une vérité fausse, le spectacle hist
rique de l'univers ; pour y réussir, on doit étudier
nature, faire choix de ce qu'elle a de plus beau.
Écoutez et profitez : imitez, surtout, le naturel, l
graces de Michel-Ange ; la fierté, le terrible de l'Alban

LISIDOR.

Le terrible de l'Albane ! mille pardons, tout le mon
pense, au contraire...

POLIMATTE.

Tout le monde pense mal. Je vous trouve assez p
tagé de connaissances. Monsieur vous reçoit.

LISIDOR.

Ah ! monsieur, votre bonté égale votre savoir.

DORIMAN.

Vous serez content des conditions.

LISIDOR.

Le seul bonheur de vous être attaché...

DORIMAN.

Vous vous louerez de mon fils. Il a plus d'esprit qu'on en a à son âge : je me flatte que vous lui donnerez tous vos soins.

LISIDOR.

Ah, monsieur ! je me sens porté, bien plus que je puis le dire, à me livrer tout entier à ce qui vous appartient.

DORIMAN.

Mais je voudrais savoir...

POLIMATTE.

Quand je suis une fois occupé de littérature, j'oublie tout. J'ai des réponses pressées. Je vais les expédier. Vous m'excuserez. (à part, en s'en allant.) Je n'entends point parler de ma vicomtesse, mon impatience est sans égale, et je vais au-devant d'elle,

SCÈNE V.

DORIMAN, LISIDOR.

DORIMAN.

En bien ! que dites-vous de monsieur Polimatte ?

LISIDOR.

Je dis qu'on sort de sa conversation très-instruit.

DORIMAN.

C'est un homme rare, singulier.

LISIDOR.

Oui, très-singulier.

DORIMAN.

Il est unique, imaginatif, excellent, original.

LISIDOR.

Fort original : il y a, dans le monde, plus d'originaux qu'on ne croit.

DORIMAN.

Ne déguisez point : qu'en pensez-vous ?

LISIDOR.

Monsieur, puisqu'il faut parler franchement à (
galant homme comme vous, se peut-il que vous vo
soyez laissé éblouir si long-temps par des fausses lueui

DORIMAN.

Comment, monsieur ?

LISIDOR.

Monsieur, l'idée avantageuse que vous avez de lu
fait tout son mérite ; ne venez-vous pas de voir p
vous-même à quel point il est superficiel ? hardi, d
cisif, parlant galimatias sur les choses qu'il a cru q
j'ignorais ; embarrassé, changeant de discours sur
matières qu'il a vu que je savais ; caractère ordinaire c
demi-savans.

DORIMAN.

Ne confondez pas monsieur Polimatte avec de tell
gens ; sans quoi je pourrais bien diminuer la bon
opinion que j'avais d'abord conçue de vous : ce qu'il
n'est pas à la portée de chacun. Ah ! c'est un gér
inimitable en tout.... Holà ! quelqu'un !

SCÈNE VI.

DORIMAN, LISIDOR, LA FLEUR.

DORIMAN, *à La Fleur*.

Qu'on fasse venir mon fils.

LA FLEUR.

Monsieur, il est avec son maître de géographie ;
prend sa leçon.

LISIDOR.

Je suis impatient de remplir mon devoir ; permette
moi d'aller le joindre.

DORIMAN.

Je le veux bien. (*au laquais.*) Que ma fille d
cende ici.

SCÈNE VII.

LISIDOR, DORIMAN.

LISIDOR, *revenant sur ses pas.*

JE pense que je pourrais distraire monsieur vôtre
fils, et son maître aurait à me le reprocher.

DORIMAN.

Oui, vous avez raison; restez. (*à part.*) Je ne serai
point fâché d'entendre raisonner plus à fond cet
hommme-ci (*à Lisidor.*) Vous serez étonné des talens
de Lucile.

LISIDOR.

Je suis persuadé qu'elle rassemble toutes les perfec-
tions.

SCÈNE VIII.

DORIMAN, LUCILE, LISIDOR, LA FLEUR.

DORIMAN.

VOICI ma fille. (*à Lucile.*) Monsieur vient pour être
précepteur de votre frère.

LISIDOR.

Quelque heureux qu'il soit pour moi d'avoir l'agrément de monsieur, je ne sentirai mon bonheur, qu'autant que je m'apercevrai que je ne suis point désagréable
à mademoiselle.

LUCILE.

Ce que je sais de vous, monsieur; et ce que je vois
fait beaucoup en votre faveur; et si j'étais consultée...

DORIMAN.

Il se connaît en peinture : faites - lui voir cette tête
d'après Rembrandt, dont les connaisseurs sont si contens... A propos, monsieur jugera mieux de vos talens;
sur un ouvrage de votre invention. (*à La Fleur.*)
Qu'on apporte le dernier tableau où ma fille travaillait;
il est au dessus de son clavecin.

SCÈNE IX.

DORIMAN, LUCILE, LISIDOR.

LUCILE.

Mon père, il n'est pas encore achevé.

DORIMAN.

N'importe ; monsieur jugera de ce que vous pouvez faire, par ce que vous avez fait.

LUCILE, *à part.*

Que ce moment est terrible pour moi !

DORIMAN, *à Lisidor.*

Vous lui en direz votre sentiment avec sincérité.

LISIDOR.

Ah ! monsieur, je vous promets de vous obéir à la lettre ; je dirai à mademoiselle tout ce que je pense ; pourvu qu'elle ne s'en offense point.

LUCILE.

Bien loin de m'en offenser, je me joins à mon père, pour vous prier de me parler à cœur ouvert ; je suis disposée à profiter de vos avis (*à part.*) Je tremble.

LISIDOR.

Mon zèle ne vous en donnera jamais.

SCÈNE X.

DORIMAN, LUCILE, LISIDOR, LA FLEUR.

(*La Fleur apporte un tableau. Il le met sur un chevalet que porte un autre laquais, et sort avec lui.*)

DORIMAN.

Voici le tableau.

SCÈNE XI.

DORIMAN, LUCILE, LISIDOR.

DORIMAN, *à Lisidor.*

Examinez-le en détail, avec soin. Eh bien, monsieur, que vous en semble ?

LISIDOR, *bas*, *à Lucile*.

Ciel! que vois-je, adorable Lucile! (*haut.*) J'y découvre de grandes beautés un bon choix de couleurs, de la naïveté, des graces, une vérité qui m'enchante. (*bas*, *à Lucile.*) Quoi! j'y trouve Lisidor!

LUCILE, *bas*.

Taisez-vous donc.

DORIMAN.

Parlez naturellement, sans flatterie, monsieur : comment vous paraît-il?

LISIDOR.

Puisque vous m'ordonnez de dire mon sentiment; j'ai quelque peine à démêler ce sujet. Je vois un amour dont le flambeau est à l'écart, qui a son bandeau sur la bouche, au lieu de l'avoir sur les yeux, son carquois mêlé de fleurs avec les flèches... une bergère... le temps... l'hymen... tout cela me paraît assez difficile à comprendre; et, pour mieux juger du tout ensemble, il faudrait d'abord connaître le sujet.

DORIMAN, *à Lucile.*

Expliquez-le à monsieur.

LUCILE.

Une vérité qui me frappa, il y a quelque temps, m'en a fourni l'idée. L'amour dont vous voyez le bandeau sur la bouche, est un amour éclairé qui impose le secret en aimant; son flambeau à l'écart, fait voir que l'éclat ne convient pas aux grandes passions, son carquois mêlé de flèches et de roses, prouve que, comme la rose a ses épines, l'amour a ses peines; et le temps fait approcher l'hymen de l'amour, pour consoler la bergère assise sur ce gazon; en sorte que tout se réduit à penser que la prudence, le secret et la persévérance, surmontent, en aimant les plus grands obstacles.

LISIDOR.

Fort bien : l'imagination en est charmante : rien n'est plus clair; je conçois que a réflexion a beaucoup de part à votre ouvrage : tout m'y paraît délicat... Mais, à ne vous rien cacher, je voudrais plus de vivacité, plus d'expression dans le visage de cette belle. Les yeux, surtout les yeux, l'ame de la beauté, sont le miroir de

l'amour ; ils ne disent pas, ces beaux yeux, ce qu'ils
peuvent dire, ils ne sont pas aussi animés que je m'i-
magine qu'ils devraient l'être. Non, la satisfaction de la
bergère n'est pas exprimée avec ardeur ; sa joie ne se ma-
nifeste pas assez ; je ne trouve pas son attitude assez
parlante.

DORIMAN, *à Lucile*.

Soyez attentive, monsieur paraît raisonner juste.

LUCILE.

Je n'en perds pas un mot.

DORIMAN.

Si fait : vous voilà toute étonnée, toute...

LUCILE.

Point du tout, je suis attentive.

LISIDOR, *à Doriman*.

Vous m'avez ordonné d'être sincère : je vais m'expliquer encore plus intelligiblement... sans détour...... (*à
Lucile.*) Supposons, dans ce moment, que vous êtes
cette même bergère ; et je m'imaginerai, pour un instant aussi, que je suis l'amour, ou l'amant : monsieur
sera le juge du degré de tendresse et de l'attitude que
vous auriez dû donner à vos figures... Feignons - nous
donc les originaux de ce tableau... Penchez, je vous
prie, négligemment, mais gracieusement la tête... Fort
bien !... Arrêtez sur moi tous vos regards.... Fixez - moi
sans crainte : monsieur le permet... Sans crainte...

DORIMAN, *à Lucile*.

Faites ce que monsieur vous dit.

LISIDOR.

Les exemples rendent les choses plus touchantes que
les discours.

DORIMAN.

Sans doute.

LISIDOR, *à Lucile*.

Ainsi, regardez-moi tendrement..... plus tendremen
encore... plus tendrement, s'il se peut.... Oui, comme
cela... vous y êtes... vous y voilà. Animez toute votre
personne, comme si je venais vous dire... «Non, rien
» ne me séparera de vous ; la mort seule peut nous dé-

» sûnir. » Que répondriez-vous, si vous étiez à la place de cette bergère ? Voyons.

LUCILE.

A la place de cette bergère ? je vous jurerais une fidélité à toute épreuve ; je vous protesterais que, quelque effort...

DORIMAN, *à Lisidor.*

Mais qu'a de commun...

LISIDOR, *à Doriman.*

La peinture, comme vous savez, monsieur, est une imitation de la nature... Quand on a l'imagination bien frappée de son sujet, on se transforme en ce qu'on veut peindre ; et voilà ce qui fait que je suis charmé de mademoiselle ; on ne peut avoir une pénétration plus heureuse. Je suis d'un contentement inexprimable ; vous devez être fort satisfait aussi de ce que vous venez de voir.

DORIMAN.

Vous raisonnez principe ; je n'ai, de ma vie, entendu parler peinture comme vous.

SCÈNE XII.

DORIMAN, LUCILE, LISIDOR, LA FLEUR,
UN LAQUAIS.

LA FLEUR, *à Doriman.*

MONSIEUR, madame votre sœur vous demande. (*il emporte le tableau, l'autre laquais le chevalet, et sort avec lui.*)

DORIMAN.

Ah ! voici quelque nouveauté ! Voyons de quoi il s'agit ; je reviens sur-le-champ. (*à Lisidor.*) Faites à Lucile, je vous prie, quelques questions sur la musique.

LISIDOR.

J'agirai avec la même sincérité ; et je suis persuadé que mademoiselle ne contente pas moins les oreilles que les yeux.

SCÈNE XIII.

LISIDOR, LUCILE.

LISIDOR.

ENFIN, grace à mon déguisement, je me trouve seul avec vous, charmante Lucile, que ne vous dois-je point! que je suis pénétré de ce que je viens de voir! Quoi! vos belles mains s'occupent à tracer les traits de Lisidor! une passion éternelle pourra-t-elle m'acquitter d'une faveur si précieuse?

LUCILE.

Je n'ose répondre à vos transports; mon esprit est si embarrassé, mon cœur si agité, qu'à peine ai-je la force de parler... Ah! que je crains le malheur qui nous menace!

LISIDOR.

Et moi, je me flatte... j'espère beaucoup. On travaille à désabuser monsieur votre père; ma naissance et mon bien lui sont connus: madame votre tante Araminte, chez qui j'ai eu le bonheur de vous connaître, se promet tout et mon rival est prêt de donner dans le piége qu'on lui a dressé.

LUCILE.

C'est ce que je ne puis croire: mille accidens peuvent traverser notre projet... Hélas...

LISIDOR.

S'il ne réussit pas, que deviendrai-je, que deviendrez-vous vous-même!

LUCILE.

La seule ressource qui me reste sera de ne plus feindre. On ne saurait me marier malgré moi: si mon père ne se rend pas, je suis résolue de lui apprendre non-seulement ma tendresse pour vous, mais encore mon aversion invincible pour Polimatte: par là, je m'attirerai toute sa colère; notre maison ne sera plus pour moi qu'un enfer domestique, je le sais; mais n'importe, je me conserverai pour vous; j'attendrai un temps plus heureux.

LISIDOR, *se jetant à genoux.*

Ah! c'en est trop, adorable Lucile! Quel excès de tendresse ne vous dois-je pas! Que n'ai-je mille cœurs à vous offrir!

LUCILE.

Levez-vous, j'entends quelqu'un.

SCÈNE XIV.

LISIDOR, LUCILE, ARAMINTE.

LUCILE.

C'est Araminte. (*vivement.*) Eh bien! ma chère tante, mon père se rend-il? L'avez-vous persuadé?

ARAMINTE, *à Lucile.*

Pas encore; mais, peut-être...

LUCILE.

Agissez, je vous en conjure; ne vous rebutez pas, ma chère tante, priez, pressez...

LISIDOR, *à Araminte.*

Ah! madame, je vous devrai le bonheur de ma vie!

ARAMINTE, *à Lisidor et à Lucile.*

Mon frère va se rendre ici, retirez-vous; il ne faut pas qu'il nous trouve ensemble.

LUCILE.

Mais si mon père...

ARAMINTE.

Encore! Je l'ai déjà ébranlé; éloignez-vous, vous dis-je... Je l'entends; vous paraîtrez quand il en sera temps.

SCÈNE XV.

ARAMINTE, *seule.*

Non, je n'aurais jamais imaginé que l'entêtement de Doriman pût aller si avant. Je ne sais par quel charme Polimatte l'a séduit au point de le préférer...

SCÈNE XVI.

DORIMAN, ARAMINTE.

DORIMAN.

C'est pour vous confondre, et non pas pour être convaincu, que je veux bien me prêter à votre épreuve ridicule ; je sais, par mon expérience, à quoi m'en tenir. La vivacité de son amitié pour moi...

ARAMINTE.

Voici l'heure du rendez-vous que notre fausse comtesse lui a donné : vous êtes déjà un peu moins prévenu sur sa science ; dans peu vous connaîtrez jusqu'où va son attachement pour vous.

DORIMAN.

Toutes vos tentatives seront inutiles ; je connais à fond l'étendue de sa reconnaissance ; il a le cœur excellent. Ah !... si vous saviez avec quels éloges il parle de moi dans toutes les occasions...

ARAMINTE.

Vous jugerez bientôt du motif qui le fait agir... Je les aperçois ; entrons dans ce cabinet d'où nous pourrons tout entendre.

SCENE XVII.

POLIMATTE, LISETTE, DORIMAN, ARAMINTE, *dans une coulisse.*

LISETTE.

Que vous êtes pressant !... Songez-vous que nous n'en sommes qu'à la seconde entrevue ?

POLIMATTE.

Ah ! madame, la première a décidé de ma destinée ; elle a allumé dans mon cœur une passion à laquelle on ne peut comparer que l'immensité de vos charmes ; ne pourrai-je obtenir cet aveu favorable ?

LISETTE, *feignant de parler à part.*

Je prévoyais le danger, pourquoi m'y suis-je exposée !

POLIMATTE.

Madame, accordez à l'excès de mon amour...

LISETTE.

Attendez... Ma liberté... votre mérite... Quoi ! je balance... Ah ! je suis entraînée ; je cède ; votre mérite est
le plus fort.... il emporte l'équilibre ; la sympathie
triomphe ; vous voulez ma main, il faudra se rendre.

POLIMATTE.

Ah ! madame, est-il bien vrai ? quel comble de joie !

ARAMINTE, *à part, à Doriman.*

Vous entendez.

LISETTE.

Oui, je sens que nous sommes faits l'un pour l'autre :
ah ! vous êtes mon Apollon, vous m'inspirez. Dans ce
moment même, à l'heure que je vous parle, je travaille
à une scène de comédie des plus frappantes ; vous m'êtes
nécessaire ; je ne saurais la bien finir sans vous. Si vous
voulez me seconder, le succès est infaillible. Je touche
au dénouement.

POLIMATTE.

Disposez de tout mon esprit ; mais il faut qu'il soit
dans une assiette tranquille ; il ne peut l'être que par la
possession de votre cœur et de votre main : ne différez
plus ; assurez mon bonheur ; courons chez le notaire.

LISETTE.

Je ne le cache point, je suis plus empressée que vous
à terminer tout ceci. Allons... Hélas !... mes yeux se
remplissent de pleurs malgré moi.

POLIMATTE.

Que vois-je ! quelles tristes pensées viennent traverser
de si doux momens ?

LISETTE.

Une réflexion bien naturelle m'accable. Je suis informée de vos engagemens avec Lucile ; vous deviez l'é-
pouser ; elle est jeune, elle est belle ; peut-être l'aimez-
vous encore ?

POLIMATTE.

Connaissez mieux vos charmes. D'ailleurs je n'ai jamais rien senti pour elle : fausse avec un air d'ingénuité ; coquette, sous un maintien modeste ; petit esprit superficiel, à qui j'étais indifférent, faute de lumières ; je l'épousais uniquement par bonté pour Doriman.

DORIMAN, *à part.*

Oui ?

LISETTE.

Mais l'estime que vous avez pour lui...

POLIMATTE.

Moi ! de l'estime pour lui ! j'ai trop de discernement pour la placer si mal.

ARAMINTE, *bas, à Doriman.*

Voilà le prix de vos bienfaits.

POLIMATTE.

C'est le plus mince génie ; glorieux comme un riche bourgeois anobli, sans goût, sans jugement.

LISETTE.

Cependant il fait tant de cas de vous !

POLIMATTE.

C'est tout ce que je lui connais de bon.

DORIMAN, *à part.*

L'impertinent !

LISETTE.

Tout m'alarme : la reconnaissance pourra vous rapprocher.

POLIMATTE.

De la reconnaissance ! c'est lui qui m'en doit assurément. Mon commerce lui a donné cette lueur d'esprit qui le rend supportable : que de soins ne m'a-t-i pas coûté ? En combien de façons ne m'a-t-il pas ennuyé ? J'étais obligé de parler, d'écrire, d'agir, de penser pour lui : car il ne pense non plus que nos jeune marquis : il n'a jamais pensé ; ce n'est pas son talent.

SCÈNE XVIII.

DORIMAN, ARAMINTE, POLIMATTE, LISETTE, FORTUNÉ.

DORIMAN, *haut, à Polimatte.*
Pour vous prouver que je sais penser et agir par moi-même...

POLIMATTE.
Je ne vous savais pas si près de moi.

DORIMAN.
Je ne m'abaisserai point à me plaindre de vous ; tout est terminé entre nous.

POLIMATTE.
Je venais me dégager, nous ne sommes pas faits pour vivre ensemble. Allons, madame la vicomtesse...

FORTUNÉ.
Non pas, s'il vous plaît ; madame la vicomtesse n'est pas un morceau pour vous. (*à Lisette.*) Viens, ma chère.

POLIMATTE.
A qui parle donc cet impertinent ?

LISETTE.
A moi, monsieur ; et je me sens plus de goût pour le valet que pour le maître.

FORTUNÉ.
Je le crois bien.

POLIMATTE.
Que signifie...

ARAMINTE.
En vérité, Lisette, tu as fait des merveilles.

POLIMATTE.
Je ne débrouille point ce problême...

LISETTE.
Je vais vous l'expliquer. J'ai l'honneur d'être femme-de-chambre de madame.

POLIMATTE.
Ah ! je suis joué.
Du Vaure.

6

LISETTE.

Quelle pénétration !

POLIMATTE, *à Fortuné.*

Et toi, maraud, tu étais donc d'intelligence ?...

FORTUNÉ.

Point d'invectives, ni d'éclaircissement. En faveur de ma noce, je vous fais présent de mes gages, et je prends mon congé.

POLIMATTE, *en s'en allant.*

Partons, fixons-nous dans des climats où le mérite connu enchaîne la fortune.

SCÈNE XIX.

DORIMAN, ARAMINTE, LISETTE, FORTUNÉ, LISIDOR, LUCILE, TIMANTONI.

TIMANTONI, *à Doriman.*

Je vois avec satisfaction la retraite de Polimatte. Si per le remplacer, vous avez besoin, monsou, d'un savant, qui n'es point oun ignorant... (*montrant Li-sidor.*)

DORIMAN.

Je renonce à eux pour toute ma vie.

LISIDOR.

Monsieur; j'adore depuis long-temps mademoisell Lucile ; et je vous aurais supplié de me l'accorder, san la prévention que je vous connais pour Polimatte.

DORIMAN.

Ah, ah! monsieur le précepteur...

LISIDOR.

Pardonnez-moi ce stratagême. L'amour fait tout en treprendre.

TIMANTONI.

Voyez oun peu la rouse !

LUCILE.

Mon père, de grace, faites notre bonheur.

LISIDOR.

Monsieur, je vous en conjure...

TIMANTONI.

Si je croyais que mes soupplications...

ARAMINTE.

Ne balancez plus, mon frère, j'assure, par ce mariage, après moi, tout mon bien à ma nièce.

DORIMAN, *à Lisidor.*

Soyez heureux, monsieur, ma fille est à vous.

LISIDOR.

Ah ! monsieur, quelle reconnaissance !

DORIMAN.

Vous me la témoignerez mieux après que le contrat
sera signé : entrons.

LISIDOR, *à Lisette.*

Suis-moi, Lisette, tu as contribué à mon bonheur
je vais faire le tien.

FORTUNÉ.

Il est tout fait, puisque je l'épouse.

LISETTE.

Ce que monsieur y ajoutera ne gâtera rien.

FORTUNÉ.

Plus de comtesse, au moins.

SCÈNE XX.

TIMANTONI , *seul.*

ENFIN , per mon savoir-faire, nos amans sont satis-
faits; je le souis aussi : ma tout lou monde l'est-il ? Ce
doute trouble ma joie ; je n'ose l'approfondir. (*au
parterre.*) C'est à vous, *Carissimi signori* , à m'é-
claircir.

FIN DU FAUX SAVANT.